高职高专教材

建筑技术经济分析

（工程造价管理专业适用）

于立君　主编

中国建筑工业出版社

图书在版编目（CIP）数据

建筑技术经济分析／于立君主编. — 北京：中国建筑工业出版社，
2002（2024.6重印）
高职高专教材
ISBN 978-7-112-04829-8

Ⅰ. 建… Ⅱ. 于… Ⅲ. 建筑工程–工程技术–经济活动分析–高
等学校：技术学校–教材 Ⅳ. F407.937

中国版本图书馆 CIP 数据核字（2002）第 031499 号

　　本书是高职高专工程造价管理专业的主要专业课教材之一。全书共分
10 章。内容包括：绪论；项目经济评价要素；项目经济预测；资金的时
间价值；现金流量法——单方案评价、多方案评价；不确定性分析；设备
更新的技术经济分析；建设项目可行性研究与经济评价；价值工程等。除
在每章后面列有复习思考题外，并附有复利系数表和复利定差系数表，以
利教学和实际使用。

　　本书既可供高职高专工程造价管理专业学习使用，也可作为专科相关
专业和从事技术经济工作人员的参考用书。

高职高专教材

建筑技术经济分析

（工程造价管理专业适用）

于立君　主编

*

中国建筑工业出版社出版、发行（北京西郊百万庄）
各地新华书店、建筑书店经销
建工社（河北）印刷有限公司印刷

*

开本：787×1092 毫米　1/16　印张：13¾　字数：330 千字
2002 年 7 月第一版　　2024 年 6 月第二十五次印刷
定价：**25.00** 元
ISBN 978-7-112-04829-8
（21634）

序

为全面贯彻落实《高等教育面向 21 世纪教学内容和课程体系改革计划》及第一次全国普通高等学校教学工作会议的有关精神，为适应我国高职高专教育的迅速发展，根据建设部人教司［1997］18 号文所批准为"建设类高等工程专科人才培养模式的研究与实践"总课题和"建筑经济管理类专业人才培养模式的研究与实践"子课题的研究内容及要求，在全面总结建设类院校"工程造价管理"专业近十年来教学改革与实践经验的基础上，子课题组依据教育部对高职高专的人才培养目标、培养规格、培养模式及与之相适应的知识、技能、能力和素质结构要求，借鉴原重庆建筑高等专科学校"工程造价管理"教改试点专业的成功经验（该专业的教改试点研究工作于 1999 年元月已通过教育部专家组的评估验收，并被授于全国高等工程专科特色专业称号），组织编写了本套适应 21 世纪工程造价管理发展要求的专业系列教材。

按照 1999 年 4 月子课题组第二次研讨会所确定的编写原则，本套系列教材力求体现如下特点：

1. 创新性。编写人员要以面向 21 世纪高职高专教学内容和课程体系改革的研究成果为依据，按照培养高等技术经济应用型人才为主线的要求，基本理论部分以"必需、够用"为度，以强调应用为目的。在内容的取舍方面，在以适应当前工作岗位群实际需要为主基调的同时，还要为将来的发展趋势留有接口。教材中所阐述的内容，均以国家最新颁发的规范为准绳。

2. 整合性。系列教材不是单科教材的累计叠加，各科教材在凸现该门课程教学基本要求的同时，充分把握了系列教材之间内在的有机联系。在内容的安排、分配与衔接方面，按照课题组研讨的方案，进行"整合"，特别是实例选编，力求具有较高的整合性。

3. 适用性。教材中选编的习题、例题，均来自工程实际，不仅代表性强，而且对解决实际问题具有较强的针对性。因此，本套教材不仅适用于高职高专的工程造价管理专业，而且亦适用于培养高等技术经济应用型人才的大学函授教育、成人教育、自学考试等。同时，对工程造价管理岗位群从业人员亦有较高的参考价值。

参加本系列教材编写的主要有原重庆建筑高等专科学校、原长春建筑高等专科学校、福建建筑高等专科学校、河南城建高等专科学校、四川工业学院，以及中建一局等长期从事工程造价管理专业教学和实践的"双师型"教师。可以说，本套系列教材是他们工作经验之总结。但是，随着各项改革的逐步深化，书中难免有错误之处，敬请广大读者批评指正。

在本系列教材的编写过程中，中国建设教育协会秘书长范毓琦教授给予了热情的指导，中国建筑工业出版社向建国编辑，给予了大力支持，在此，向他们表示诚挚的谢意。

系列教材编写委员会

2000 年 8 月

前　　言

　　"建筑技术经济分析"是工程造价管理专业的一门主要专业课，是技术科学与经济科学相交叉的边缘科学，是市场经济条件下提高投资决策水平和经济效益的强有力工具。

　　本教材比较系统地阐明了建筑技术经济中常用的分析方法、技术。针对专科是培养应用型人才这一特点，在编写中力求做到全书的系统性和完整性，内容体现实用性、可应用性，具有时代特征。为使学生在学习过程中能真正掌握技术经济分析方法，培养独立分析问题和解决问题的能力，本教材每章附有例题且配有相应的复习思考题。

　　本教材由长春工程学院于立君主编并编写第五、六章，第一、七章由福建建筑高等专科学校潘智峰编写；第二、三章由河南洛阳工业高等专科学校王军虎编写；第四、十章由重庆建筑高等专科学校章宜松编写；第八、九章由河南城建高等专科学校张洪力编写。本教材在编写过程中得到有关单位和个人的大力支持，在此表示衷心的感谢。

目　　录

第一章　绪论 ··· 1

第一节　技术与经济的关系 ··· 1

第二节　技术经济学研究的对象和内容 ······························· 2

第三节　技术经济分析的一般过程 ····································· 4

第四节　技术经济分析的原则 ·· 6

复习思考题 ·· 8

第二章　项目经济评价要素 ·· 9

第一节　投资 ·· 9

第二节　成本 ··· 16

第三节　折旧 ··· 19

第四节　收入、税金和利润 ··· 23

复习思考题 ··· 25

第三章　项目经济预测 ··· 27

第一节　项目经济预测的概念、特点和作用 ····························· 27

第二节　项目经济预测调查 ··· 29

第三节　项目经济预测的分类和步骤 ··································· 31

第四节　项目经济预测方法 ··· 33

复习思考题 ··· 45

第四章　资金的时间价值 ··· 47

第一节　资金时间价值的基本概念 ····································· 47

第二节　资金时间价值复利计算的基本公式 ····························· 52

第三节　名义利率和实际利率 ··· 59

第四节　资金时间价值基本公式的应用 ································· 62

复习思考题 ··· 67

第五章　现金流量法（一）——单方案评价 ··································· 69

第一节　项目的计算期和现金流量表 ··································· 69

第二节　单方案评价 ·· 72

第三节　投资回收期 ·· 72

第四节　投资收益率 ·· 75

第五节　净现值 ·· 77

第六节　净年值、净终值 ··· 80

第七节　内部收益率 ·· 81

复习思考题 ··· 85

第六章　现金流量法（二）——多方案评价 ··································· 86

第一节　概述 ··· 86

第二节　方案类型和方案组合 ··· 86

第三节 互斥方案的比较与选择 ·· 88
第四节 独立方案的选择 ·· 97
第五节 一般相关方案的比选 ·· 98
复习思考题 ··· 99

第七章 不确定性分析 ··· 101
第一节 不确定性分析的基本概念 ·· 101
第二节 盈亏平衡分析 ··· 102
第三节 敏感性分析 ··· 106
第四节 概率分析 ··· 113
复习思考题 ·· 116

第八章 设备更新的技术经济分析 ······································ 118
第一节 概述 ··· 118
第二节 设备磨损、补偿和折旧 ·· 119
第三节 设备的经济寿命 ·· 121
第四节 设备更新及其经济分析 ·· 124
复习思考题 ·· 132

第九章 建设项目可行性研究与经济评价 ································ 133
第一节 可行性研究概述 ·· 133
第二节 可行性研究的阶段、主要内容和工作程序 ····················· 135
第三节 建设项目的财务评价 ·· 140
第四节 建设项目的国民经济评价 ······································· 150
复习思考题 ·· 165

第十章 价值工程 ··· 166
第一节 价值工程的基本原理 ·· 166
第二节 价值工程的实施步骤和方法 ····································· 171
第三节 方案的创造与评价 ·· 183
第四节 功能分析案例 ·· 185
复习思考题 ·· 187

附录Ⅰ 复利系数表 ··· 189
附录Ⅱ 复利定差系数表 ·· 208
参考文献 ··· 210

第一章　绪　　论

第一节　技术与经济的关系

一、技术与经济的概念

技术经济学是一门把技术与经济有机地结合在一起的学科。什么是技术？什么是经济？这是我们首先要弄懂的两个基本概念。

（一）技术的概念

"技术"是大家都很熟悉的名词，在很多方面都广泛应用，但对其概念的理解都不尽相同。最早给"技术"下明确定义的是18世纪法国启蒙主义思想家、唯物主义者狄德罗，他认为"技术是为某一目的共同协作组成的各种工具和规则的体系。"日本科学界对"技术"的定义有两种观点：一种认为"技术"是从实践中产生的方法体系；另一种认为"技术"只是科学理论的应用。前苏联学者比较普遍的看法："技术是社会生产体系中的劳动手段。"

在我国，通常所说的"技术"，是指人在实践活动过程中体现出来的经验、知识以及操作技巧的科学总结。也就是根据生产实践经验和自然科学原理而发展成的各种工艺操作方法和技能。如电工技术、焊接技术、木工技术、激光技术、作物栽培技术、育种技术。除操作技术外，广义地讲，还包括相应的生产工具和其他物资设备，以及生产的工艺过程或作业程序方法。

综上所述，狭义的技术只是指生产力中的劳动技能和劳动手段，广义的技术则是指生产力。在技术经济学中，技术是指由上述生产力要素组成的、被认为有使用价值的系统。比如技术政策、技术措施、技术方案等，也指某项新技术、新设备、新工艺、新材料、新产品等。其涵义覆盖自然科学技术、生产技术、管理技术、经济技术和社会技术等在内的应用技术。

（二）经济的概念

"经济"也是大家熟悉的名词，其应用也很广，人们对其概念的理解也不尽相同。一般认为"经济"是个多义词，其内涵包括：

（1）经世济民、经邦济国，即治理国家，拯救庶民的意思。如杜甫诗《水上遗怀》中"古来经济才，何事独罕有"；

（2）社会生产和再生产的整个过程，如国民经济、工业经济、建筑经济、房地产经济等；

（3）社会生产关系总和，是上层建筑的基础，如上层建筑赖以树立的经济基础，适应于各阶段生产力发展的社会经济制度；

（4）节约、节省，也是人们日常所说的"经济不经济"；

（5）经济效果，经济效益。

在技术经济学中，经济的概念主要是指节约、节省（即合理利用资源）及经济效益的意思。技术经济学就是研究把经济的目的与技术的手段有机地结合起来，以求用最少的投入取得最大的效益。

二、技术与经济的关系

技术与经济有着非常密切的关系，是人类进行物资生产活动中，始终并存的两个方面，二者相互联系，相互促进，相互制约。

一方面：经济方面的需要是技术进步的动力和方向，技术的发展又受经济条件的制约。

任何一项新技术的产生和发展都是经济上的需要引起的。如第一次产业革命是发生在封建社会向资本主义社会过渡阶段。经济的发展要求改变简单的手工劳动方式，以机器大工业来代替之。因而出现了蒸汽机，随着生产的进一步扩大，又出现了新的动力机，如电动机。此后随着经济发展的需要又出现了原子能技术，电子计算机技术，空间技术等。技术的发展除取决于经济上的需要之外，又要受经济条件的限制。因为任何技术的实现都需要耗费人力、物力和财力。先进的技术只有同一定的资源、资金、劳力和各种有关的经济因素条件相结合，才能取得良好的经济效果。

另一方面：技术方面的进步是推动经济发展，提高经济效益的重要条件和手段，同时又必须同经济相适应。

发展经济必须依靠技术的进步，而技术只有面向经济才具有强大的生命力和发展前景。技术的革新、发展，可以提供新的生产工具，提高人们掌握工具的水平，改变和扩大劳动对象，使社会生产力水平得到提高。但技术的应用必须显示出经济上的优越性，才能得到推广。例如：20世纪50年代末，我国一些大城市实行工业化住宅装配式大板体系，从技术上来讲是先进的，采用工厂预制，机械化、装配化、工业化程度高，但造价要比传统的砖混住宅建筑高得多，经济效益也差，得不到发展，不受欢迎。而70年代中期形成的大模板体系，在北京、唐山、天津、沈阳等地区迅速发展，大量应用，这是由于它采用的技术，比较适应当地的经济条件，单方造价与砖混建筑差不多，但工期短了，速度提到了，很受用户的欢迎，取得了良好的经济效益。

所以，技术和经济并不是孤立存在的，而是不可分割的统一体。在这个统一体中，两者存在着既相互统一又相互矛盾的关系。而技术经济学的任务就是既要发挥技术和经济相互促进的一面，又要使现阶段技术与经济存在的矛盾尽量转化，研究技术上的先进性和经济上的合理性之间存在的矛盾，通过各种技术经济分析，选择具有最佳经济效果的技术方案。

第二节　技术经济学研究的对象和内容

一、技术经济学的研究对象

每门科学都有自己特有的研究对象，技术经济学也不例外。技术经济学的研究对象，不是纯技术问题，因为研究纯技术问题的有技术科学，也不是纯经济问题，因为研究纯经济的问题有经济科学。技术经济学的研究对象是技术的经济效果问题，是技术的可行性和经济的合理性问题。我们知道，技术与经济之间既有统一又有矛盾，当两者在一定的条件下处于矛盾的状态时，应发展何种技术或采取何种措施，使技术与经济的矛盾转化，这是决策中所必须考虑的问题，所以需要进行技术经济的研究。如果技术和经济在任何情况下都是相互统一的，技术经济学的研究也就没有意义了。由于所研究的各种技术经济问题，常常是以研究技术政策、技术措施和技术方案的经济效果的形式出现。故研究各种技术政策、技术措施和技术方案的经济效果也就成了技术经济研究的对象。为简便起见，将技术政策、设计方案、生产施工方案、工艺方案、技术措施统称为技术方案。技术经济学通过对技术方案经济效果的计算、评价，来确定技术方案的技术效果，从而达到技术与经济的最佳结合与统一。

由上述可知，技术经济学是一门技术科学与经济科学相结合的交叉学科，就是介于自然科学与社会科学之间的边缘科学，也是研究和解决实际问题的一门应用型学科；技术是它的基础，而落脚点则是经济。

在国外，研究技术经济问题的学科名称与我国不尽相同，例如：有的叫"工程经济"、"经济性工程学"、"技术经济计算"、"工程经济分析"、"经济计算"、"经济性分析"、"费用效益分析"等等，不同的名称除反映研究范围的大小以及研究的理论和方法有所差别外，实际研究对象都是类似的。但由于各个行业还存在着行业自身特点的技术经济问题，使技术经济学形成许多分支学科，如建筑技术经济学、工业技术经济学、农业技术经济学、交通运输技术经济学等等。

二、技术经济学的研究内容

技术经济学的研究内容，是对为达到某个预定的目的，而可能采用的各种不同的技术政策、技术方案、技术措施的经济效果或社会经济效果，进行计算、分析、比较和评价，从中选择技术可行和经济合理的最优方案。

从技术经济学的研究范围看，其内容涉及到：

（一）宏观技术经济问题

即涉及整个国民经济或某个部门的带全局性的科学技术工作的经济问题。

（二）中观技术经济问题

即从每个项目来说，规模不大，需要投资不多，但对整个国民经济却有极大作用和意义的，属于不宏不微，亦宏亦微的经济问题。

（三）微观技术经济问题

即涉及某个建设项目或企业经营、科学研究项目中某些具体技术问题的经济效果问题。

从实施技术方案的工作阶段看，其内容可分为：

（一）项目决策阶段的技术经济问题

如投资机会，项目可行性的经济评价等。

（二）项目前期工作阶段的技术经济问题

如项目规划设计方案，准备工作的技术经济分析。

（三）项目建设阶段的技术经济问题

如施工组织设计、施工方案的评价等。

（四）项目经营阶段的技术经济问题

如项目后评价等。

第三节　技术经济分析的一般过程

技术经济学所研究的是工程项目在经济上的合理性以及对技术方案进行评价，进而为决策方案提供依据，其分析的一般过程可概括为"调查研究、计算分析论证、综合评价和系统优选"，具体包括以下内容：

一、调查研究

调查研究是进行技术经济计算、分析、比较、评价的基础和前提。通过调查研究有关的技术、经济因素的情况，明确它们之间的内在联系，量变关系，依据和条件，收集各种有关的资料和数据，并进行分析和整理，有时还要对技术经济的一些理论、方法进行探讨。

二、确定评价目标

目标的选择在方案评价中起着极其重要的作用，是影响评价结论的关键。为此，必须分析和回答以下三个问题：

（一）为什么要从事这项活动，它可能带来什么效益？（必要性）

（二）在现有条件下有无实施的可能？（现实性）

（三）为什么要立刻从事这项活动？（紧迫性）

三、拟定备选方案

为达到一确定的目标，就应千方百计地去制订、征求、搜集和列举出多种可供评价的方案，为对这些方案进行分析、比较和最终选择做好充分准备。

四、分析对比

分析对比就是对所列举的各个方案，要逐个地进行全面分析，在弄清了它们在各方面的详细情况以后，再进行方案之间的相互比较，按照优者保留，劣者淘汰的原则，从中挑选出最优的方案。通常包括以下几个方面的内容：

（一）选择评价指标

根据评价的目标要求，确定对比方案的技术经济评价指标。

（二）使各对比方案可比化

即将不同量纲的数量或质量指标尽可能转化为量纲统一的，可以比较的数量指标。一般转化为货币量纲，不能直接转化为货币量纲的质量指标，可以采用评分法进行比较分析。

（三）建立数学评价模型

按照方案的评价方法建立数学模型，就是列出计算各种技术经济评价指标的数学公式，要求既能简化计算又能反映方案的经济效果。

（四）明确评价标准及方案对比的基准。

（五）计算、比较评价指标

将各种具体资料和数据代入数学模型中，求出各对比方案的技术经济指标的具体数值，然后进行相互比较，初选方案。

五、综合分析评价

各对比方案对各项技术经济指标所达到的水平可能不一致，互有长短。为选出最佳方案，还需综合其他因素对对比方案的优缺点进行综合评价，最后选出最佳方案。

六、提案审批

提案审批，应按规定的程序和权限进行。

以上程序内容归纳起来如图 1-1 所示。

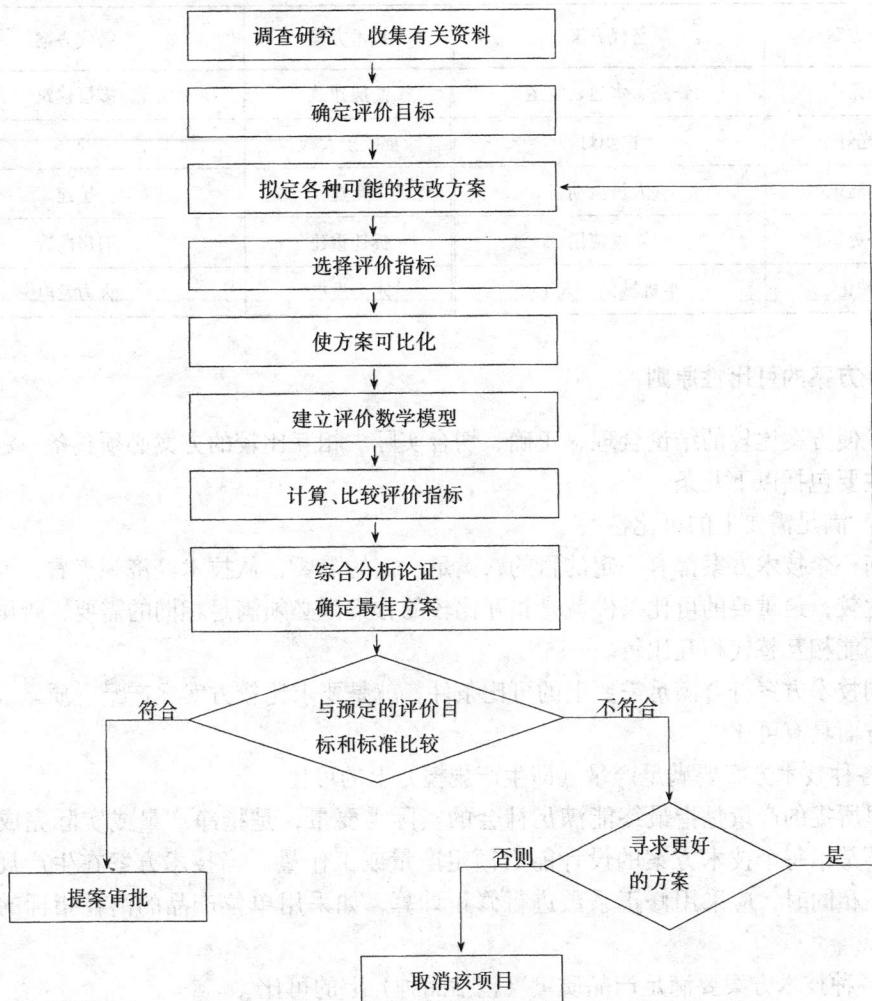

图 1-1　技术经济分析程序

第四节　技术经济分析的原则

一、选择替代方案的原则

无论在什么情况下，为了解决技术经济问题，都必须进行方案比较，而方案比较必须要有能解决统一问题的"替代方案"，所谓替代方案就是方案选择时，供作比较的或相互进行经济比较的一个或若干个方案。

由于替代方案在方案比较中占有重要地位，因此，在选择和确定替代方案时应遵循"无疑、可行、准确、完整"的原则。无疑就是对实际上可能存在的替代方案都要很好考虑；可行就是只考虑技术上可行的替代方案；准确就是从实际情况出发选好选准替代方案；完整就是指方案之间的比较必须是完整地相比较，不是只比较方案的某个部分。表1-1列举了一些常见的替代方案的例子。

常见替代方案举例 　　　　　　　　　　　　　　　　表 1-1

技术方案	替代方案	技术方案	替代方案
公路	铁路、水运、空运	高层建筑	多层建筑
日光灯	白炽灯	混凝土大板	砖
邮电通讯	人员流动	新建	扩建
设备更新	修理使用	拆迁重建	旧房翻造
机械化	半机械化、人工	水力发电	火力发电

二、方案的可比性原则

为了使方案比较的结论合理、正确、切合实际。相互比较的方案必须具备一定的可比条件。主要包括以下几条：

（一）满足需要上的可比性

任何一个技术方案都有一定的目的，满足一定的需要，从技术经济观点看，要进行方案间的比较，最重要的可比条件就是相互比较的方案都必须满足相同的需要，否则，它们之间就不能相互替代相互比较。

不同技术方案符合满足需要上的可比条件，就是要求比较方案在产量、质量（品种）、功能等方面具有可比性。

1. 各种技术方案要满足产量（即生产规模）上的可比

这里所提的产量是指最终能满足社会的实际需要量，是指净产量或实际完成的工作量，而不是指每个技术方案的设计能力额定产量或工作量。当技术方案在生产规模（产量）上不相同时，应采用修正系数进行修正计算，如采用单位产品的消耗指标的计算比较。

2. 各种技术方案要满足产品质量（包括品种）上的可比

如果对比技术方案的产品质量不同，应作质量可比的修正计算，就是将质量的差异换算成可比的产品质量，如采用产品使用效果系数的计算比较，例如：日光灯和白炽灯两种灯具方案，不能用数量互相比较，而应在相同的照明度下进行比较。

3. 各种技术方案要满足使用功能上的可比

使用价值上的等同化是方案比较的共同基础，只有具备相同使用价值的方案，才能进行相互比较，相互替代。如住宅建筑就不能与工业厂房相比，旅游旅馆就不能与体育馆相比，因为它们的功能不同，使用价值也不同。

（二）消耗费用上的可比性

每个技术方案的具体实现都要消耗一定的社会劳动或费用，在进行方案的经济效果比较时，必须使比较方案在消耗费用上具有可比性，做到消耗费用计算原则、包含的内容和计算的基础方法、口径统一、可比，而不是指劳动消耗费用的大小相同。具体应注意下述几个方面：

（1）技术方案的劳动消耗费用必须从社会全部消耗的角度来计算，运用综合的系统的观点和方法来计算。

根据这一要求，技术方案的消耗费用计算范围不仅包括实现技术方案本身直接消耗的费用，而且应包括与实现方案密切相关的纵向和横向的相关费用。例如，修建一座混凝土搅拌站的目的是向用户提供混凝土，因此，其消耗费用不仅要计算搅拌站本身的建设和生产费用，还要计算与之纵向相关的原材料的采购运输费用和成品送至用户的运输等项费用。又例如，居住小区建设，除主要工程（住宅）的消耗外，还要计算配套工程等的耗费，故在进行小区建设方案比较时，应将各方案在主要工程的耗费和配套工程的耗费一并计算。

（2）技术方案的劳动消耗费用，必须包括整个寿命周期内的全部费用。也就是说，既要计算实现方案的一次性投资费用，又要计算方案实现后的经营或使用费。

（3）计算技术方案的消耗费用时，还应统一规定费用结构和计算范围，如估算基本建设投资应包括固定资产和流动资金；采用统一的计算方法，即指各项费用的计算方法、口径应一致，如对投资和生产成本的估算方法应采用相同数学公式；关于费用的计算基础数据要一致，就是指各项费用所采用的费率和价格应取一致。因此，要求技术方案在价格上有可比性。

（三）价格上的可比性

每个技术方案的消耗费用或创造的收益都是按价格来计算。价格上的可比性就是要采用相应时期的统一价格指标，即应采用同一地区、同一时期的价格水平，否则就应该进行换算或调整。

（四）时间上的可比

技术方案的经济效果除了数量概念外，还有时间概念。时间上的可比，就是要采用相同的计算期，考虑资金时间价值的影响等。

（五）指标上的可比性

每个技术方案的经济效果评价，都是通过建立评价指标及其计算值进行的。指标上的可比性，就是使设置的指标体系，其指标所包含的内容、内涵要统一，计算的方法、口径、规则要一致等。

三、经济效果的评价原则

所谓的经济效果就是技术方案实现后所取得的劳动成果（产出）与所消耗的劳动（投入）之间的比较。这里的劳动成果，是指满足社会需要的劳务和产品。消耗的劳动包括劳动和其他有用物品的消耗。这里必须强调一下经济效益的含义：经济效益，可以理解为有益的经济效果，也就是在实际上取得属于经济方面的效益。在项目的经济评价中，所有的经济指标应以经济效益为主、为重点，但项目方案往往是在项目未实现之前进行评价，即事前评价，此时，项目的经济效果一般可以与经济效益通用。社会主义制度下经济效果的评价原则，主要体现在以下几个方面：

（一）坚持社会主义生产的目的，以最小的劳动消耗满足社会需求；

（二）局部经济效果服从整体经济效果；

（三）当前经济效果与长远经济效果相协调；

（四）经济效果与其他社会效果（政治效果、军事效果、艺术效果、教育效果等）相一致。

复 习 思 考 题

1. 试述技术、经济的概念及其相互关系，并举例说明。

2. 技术经济学的研究对象与任务是什么？

3. 技术经济学的研究内容是什么？

4. 试述技术经济分析的一般过程。

5. 试述技术经济分析的一般原则。

6. 方案评价的可比性条件有哪些？为什么要有这些可比条件？

7. 何谓经济效果？何谓经济效益？它们之间有何联系。

第二章　项目经济评价要素

进行投资项目技术经济效果的分析评价，必须以一定数量的基础资料作为依据。投资、成本、折旧、利润和税金等经济变量构成了投资项目经济评价的基本要素。

第一节　投　　资

一、投资的概念

投资，一般是指经济主体为获得预期的经济效益而垫付一定数量的货币或其他经济资源于某些事业的经济活动。

投资的构成要素包括投资主体、投资目的、投资方式和投资行为，它们相互联系，形成了投资资金不断循环周转的运动过程。投资主体，也称投资者或投资方，它是具有投资决策权和资金来源的法人或自然人。如：各级政府、企业、事业单位、社会团体、个人或其他经济实体；投资主体的投资目的是为了获得预期的经济效益，取得最大经济效益是投资活动的出发点和归宿。不同的投资主体的投资目的也不完全相同，如政府投资除了追求经济效益外，还要兼顾社会效益和生态效益。投资可以运用多种方式。直接投资用于购建固定资产和流动资产，形成实物资产；间接投资用于购买股票、债券，形成金融资产。投资行为不是单一的一次性投入，而是一种连续进行的活动，表现为从资金筹集、分配、使用到回收和增值的全过程的不断循环和周转的过程。

投资是一项复杂的经济活动，具有诸多特点，其中收益性和风险性是其两个基本特征。任何投资项目的组织实施都是以一定的资金投入取得预期收益即尽可能大的增值（利润）为目的，特别是生产经营性投资更是如此。投资常伴随着收益不确定性的投资风险，投资实施的结果并不必然会有较高的收益或保值、增值，也会出现亏本而无法回收。投资的收益性与风险性特征，是进行投资项目技术经济分析评价，从而优选方案决策的前提条件。

投资的类型，从形成资产的形态划分，可分为直接投资和间接投资；从投资的用途划分，有生产性投资和非生产性投资；从投资的性质划分可分为固定资产投资和流动资产投资；从工程内容划分，包括主体工程投资和附属工程投资，以及相关工程投资、配套工程投资等等。

二、固定资产投资

固定资产是指在社会再生产中可以长期反复使用的物质资料，是社会再生产活动的基本物质基础。固定资产在使用期内长期反复地参加生产过程，在生产过程中始终保持其原有的物质形态不变，而将其价值通过折旧等方式逐渐转移到利用它所生产的新产品中。在固定资产管理中，划分固定资产的标准，一是使用年限在一年以上，二是单位价值在规定的限额以上。我国现行企业财务制度规定，固定资产是指使用期限超过一年的房屋、建筑物、机器、机械、运输工具以及其他与生产经营有关的设备、器具、工具等。不属于生产经营主要设备的物品，单位价值在2000元以上，并且使用期限超过两年的，也应当作为固定资产。

用于建筑、安装和购置固定资产以及与之相联系的其他工作的投资，称为固定资产投资。固定资产投资可以通过扩大生产能力或增加工程效益的新建、扩建、迁建、恢复固定资产的基本建设实现，也可以通过对现有企业原有设备和设施进行更新和技术改造实现，还可以通过零星购置和建造等其他形式来实现。一般地，固定资产投资由以下几部分构成：

1. 建筑工程投资

是指建筑和购置建筑物、构筑物的建设费用。包括厂房、住宅、办公楼、仓库、实验室等建筑物、房屋建筑和包括在房屋预算内的各种管道，照明、通讯、电气线路的铺设工程，以及设备基础、支柱、窑炉砌筑、金属结构工程，油田、矿井、道路、水利、防空等特殊工程投资。

2. 设备、工具、器具购置投资

包括购置的达到固定资产标准的生产工艺设备，运输、生产维修等设备，试验和化验用仪器、模具、工具台等，以及为新建、扩建单位的新建车间设计购置的全部设备、工具和器具。

3. 安装工程投资

是指用于设备安装工程所追加的设备本身购置价值以外的费用。包括工艺、计量、仪表、电力、通讯、化验、医疗、维修等设备的安装、绝缘、防腐、保温、油漆，设备内部填充，附属设备及附件管线的装配和装设，设备单机试运转，系统联动无负荷试运转等费用。

4. 其他投资

是指不属于以上三种投资的其他费用。如土地征用费、迁移补偿费、勘察设计费、建设单位管理费、生产人员培训费、办公及生活家具购置费、科学研究试验费、建设期内贷款利息费、国外引进项目的其他费用等。

5. 预备费

是指在初步设计概算中难以预料的工程费用。预备费用于在设计、施工中增加的工程费用、由于一般自然灾害所造成的损失和预防自然灾害所采取措施的费用，验收委员会或验收小组鉴定工程质量所必须开挖和修复隐蔽工程而支付的费用，以及因物价上涨所需增加的费用。

需要说明的是，这里所说的固定资产投资与企业财务会计核算中的固定资金有所不同。如土地征用费、建设单位管理费，在财务会计核算中作为无形资产和递延资产而不作固定资金核算。

三、流动资金投资

流动资金是指供生产和经营过程中周转使用的资金。流动资金投资形成流动资产。

流动资产投入生产和经营后，作为实物形态的材料、构件、燃料、动力等，随着生产和经营活动的深入，不断改变其原有物质形态，或在一个生产周期全部被消耗掉，与此同时其价值也随着实物消耗一次全部地转移到新产品中，并在新产品中的实现价值（即销售收入）中得到补偿。流动资金是流动资产的价值形态，在项目筹建阶段，最初表现为货币资金，项目建设过程中，大部分以原材料、燃料等生产储备资金被占用，投产后这些储备资金在生产过程中分别表现为在产品、半成品和产成品资金，通过销售产成品或半成品，收回其价值，还原其货币资金形态。如此循环反复，周转使用，直到项目使用寿命期终结时一次性收回。

流动资金的构成如图 2-1 所示。

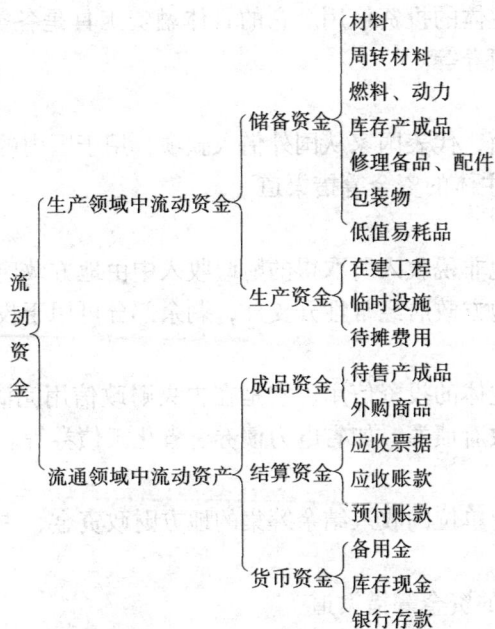

图 2-1　流动资金构成图

（图中内容）

流动资金
- 生产领域中流动资金
  - 储备资金
    - 材料
    - 周转材料
    - 燃料、动力
    - 库存产成品
    - 修理备品、配件
    - 包装物
    - 低值易耗品
  - 生产资金
    - 在建工程
    - 临时设施
    - 待摊费用
- 流通领域中流动资产
  - 成品资金
    - 待售产成品
    - 外购商品
  - 结算资金
    - 应收票据
    - 应收账款
    - 预付账款
  - 货币资金
    - 备用金
    - 库存现金
    - 银行存款

由于建筑企业的生产对象具有单件性、非定型性且体积大、生产周期长，使建筑产品生产企业所需要的流动资金不同于一般的工业产品生产企业，具有需求量不定、波动性大的特点。主要表现在建筑产品生产企业承建规模不同、结构相异、用途有别的工程项目时，所需要的流动资金数额是不同的，甚至相差悬殊。即使在同一项目的施工期内，由于所处的施工阶段不同，施工内容不同也会使流动资金需用量有所不同。况且由于工程合同的内容不同，有时需要施工企业垫付流动资金，有时由建设单位供应建筑材料，特别是施工企业在原有工程施工已接近收尾，新的施工任务尚未落实的时期，企业留存大量的流动资产必将闲置浪费遭受损失。因此，从建筑产品生产企业的生产特点出发，必然要求对流动资金需求数量有较大的灵活性，能随着生产的要求不断调整流动资金投入量。

固定资产投资和流动资金投资的总和构成了建设项目的总投资。

四、项目投资资金的筹措渠道

我国目前的投资主体，有中央政府投资主体、地方政府投资主体、企业投资主体、个人投资主体和外国投资主体等。各投资主体既可以独立投资，也可以通过股份合资、合作等方式进行联合投资，构成了多元化、多层次的投资主体结构。各投资主体的投资资金筹措渠道不完全相同。

（一）中央政府投资主体的资金筹措渠道

中央政府主要是通过财政税收、财政信用和举借外债等渠道筹措资金。

1．财政税收

是指国家通过税收和其他非税收入所取得的财政收入中由中央政府留用和支配的部分。这部分财政收入除了用于中央政府经常性开支外，剩余部分方可用于投资。

2．财政信用

是指以国家财政为主体的投资信用。它的具体融资工具是各类政府债券，如公债券、国库券、国家重点建设债券等。

3．举借外债

是指由财政部门出面，代表国家从国外借入款项，用于国内的投资建设。

（二）地方政府投资主体的资金筹措渠道

1．财政税收

是指通过税收和其他非税收入所取得的财政收入中由地方政府留用和支配的部分。这部分财政收入除了用于地方政府经常性开支外，剩余部分可用于投资。

2．财政信用

是指以地方财政为主体的投资信用，它是在中央财政信用完满实施的前提下展开的。其筹资工具是各类地方政府债券，如省电力债券、省化工债券等。

3．其他自筹资金

如由地方行政与事业单位的收入结余筹集的地方财政资金、中央财政划拨资金等用于地方建设的投资资金。

（三）企业投资主体的资金筹措渠道

1．自有资金

是指生产经营性企业从其税后净利中的企业发展基金中筹措的用于生产与非生产项目的投资。

2．银行信用

是指以企业为主体向商业银行申请贷款用于投资。银行信用实行有借有还，有偿使用的原则，借款企业必须依合同在规定的期限内还本付息。

3．发行股票和债券

股票是股份公司或股份企业为筹集资金发给认购者（投资者）的一种所有权凭证。股票的持有人即股份公司的股东。债券也是一种所有权证书。由企业发行的债券，称为（公司）企业债券，债券持有人与发行公司（企业）的关系是债权债务关系，债券本息按规定的偿还年限和债息一经还清，双方关系即告结束。

4．民间集资

指由企业组织职工、居民和其他组织等本着自愿的原则筹集的用于投资的资金。

5．企业与外国资本合资、合作经营，或通过国际金融机构、外国商业银行贷款、发行国际股票、债券等形式筹集的投资资金。

（四）个人投资主体的资金筹措渠道

个人投资主体的资金筹资渠道主要有个人自有资金、民间集资和金融机构信用等。

五、资金成本

（一）资金成本的概念

项目投资所需要的资金，从数额上是比较大的，完全由投资主体通过自筹解决往往难以实现，需要采用不同的投资方式多渠道筹集资金。筹集和使用资金需要考虑资金成本。

所谓资金成本，是指投资主体为筹集资金和使用资金而付出的代价。资金成本由资金筹集费和资金占用费两部分组成。资金筹集费是在筹集资金过程中支付的各项费用，包括银行手续费、发行股票及债券支付的印刷费、发行手续费、律师费、资信评估费、公证费、担保费、广告费等。资金占用费是占用或使用资金所支付的费用，包括银行借款、发行股票的利息、股票的股息等。资金占用费是投资主体在生产经营过程中经常发生的费用，而资金筹集费通常是在筹集资金时一次性发生，在计算资金成本时一般作为筹资额的扣除项。投资方案只有在投资收益率大于资金成本时才有利可图，这样的方案才是投资人可以接受的方案。否则，这样的方案将被拒绝。

资金成本的大小，通常用资金成本率表示。资金成本率是项目资金占用费与扣除筹集费用的实际筹集资金额的比率，用公式表示如下

$$K = \frac{D}{P - f} \tag{2-1}$$

或

$$K = \frac{D}{P(1 - F)} \tag{2-2}$$

式中　K——资金成本；

　　　D——资金占用费；

　　　P——筹资金额；

　　　f——资金筹集费；

　　　F——资金筹集费占筹资金额的比率即筹资费率。

（二）资金成本的计算方法

不同来源和筹措渠道的资金成本是不同的。非股份公司的自筹资金往往被看成是自由支配且免费使用的，财政税收资金则具有强制性和无偿性的特点，一般可以不考虑这两种资金的成本。本节将主要研究债务资金和权益资金的资金成本计算方法。

1. 债务资金成本

债务资金包括长期借款资金和债券资金。

（1）长期借款资金成本　　长期借款资金成本由借款利息和筹资费用所组成。长期借款资金成本的计算公式如下

$$K_L = \frac{I_L (1 - T)}{L (1 - F_L)} \tag{2-3}$$

或

$$K_L = \frac{R_L (1 - T)}{1 - F_L} \tag{2-4}$$

式中　K_L——长期借款资金成本；

I_L——长期借款年利息；

T——所得税率；

L——长期借款筹资额；

F_L——长期借款筹资费率；

R_L——长期借款利息率。

公式中考虑所得税是因为借款利息在财务上允许计入税前成本费用，使企业税前利润减少，从而起到了抵税的作用。

长期借款的筹资费，主要是借款手续费。当这部分费用很少时，也可以忽略不计。

【例 2-1】 某房地产开发公司取得长期借款 500 万元，年利率 9%，每年付息一次，到期一次还本付息，筹资费用率 0.5%，公司所得税 33%。该项长期借款的资金成本为

$$K_L = \frac{9\% \times (1 - 33\%)}{1 - 0.5\%} = 6.06\%$$

（2）债券的资金成本　　发行债券的成本主要指债券筹资费用和债券利息。债券利息构成成本费用，亦可起到抵税的作用。因此，债券资金成本的计算公式如下

$$K_b = \frac{I_b(1 - T)}{B(1 - F_b)} \tag{2-5}$$

式中　K_b——债券资金成本；

I_b——债券年利息；

T——所得税率；

B——债券筹资额；

F_b——债券筹资费率。

债券可以采用平价发行，也可以采用溢价发行和折价发行，计算债券资金成本应以实际发行价格作为债券筹资额。如果债券是溢价发行或折价发行，则应将发行差额按年进行摊销，这时债券资金成本的计算公式如下

$$K_b = \frac{\left[I_b + (B_0 - B_i) \times \frac{1}{n}\right](1 - T)}{B_i - F} \tag{2-6}$$

式中　K_b——债券资金成本；

I_b——债券年利息；

T——所得税率；

B_0——债券的票面价值；

B_i——债券发行价；

n——债券的偿还年限；

F_b——债券筹资费。

【例 2-2】 某公司发行总面额 2000 万元的 10 年期债券，采用折价发行，筹集资金总额 1980 万元，发行费率 5%，票面利率 10%，公司所得税 33%。该债券的资金成本为

$$K_b = \frac{\left[2000 \times 10\% + (2000 - 1980) \times \frac{1}{10}\right] \times (1 - 33\%)}{1980 \times (1 - 5\%)} = 7.2\%$$

2. 权益资金成本

股票持有人享有发行股票的股份公司财产的所有权，因此，股票资金属于权益资金。股票分为优先股和普通股，两者的资金成本计算方法有所不同。

（1）优先股资金成本　　优先股资金成本的计算公式为

$$K_P = \frac{D_P}{P_p(1 - F_p)} = \frac{R_p}{1 - F_p} \tag{2-7}$$

式中　K_p——优先股资金成本；

D_P——年支付优先股利；

P_p——优先股筹资金额；

R_p——优先股年股利率；

F_p——优先股筹资费率。

（2）普通股资金成本　　普通股股本可通过两种方式获得，一是留存盈余转普通股，二是发行新普通股。如果股份公司不是将其税后净盈利以发放股利的形式分派给股东，而是留存这部分净盈利作为资本再投资，实际上相当于股东对股份公司的追加投资。留存盈余转普通股的资金成本，是股东失去向股份公司以外投资的机会成本，它的计算公式如下

$$K_S = \frac{D_1}{P_0} + g \tag{2-8}$$

式中　K_S——留存盈余转普通股资金成本；

D_1——下年度预期股利额；

P_0——股票现行价格；

g——投资者期望的股利增长率。

公司新发行普通股资金成本除了资金的使用费（即股利）外，还包括筹资费用（或发行费用）。因此，新发行普通股资金成本的计算公式为

$$K_e = \frac{D_1}{P_0(1 - F_e)} + g = \frac{R_e}{1 - F_e} + g \tag{2-9}$$

式中　K_e——新发行普通股资金成本；

F_e——新发行普通股筹资费用率；

R_e——新发行普通股收益率，即 D_1/P_0。

其余同公式（2-8）。

【例 2-3】　　某建筑公司新发行普通股本共计 1000 万元，预计第一年股票收益率 12%，以后每年增长 1%，筹资费用率为 2.5%，则该公司新发行普通股的资金成本为

$$K_e = \frac{12\%}{1 - 2.5\%} + 1\% = 12.31\%$$

3. 总资金成本

投资主体通过多种渠道和方式筹集资金，不同来源资金的成本各不相同。在筹资决策中，需要确定项目投资所需全部资金的总成本。全部资金的总成本一般是将每笔不同成本的资金进行加权平均计算总资金成本，也称为综合资金成本。总资金成本的计算公式为：

$$\overline{K} = \frac{\sum\limits_{i=1}^{n} M_i K_i}{\sum\limits_{i=1}^{n} M_i} \quad\quad (2\text{-}10)$$

或
$$\overline{K} = \sum_{i=1}^{n} W_i K_i \quad\quad (2\text{-}11)$$

式中　$\overline{K}$——总资金成本；

　　M_i——第 i 笔资金实际筹集额；

　　K_i——第 i 笔资金的资金成本；

　　W_i——第 i 笔资金实际筹资额在全部资金筹资额中所占比重。

第二节　成　　本

一、成本的概念

在生产性投资项目中，产品成本是生产和销售产品所消耗的活劳动和物化劳动的货币表现。成本的实质是资源或劳动的消耗，其数量大小用货币额来反映。产品成本的大小受许多因素的影响。在同一种产品的生产中采用的生产技术、生产规模、组织管理方式、物资供应方式不同，在不同的自然和社会环境、商品销售市场、生产要素市场等条件下，形成的产品成本都可能有所差别，甚至差别很大。

项目技术经济分析中所使用的成本概念与企业财务制度中使用的成本概念有所不同。首先，二者的构成要素不同。企业财务制度中使用产品的成本，称为产品制造成本，由企业生产过程中实际消耗的直接材料、直接工资、其他直接支出和制造费用或间接费用构成；项目技术经济学中所使用的产品成本称为产品总成本费用，是一定时期内所生产和销售一定数量的产品所发生的全部费用，它除了产品制造成本外，还应包括管理费用、财务费用和销售费用。其次，企业财务会计中核算的产品成本，是实际发生的成本，是在特定条件下形成的确定的数额；项目技术经济分析是对拟建项目未来生产中产品劳动消耗总量用历史数据进行的估计和预测，它要受到项目实施中的一些不确定的因素的影响，因而与实际值会有一定的偏差。另外，项目技术经济分析中除了产品成本费用概念以外，还有经济成本、边际成本、机会成本、沉没成本等概念。

二、总成本费用的构成

在建筑产品生产企业中，施工企业和房地产开发企业的生产具有不同的特点，因而它们所生产产品的总成本费用构成也有所不同。

（一）施工企业的产品总成本费用构成

1．直接费用

直接费用是指施工企业为完成建筑产品建造合同所发生的、可以直接计入合同成本核算对象的各项费用支出，它包括：

（1）耗用的人工费用。主要包括从事工程建造的人员的工资、奖金、福利费、工资性质的津贴等支出。

（2）耗用的材料费用。主要包括施工过程中消耗的构成工程实体或有助于形成工程实体的原材料、辅助材料、构配件、零件、半成品的成本和周转材料的摊销及租赁费用。

（3）耗用的机械费用。主要包括施工生产过程中使用自有施工机械所发生的机械使用费、租用外单位施工机械所发生的租赁费和施工机械的安装、拆卸和进出场费。

（4）其他直接费用。包括有关的设计和技术援助费用、施工现场材料的二次搬运费、生产工具和用具使用费、检验试验费、工程定位复测费、工程点交费用、场地清理费用等。

2. 现场经费

现场经费是指企业下属施工单位或生产单位为组织和管理生产活动所发生的费用，包括临时设施摊销费用和施工、生产单位管理人员工资、奖金、职工福利费、劳动保护费、固定资产折旧费及修理费、物料消费、低值易耗费摊销、取暖费、水电费、办公费、差旅费、财产保险费、工程保修费、排污费等。

3. 管理费用

是指企业行政管理部门为组织和管理生产经营活动所发生的各项费用以及企业为订立施工合同而发生的差旅费、投标费等。

4. 财务费用

财务费用是指企业为筹集生产经营资金而发生的费用，如企业生产经营期间发生的利息净支出、汇兑净损失、金融机构手续费以及为筹资发生的其他费用。

（二）房地产开发企业的产品总成本费用构成

1. 土地征用拆迁补偿费

包括土地征用费、耕地占用税、劳动力安置费及有关地上、地下附着物拆迁补偿的净支出、安置动迁用房支出等。

2. 前期工程费

包括规划、设计、项目可行性研究、水文、地质、测绘、"三通一平"等支出。

3. 建筑安装工程费

包括建造商品房的直接费和间接费。

4. 基础设施建设费

包括建造基础设施的直接费和间接费。

5. 公共配套设施费

包括建造公共配套设施的直接费和间接费。

6. 销售费用

销售费用是指企业在销售产品或提供劳务等过程中所发生的各项费用，以及专设销售机构的各项费用。

7. 管理费用

管理费用是指企业行政管理部门为管理和组织经营活动而发生的各项费用。

8. 财务费用

财务费用是指企业为筹集资金而发生的各项费用。

三、项目技术经济分析中的其他成本概念

(一) 经营成本

经营成本是项目技术经济分析中所特有的一个概念，是在总成本费用中扣除折旧费、维修费、摊销费和利息之后的一部分费用。用公式表示如下

$$经营成本 = 总成本费用 - 折旧费 - 维修费 - 摊销费 - 利息$$

设置经营成本这一概念的目的是便于进行项目现金流量分析。在现金流量表中，各项现金流入和流出都必须与相应的流动时点相对应，也就是说收支在何时发生，就应在何时计算。由于投资已在其发生时作为一次性支出被计为现金流出，折旧作为对投资形成的资产磨损的价值补偿费用就不能计为现金流出，否则就发生了重复计算。维修费、摊销费与折旧费的性质一样，也不能重复计算。贷款利息是项目实际发生的现金流出，但现金流量分析中是以全部投资作为计算基础，不分资金来源，所以也不必考虑贷款利息支出问题。因此，在项目技术经济分析中，为了计算和分析方便，引入经营成本这一概念，并把它作为一个单独现金流出项目列出。

(二) 机会成本

机会成本是指把一种具有多种用途的稀缺资源用于某一特定用途上时，所放弃的其他用途中的最佳用途的收益。人们在利用自己的经济资源时，往往选择实际收益大于机会成本的项目。例如，一笔资金可投资于 A、B、C、D 四个项目，它们的收益分别为 30 万元、60 万元、40 万元和 100 万元。通过比较投资者将这笔资金投入收益最佳的 D 项目，从而放弃了 A、B、C 三个投资机会，其中，次佳的 B 项目的收益即为投资于 D 项目的机会成本。

机会成本是理论经济学中的一个概念，它不是实际发生的支出。在技术经济分析中，机会成本的概念十分重要。这是因为投资者能投入的资金或可利用的经济资源是有限的，具有稀缺性，当这种有限资源可同时用于两个或多个备选方案时，只有把机会成本同时考虑进去，使收益大于机会成本，才能保证选用最佳方案投资，从而实现资源的最佳配置和利用。

(三) 沉没成本

沉没成本是过去的成本支出，是项目投资决策评价前已经花费的，在目前的决策中无法改变的成本。在项目评价或决策中，当前决策所考虑的是未来可能发生的费用及所能带来的收益，沉没成本与当前决策无关，因此在下一次的决策中不予考虑。

(四) 边际成本

边际成本是指增加一个单位产品产量时所增加的成本，也就是增加最后一个产品生产的成本。边际成本可用成本的增量与产量的增量之比来计算，公式为

$$边际成本 = \frac{成本增量}{产量增量}$$

【例 2-4】 某项目投资于一种产品有两个可供选择的方案，甲方案产量为 8 万吨，生产总成本 1 800 万元；乙方案产量为 10 万吨，生产总成本 1 950 万元，那么，选择乙方案时将产量从 8 万吨增加到 10 万吨的边际成本为

$$边际成本 = \frac{1950 - 1800}{10 - 8} = 75 \ (元/吨)$$

边际成本的经济学意义在于，当边际收益即增加最后一个单位产品时所增加的收益大于边际成本时，增加产量扩大生产规模的决策有助于投资者增加利润总额，因而此投资方案是可取的；当边际收益小于边际成本时，增加产量扩大生产规模的决策会使投资者的利润减少，因而此投资方案是不可取的；当边际收益与边际成本相等时，当前的生产规模是投资者获利最大的生产规模，因而也是最佳的，无须改变之。

第三节　折　　旧

一、折旧的概念

固定资产折旧，简称为折旧，是指固定资产在使用过程中，逐渐损耗而消失的那部分价值。固定资产在使用中损耗的这部分价值，应当在固定资产的有效使用年限内进行分摊，形成折旧费用，计入各期的产品成本中。

生产中的固定资产可以长期反复参加生产经营活动，并在这一活动中保持其原有的实物形态不变，但其价值却随着固定资产的使用损耗而逐渐转移到所生产的产品中构成了生产费用，然后通过产品的销售活动，形成销售收入，收回货款，弥补了成本费用，从而使这部分价值损耗得到了补偿。固定资产的损耗可分为两种，即有形损耗和无形损耗。有形损耗是指由于生产因素和自然因素的影响而引起的固定资产使用价值和价值的物理和化学损耗；无形损耗是指由于科学技术进步，致使同类产品生产费用降低而引起的原有固定资产贬值的损耗，也称为精神损耗。有形损耗是显而易见的，如机械磨损、自然侵蚀等，因而有形损耗也较容易测定和计量，而无形损耗的数量却较难准确地测定和计量，并且随着科学技术的日新月异，产品更新周期不断缩短，固定资产的无形损耗有时比有形损耗更为严重，对计算折旧的影响很大。

二、影响折旧的因素

影响折旧额计算的因素主要有以下三个方面：

（一）折旧基数

折旧基数，指计算固定资产折旧的基数，一般为取得固定资产的原始成本，即固定资产原值。不同类型固定资产的原值构成也有所不同。新建项目的固定资产原值包括建筑安装工程费用、设备工具、器具购置费、其他投资费用摊销等；改扩建或更新改造项目的固定资产原值，是指建设前的原值加上建设中的费用支出，再减去不需用或报废的原值；零星购置的固定资产原值，是固定资产的购置、安装、调试等费用的总和。

（二）固定资产净残值

固定资产净残值是指预计在固定资产报废时可以收回的残余价值扣除预计清理费用后的数额。残余价值和清理费用只有在它被清理并在市场上出售后才能准确地计量，而折旧却是在使用中逐期计提的，因此折旧计算只能人为地估计，不可避免地会产生主观臆断。为了避免人为调整净残值数额从而人为地调整计提折旧额，进而影响实现利润和所得税的缴纳。我国企业会计制度规定，净残值按照固定资产原值的 3%～5%，由企业自主确定。由于情况特殊，需调整残值比例的，应报主管财政机关备案。

（三）固定资产使用年限

固定资产使用年限的长短直接影响着生产经营各期应计提的折旧额。确定固定资产使用年限时，不仅要考虑固定资产的有形损耗，还要考虑固定资产的无形损耗。由于这两种损耗难以准确估计，因此，固定资产的使用年限也只能预计，同样具有主观随意性。国家为了控制所得税税源，对各类固定资产使用年限的范围做了规定，企业应根据国家的有关规定，结合本企业的具体情况合理地确定固定资产的折旧年限。

三、折旧的计算方法

折旧的计算方法很多，有平均年限法、工作量法和加速折旧法等。由于固定资产折旧方法选用直接影响到产品成本费用的计算，也影响到企业实现利润和纳税，从而影响着国家财政收入以及社会产品在国家、企业与个人之间的分配关系。因此对固定资产折旧方法的选用，国家历来都有比较严格的规定。目前，我国《施工、房地产开发企业财务制度》规定，企业固定资产折旧方法一般采用平均年限法和工作量法。技术进步较快和使用寿命受工作环境影响较大的施工机械和运输设备，经财政部批准，可采用双倍余额递减法和年数总和法计提折旧。固定资产计提折旧额的基本计算公式如下

$$应计提折旧额 = 折旧基数 \times 折旧率$$

（一）平均年限法

平均年限法又称直线法，是在固定资产的使用年限内，将折旧平均分摊到各期中的一种方法。计算公式如下

$$年折旧率 = \frac{1 - 预计净残值率}{折旧年限} \tag{2-12}$$

$$年折旧额 = 年折旧率 \times 固定资产原值 \tag{2-13}$$

【例 2-5】 某企业有一座仓库，原值为 120 万元，预计使用年限为 20 年，预计净残值率 4%，该仓库年折旧率和年折旧额计算如下

$$年折旧率 = \frac{1 - 4\%}{20} \times 100\% = 4.8\%$$

$$年折旧额 = 120 万元 \times 4.8\% = 5.76 万元$$

采用平均年限法在固定资产使用年限内各年计提的折旧额均相等，反映这项固定资产在各期的损耗都相同，因此，它比较适合于固定资产在各个时期使用强度大体相等的情况。通常情况下，在固定资产初期使用的效率高，产出多，而在后期使用的效率低，产出也相对较少，使用平均年限法则没有考虑到因固定资产对生产的贡献大小所应分摊折旧额的差别。另外，一旦发生无形磨损，平均年限法下尚未分摊的折旧价值更大，对企业造成的经济损失也将更大。

（二）工作量法

工作量法是根据固定资产实际工作量计提折旧额的一种方法，其计算公式有如下两种：

1. 按照行驶里程计算

$$单位里程折旧额 = \frac{固定资产原值 \times （1 - 预计净残值率）}{总行驶里程} \tag{2-14}$$

$$某项固定资产年行驶里程 = 固定资产当年行驶里程 \times 单位里程折旧额 \tag{2-15}$$

2. 按照工作小时计算

$$每工作小时折旧额 = \frac{固定资产原值 \times （1 - 预计净残值率）}{总工作小时数} \quad (2-16)$$

$$某项固定资产年折旧额 = 该固定资产当年工作小时数 \times 每工作小时折旧额 \quad (2-17)$$

【例 2-6】 某企业购入货运卡车一辆，原值 15 万元，预计净残值率 5%，预计总行驶里程为 60 万公里，当年行驶里程 3.6 万公里，该项固定资产的年折旧额计算如下

$$单位里程折旧额 = \frac{15 \times （1 - 5\%）}{60} = 0.2375（万元/万公里）$$

$$本年折旧额 = 3.6 \times 0.2375 = 0.855（万元）$$

工作量法实际上也是直线法，只不过是按照固定资产所完成工作量平均计算每期的折旧额。

（三）双倍余额递减法

双倍余额递减法是在不考虑固定资产残值的情况下，根据每一期初固定资产账面余额和双倍的直线折旧率计算固定资产折旧的一种方法。双倍余额递减法的计算公式如下

$$年折旧率 = \frac{2}{预计使用年限} \times 100\% \quad (2-18)$$

$$年折旧额 = 固定资产账面净值 \times 年折旧率 \quad (2-19)$$

为了使计算中最后一年的固定资产账面净值不低于其预计残值，采用双倍余额递减法计提折旧额时，应当在其固定资产使用年限到期以前的两年内，将固定资产净值扣除净残值的余额平均摊销。

【例 2-7】 某高新技术企业进口一条生产线，固定资产原值 40 万元，预计使用 5 年，预计净残值 1.6 万元，该生产线按双倍余额递减法计算各年折旧额如下

年双倍直线折旧率 = $\frac{2}{5} \times 100\% = 40\%$

第一年计提折旧额 = $40 \times 40\% = 16$（万元）

第二年计提折旧额 = $（40 - 16） \times 40\% = 9.6$（万元）

第三年计提折旧额 = $（40 - 16 - 9.6） \times 40\% = 5.76$（万元）

第四年计提折旧额 = $\frac{（40 - 16 - 9.6 - 5.76） - 1.6}{2} = 3.52$（万元）

第五年计提折旧额 = $\frac{（40 - 16 - 9.6 - 5.76） - 1.6}{2} = 3.52$（万元）

上述计算结果见表 2-1 所列。

年折旧额计算结果 　　　　　计量单位：万元 **表 2-1**

年　份	年初净值	折旧率	折旧额	累计折旧	年末净值
0	0.00	0	0.00	0.00	40.00
1	40.00	40	16.00	16.00	24.00
2	24.00	40	9.60	25.60	14.40
3	14.40	40	5.76	31.36	8.64
4	8.64	—	3.52	34.88	5.12
5	5.12	—	3.52	38.49	1.60

（四）年数总和法

年数总和法也叫合计年限法，它是用固定资产的原值减去残值后的净额乘以一个逐年递减的折旧率计算各年的折旧额。这个折旧率的分子是固定资产尚可使用的年数，分母是使用年数的逐年数字的总和。年数总和计提折旧的计算公式如下

$$年折旧额 = \frac{尚可使用年限}{各年预计使用年限之和} \tag{2-20}$$

或

$$折旧年限 = \frac{预计使用年限 - 已使用年限}{预计使用年限 \times （预计使用年限 + 1） \div 2} \tag{2-21}$$

$$年折旧额 = （固定资产原值 - 净残值） \times 年折旧率 \tag{2-22}$$

【例 2-8】 仍以［例 2-7］中使用期限 5 年的固定资产为例，在采用年数总和法计提折旧时，在折旧期限内，各年的尚可使用年限分别为 5 年、4 年、3 年、2 年和 1 年，年数总和为 15 年，年折旧计算如下

第一年：

$$年折旧率 = \frac{5}{15}$$

$$年折旧额 = （40 - 1.6） \times \frac{5}{15} = 12.80 （万元）$$

第二年：

$$年折旧率 = \frac{4}{15}$$

$$年折旧额 = （40 - 1.6） \times \frac{4}{15} = 10.24 （万元）$$

第三年：

$$年折旧率 = \frac{3}{15}$$

$$年折旧额 = （40 - 1.6） \times \frac{3}{15} = 7.68 （万元）$$

第四年：

$$年折旧率 = \frac{2}{15}$$

$$年折旧额 = （40 - 1.6） \times \frac{2}{15} = 5.12 （万元）$$

第五年：

$$年折旧率 = \frac{1}{15}$$

$$年折旧额 = （40 - 1.6） \times \frac{1}{15} = 2.56 （万元）$$

上述计算结果见表 2-2 所列。

在上述几种固定资产折旧方法中，双倍余额递减法和年数总和法属于加速折旧法。采用加速折旧法计提固定资产的折旧额，可使在固定资产使用的早期能多提折旧，后期少提折旧，其递减速度逐年加快。这样，可以在固定资产估计的耐用期限内加快速度得到补偿，从而尽可能减少由于技术进步引起无形损耗致使固定资产提前淘汰所造成的损失。

年　份	尚可使用年限	原值－残值	折旧率	折旧额	累计折旧额	净值
0	—	—	—	—	—	40
1	5	38.4	5/15	12.80	12.80	27.20
2	4	38.4	4/15	10.24	23.04	16.96
3	3	38.4	3/15	7.68	30.72	9.28
4	2	38.4	2/15	5.12	35.84	4.16
5	1	38.4	1/15	2.56	38.40	1.6

年折旧额计算结果　　　　　单位：万元　**表 2-2**

第四节　收入、税金和利润

一、营业收入

营业收入是建筑产品生产企业一定时期内在生产经营活动中，通过生产、销售建筑产品和提供劳务所取得的货币收入。由于建筑产品生产企业的生产经营特点不同，营业收入的计算方法也有所不同。

1. 建筑施工企业的营业收入的计算公式如下

　　　　营业收入＝建筑工程施工收入＋安装工程施工收入＋其他业务收入

式中

　　　　建筑工程施工收入＝Σ 建筑产品总面积×单位面积工程造价

　　　　安装工程施工收入＝Σ 安装产品数量×单位产品工程造价

　　　　其他业务收入＝作业收入＋产品销售收入＋多种经营收入＋其他收入

2. 房地产开发企业的营业收入的计算公式如下

　　　　营业收入＝商品房销售收入＋配套设施销售收入＋代建工程施工收入

　　　　　　　　＋房屋出租收入＋其他收入

式中

　　　商品房销售收入＝Σ 商品房销售面积×单位面积销售价格

　　　配套设施销售收入＝Σ 配套设施销售量×单位配套设施销售价格

　　　房屋出租收入＝Σ 房屋出租数量×单位房屋租金

代建工程施工收入与施工企业建筑工程施工收入的计算方法相同。

营业收入是一定时期内建筑产品生产企业以产品或商品出售时的市场价格（结算价或成交价）计算的劳动成果，是反映项目真实收益的经济参数，是项目现金流入的一个重要组成部分。

二、税金

税金是国家依法对有纳税义务的单位和个人征收的财政资金。对于纳税义务人，税金是其财务上的一种支出或费用。我国现行税金由税务机关、财政机关和海关管理部门分别征收，其中税务机关征收的称为工商税，工商税有 18 种。建筑产品生产企业经济评价中涉及到的主要税金有如下几种。

（一）营业税

营业税是以在我国境内提供应税劳务、转让无形资产或销售不动产所取得的营业额为征税对象而征收的一种工商税。

营业税的税目包括交通运输业、建筑业、金融保险业、邮电通信业、娱乐业、服务业、转让无形资产、销售不动产共8个。税率分3%、5%、20%（娱乐业5%～20%）等几个档次。

建筑业，是指建筑安装工程作业，适用税率3%，营业税征收范围包括建筑、安装、修缮、装饰和水利、道路、钻井、建筑或构筑物拆除、平整场地、爆破、搭拆脚手架等其他工程作业。

销售不动产，是指有偿转让不动产所有权的行为，包括销售建筑物或构筑物，销售其他土地附着物。

不动产租赁，属服务业税目，营业税税率为5%。

营业税应纳税额计算如下：

$$应纳税额 = 营业额 \times 适用税率$$

（二）城市维护建设税

城市维护建设税，是国家为了加强城市维护和建设，向缴纳增值税、消费税、营业税的单位和个人征收的专用于城市维护和建设的一种工商税。

城市维护建设税以纳税人实际交纳的增值税、消费税、营业税税额为计税依据，分别与增值税、消费税和营业税同时缴纳。税率以纳税人所在地不同有所差别。纳税人所在地在省辖市、地辖市市区的，税率为7%；纳税人所在地在县城、镇的，税率为5%；城市郊区、县城城郊的国营企业，税率分别为7%和5%；工矿区内的企业，税率为5%；凡不在上述范围内的企业，税率为1%。

城市维护建设税的应纳税额计算公式为：

$$应纳税额 = （营业税 + 增值税 + 消费税）\times 适用税率$$

（三）教育费附加

教育费附加是为了加快地方教育事业的发展，扩大地方经费的资金来源而开征的一项附加费用。教育费附加收入纳入财政预算管理，作为教育专项基金，主要用于改善各地教学设施和办学条件。

凡缴纳增值税、消费税、营业税的单位和个人除缴纳农村教育事业费附加的单位外，都应当按规定缴纳教育费附加。教育费附加随增值税、营业税、消费税同时缴纳，由税务机关负责征收。

教育费附加以各纳税人实际交纳的增值税、消费税、营业税为计征依据，税率为3%。其计算公式为

$$应纳教育费附加 = （营业税 + 增值税 + 消费税）\times 3\%$$

（四）土地增值税

土地增值税是对纳税人转让房地产所取得的土地增值额所征收的一种工商税。

凡是转让国有土地使用权、地上建筑物及其附着物的经营活动，无论出售土地使用权或是房屋产权和土地使用权一并出售，均缴纳土地增值税。

土地增值税以纳税人转让房地产所取得的增值额，即以纳税人转让房地产所取得的收

入减除允许扣除项目金额后的余额为计税依据。土地增值税允许扣除的项目有：取得土地使用权所支付的金额；开发土地的成本、费用；新建房及配套设施的成本、费用，或者旧房及建筑物的评估价格；与转让房地产有关的税金；财政部规定的其他扣除项目。

土地增值税实行四级超率累进税率，计算公式为

土地增值税应纳税额＝增值额×适用税率－扣除项目金额×速算扣除系数

另外，纳税人建造普通标准住宅出售，增值额未超过扣除项目金额的20%者，以及因城市实施规划，国家建设需要而被政府批准依法征用、收回的房地产免征土地增值税。

表2-3为土地增值税税率及速算扣除系数表。

土地增值税税率及速算扣除系数表　　　　　　表2-3

土地增值额占扣除项目金额的%	适用税率（%）	速算扣除系数（%）
50 及其以下	30	0
50～100	40	5
100～200	50	15
200 以上	60	35

（五）企业所得税

企业所得税是指对企业生产、经营所得和其他所得征收的一种工商税。企业的生产、经营所得和其他所得，包括来源于中国境内和境外的所得。企业所得税的纳税人包括国有企业、集体企业、私营企业、联营企业、股份制企业和有生产、经营所得和其他所得的其他实行独立经济核算的企业或组织。

企业所得税的计税依据是应纳税所得额，即纳税人每一纳税年度的收入总额减去国家规定准予扣除项目后的余额。

企业所得税的税率一般为33%的比例税率，此外，税法规定对年纳税所得额3～10万元的，按27%的税率征缴，对年纳税所得额在3万元以下的按18%的税率征缴。企业所得税的计算公式为

应纳税额＝应纳税所得额×适用税率

三、利润

利润是企业生产经营活动的最终成果的体现，追求利润最大化是投资者的主要经济目标，评价投资项目经济效益应以利润为主要依据。技术经济分析中涉及到的利润包括利润总额和税后利润。

利润总额＝营业利润＋投资净收益＋营业外收支净额

其中，营业利润＝营业收入－销售税金及附加－营业成本－管理费用

－销售费用－财务费用

税后利润是利润总额扣除企业所得税后的余额。

复 习 思 考 题

1．什么是投资？投资有哪些基本特点？

2．什么是固定资产和流动资金？固定资产投资和流动资金投资由哪些部分组成？

3．我国目前不同投资主体的投资资金来源渠道有哪些？

4．什么是资金成本？计算资金成本有什么意义？

5．什么是成本？建筑企业总成本费用由哪几部分组成？

6．什么是经营成本？什么是机会成本、沉没沉本和边际成本？它们在项目技术经济分析中有何意义？

7．什么是折旧？影响折旧额计算的因素有哪些？

8．营业收入与利润有何不同？建筑企业应交纳哪些主要税金？

9．某企业取得 3 年期长期借款 200 万元，该项借款年利率 11%，每年付息一次，到期一次还本，筹资费用率 0.5%，企业所得税 33%，试计算该项借款的资金成本。

10．某公司发行普通股共 800 万元，预计第一年股利率 14%，以后每年增长 1%，筹资费用率 3%，该普通股的资金成本是多少？

11．某企业账面上反映的长期资金共 500 万元，其中应付长期借款额 100 万元，应付长期债券 50 万元，普通股 250 万元，保留盈余 100 万元，其资金成本分别为 6.7%、9.17%、11.26%、11%，试计算该企业的综合资金成本率。

12．一台设备的原值为 26 000 元，折旧年限为 5 年，预计净残值 2 000 元。要求：分别用直线折旧法、双倍余额递减法和年数总和折旧法计算这台设备各年的折旧额和年末账面价值。

13．某大型施工机械原值为 200 000 元，预计净残值 3000 元，按规定可使用 2000 个台班，当年实际使用台班为 300 个，试计算当年应计提的折旧额。

第三章 项目经济预测

投资技术经济分析需要建立在对拟建项目建设和使用整个过程中的各种技术、经济参数的正确估计和测算的基础之上，如果没有完整、可靠的基础资料就不可能对拟建项目做出正确评价，进而就没有正确的投资决策。项目经济预测为项目经济分析和评价提供所必要的基本资料，为投资项目的科学决策提供依据。因此，项目经济预测是技术经济分析的重要内容之一。

第一节 项目经济预测的概念、特点和作用

一、预测的概念

预测是人们依据对事物的已有认识而做出的对未知事物的预先推测和判断。预测是一种认识未来事物行为活动，表现为一个过程，同时，预测也表现为这一活动的某一结果。

预测是人们有意识地探索和揭示客观事物未来发展的趋势或表现状态的科学实践活动，决不是随心所欲的主观臆断和未卜先知。科学的预测以反映客观事实的历史与现实资料和数据为判断依据，以正确反映客观规律的成熟理论为指导，并依据预测对象的特点合理地选择被理论和实践证明的科学预测方法，定性和定量相结合，对预测对象的未来状态和变化进行描述和推断。科学的预测能够使预测结果在允许的误差范围内，同时在条件不变的情况下经受实践的检验。

项目经济预测是对影响投资项目经济效果的诸因素的未来变化趋势或状态所进行的科学推测和判断，是预测学的理论与方法在投资项目技术经济分析中的具体运用。

项目技术经济分析涉及到对拟建项目的经济效果、社会效果和环境效果等多方面的分析。经济效果包含资金、劳动力、材料物资、设备等投资品的消耗或占用量的分析，也包含着产量、收入、成本、利润等成果量的分析，还要分析通过市场取得建筑生产要素和销售建筑产品时的市场供给和需求及其供求价格的变化；社会效果分析包含投资项目本身对经济发展、人民生活的影响，以及社会经济变化对项目投资效果的影响；环境效果分析则要求对项目建设影响生态环境与生态环境变化对项目经济效果的影响做出正确的评价。对项目经济预测，不但要对影响经济效果的各项因素的未来状况和变化趋势进行预测，还要对影响项目实施的相关社会、环境诸因素进行预测。

二、项目经济预测的特点

项目经济预测具有以下几个特点：

（一）预测对象的未来性

项目经济预测对象具有超前性，它指向未来投资项目的经济参数，研究尚未实施的项

目投资和使用的未来状况。未来事物不是一个客观存在，但它可以通过人们对项目有关经济参数的现状的观察分析，获得这些经济参数发展变化的规律性认识，对其未来进行推断预测。相反，对已经建成使用项目的经济参数的估计是推测，推测的对象是一种客观存在，它可以通过观察、调查和考证研究之。已经发生或正在发生的事物不是预测的研究范围。

（二）预测内容的具体性

项目经济预测都是以一定的具体历史和现实资料为依据所进行的预估，这些资料带有明显的时间和空间特征。预测对象的未来信息也是与具体的客观条件相联系，不同的预测对象、同一对象不同时期的预测，所采用的预测依据、预测方法和预测结果都不可能完全相同。由于项目经济预测所涉及到的预测对象十分丰富，同一对象在不同时空下的变化趋势也有所区别，要求预测者正确地选择和使用预测方法，进行科学有效的预测。

（三）预测结果的近似性

项目经济预测是对未来投资项目中不确定的经济因素进行分析。在拟建项目中确定要发生的事物是不需要加以预测的，例如，某项目在 2005 年 7 月 1 日投产时是星期几，不属于预测的范围，这是因为只要历法已定，这一投产日的星期数就是一定的。预测对象的不确定性必然带来预测结果的近似性。预测结果的近似性主要来源于：

（1）预测对象未来的发展变化受多种复杂因素的影响，这些因素包括经济的、政治的、社会的、自然的因素，他们对预测对象未来作用的方向和大小、强度都具有多样性、可选择性、可创造性的特点。预测者对预测对象及其所处的环境的认识受到对不确定因素表现的完全程度的影响，难以完全把握。

（2）预测者在预测时使用的预测方法、预测模型往往都是在一定的假设条件下才有可能被接受，如使用线性回归模型时，假设除了模型中的主要变量外，其他次要因素都对预测对象不起作用，或起作用微乎其微。另外，预测对象受主要变量的变化趋势是直线性的，假设条件越多，与实际差别就越大，预测结果的误差就越大。

（3）预测是一门艺术。预测分析质量的高低，同预测工作者的个人经历、实践经验、综合素质等密切相关，不能排除预测者的主观因素影响。

（4）预测活动本身也在"干扰"未来。对项目经济预测来说，当预测结果使决策者感到前景不妙时，便设法阻止其出现，使这一预测成为"自毁"性预测；当决策者感到前景美好，便会努力促使它尽快地实现，使这一预测成为"自成"性预测。无论"自毁"性预测还是"自成"性预测的结果，都会使原来的预测结论失效。

项目经济预测的近似性，并不意味着预测结果不具有科学性。近似性是客观存在的，强调项目经济预测结果的近似性，从而尽可能地采用最科学的预测方法，减少预测误差，正是项目经济预测科学性的表现。

三、项目经济预测的主要作用

（一）项目经济预测是进行项目经济决策的基本前提

项目经济决策是否正确及正确的程度，是拟建项目实施成败的关键，而正确的决策则要以科学的项目经济预测为前提。这是因为：首先，项目经济预测能为拟建项目的经济决策提供未来的有关经济信息；其次，项目经济预测还能为拟建项目的经济决策提供决策目标和被选方案；此外，项目经济预测还能为拟建项目的经济决策提供参照，以利于项目在实施中不断调整方案，确保决策目标的实现。

（二）项目经济预测是优化资源配置的基本依据

项目的实施实际上是将资金、劳动力、投资品等有机地组合和配置，形成一定的生产能力，并使其发挥最大的效益的过程。然而，各种经济资源的取得、经济成果的实现，需要在市场竞争中才能进行。在激烈的市场竞争和变化无常的市场经济中，如果没有科学的预测，就不可能实现资源的合理配置和有效利用。科学的预测能帮助决策者依据市场调节的变化，掌握投资资源的供求变化与价格走势，合理安排人、财、物的投入比例和投向，做出正确的投资决策，使稀缺的投资资源得到最充分的利用。

（三）项目投资预测是提高经济效益的重要措施

项目的决策不只是一次性的决策行为，而是一个过程。表现在项目的实施中，伴随着不同的实施阶段，会出现不同的社会经济和政治及自然环境的变化，这些变化会使原来的经济预测与决策出现偏差和失效。为了追求效益最大化，项目在实施中就必须通过科学的预测，重新把握项目环境变化规律，为不断调整经济决策提供依据。可见，项目实施后经济效益的好坏，在一定程度上取决于项目将预测纳入其实施过程中的自觉性的高低。

第二节　项目经济预测调查

项目经济预测离不开来源于各种渠道的信息资料。项目经济预测就是根据预测目标的要求，采用科学的调查组织方式和方法，有目的地去搜集预测对象的有关信息资料的过程。这些资料可以表现为文字型的、图表型的，也可以是数字型的。一般地，进行定量预测要以数字型的资料为主。

一、预测调查的主要内容

从投资项目经济分析的需要出发，预测调查主要有环境调查、需求调查、供给调查和竞争调查。具体包括以下几个方面的内容。

（1）环境调查。环境调查的对象是企业无法控制的影响项目投资效果的外部因素，包括政治环境、经济环境、社会文化环境等。

（2）技术发展调查。技术发展调查的对象是与项目经济评价有关的技术发展状况，包括国内外新技术、新工艺、新材料的状况、发展趋势和发展速度，国内外新产品的技术状况、发展趋势和发展速度。

（3）产品供求调查。产品供求调查的对象是与项目经济评价有关的建筑产品的需求与供给状况，包括各种相关建筑物、构筑物、需要安装设备和构件的需求单位数和需求数量、市场需求量的变化趋势；市场上同类建筑产品的销售量、本企业的销售量与合同完成量；同行业相同性质企业的数量、生产能力及其变化趋势等。

（4）投资品市场调查。投资品市场调查对象是与拟建项目的建设有关的投资品的供给、需求及供求价格，包括各种建筑材料的市场供给量、需求量、来源渠道、价格水平及其变化情况；设备物资市场的供给量、需求量、来源渠道、价格水平及其变化情况等。

（5）劳动力市场调查。劳动力市场的调查对象是与建筑产品生产技术要求相适应的劳动力的供给、需求以及劳动力使用成本，包括劳动力的供给总量、需求总量、就业量、分布结构及其变化趋势；工资水平及其变化趋势、劳动力的流动状况等。

（6）产品价格调查。调查对象是产品的价格，包括投资者或用户对建筑产品价格的承受能力、国家的价格政策及其变化趋势、建筑产品价格的构成和特征、价格的需求弹性等。

（7）竞争调查。竞争调查是对投资项目在市场上的竞争能力及竞争对手的调查，包括产品的性质、能力、质量、成本、技术水平的调查；同类企业的数量、经营范围、生产技术特点、售后服务状况和经营管理水平等方面的调查。

二、预测调查的程序

预测调查一般分为调查准备、调查实施和调查结果处理三个阶段。

（一）预测调查的准备阶段

准备阶段是预测调查的开始阶段，它由以下几个方面的工作组成：

（1）确定调查目标。即确定调查活动的中心课题，它要解决的是为什么要进行这次调查，通过调查要了解什么内容、解决什么问题。

（2）拟定调查方案。即根据调查目标，设计调查内容。调查方案的内容应包括调查的目的要求、调查对象、调查项目、调查时限、调查范围、调查信息资料搜集方式和方法等。为了便于实施，调查方案一般尽可能使用调查表的形式来表述，以提高调查效率。

（3）制定组织实施计划。一个周密、具体的调查组织实施计划能够保证调查工作有计划地顺利实施。调查组织实施计划一般包括调查组织、人员配备、调查培训、调查宣传、物资准备、工作进度安排、经费预算等。

（二）预测调查的实施阶段

预测调查的实施阶段，是按照调查准备阶段中所提出的调查目标和具体要求，由调查人员深入调查对象中获取预测所需要的信息资料的过程。

预测调查的实施阶段是整个调查的中心环节，对调查质量及预测质量都具有决定性的作用，要求调查人员具有良好的工作作风、实事求是的科学态度、丰富的调查经验、广博的知识水平，并通过辛勤劳动圆满地完成调查任务。

（三）预测调查的结果处理阶段

在调查中所获得的基本信息资料，一般是分散的、不系统、不完整的，准确性不高，还不能完全满足预测工作需要。因此，还必须进一步地进行审核、筛选、补充和分类汇总等系列加工整理，以去粗取精，去伪存真，由此及彼，由表及里，揭示调查对象的本质属性和相互联系。

预测调查的最终结果一般以整理表或调查报告的形式表现出来，供预测人员使用。

三、预测调查的方法

进行预测调查，需要根据调查对象、调查目的的要求和特点，采用科学的调查方法，才能取得良好的调查效果。预测调查的方法主要有：

1. 直接观察法

是调查人员深入调查现场直接观察被调查对象的状态和变化过程，取得关于调查对象的第一手材料。这种方法的最基本特点在于能获得较为准确、翔实的现实数据和情况，但费工费时，难以大面积推广。

2.询问法

是通过有问有答的形式，询问掌握调查对象有关信息资料的单位和个人来搜集资料的一种调查方法。询问法的具体形式可以灵活多样，主要有：

（1）采访法。即根据事先拟定的调查提纲，用座谈会、个别谈话、发调查表等方式，向被调查者搜集资料的一种方法。此方法可以根据调查现场的变化随时调整调查内容、订正和补充调查结果，其可靠性强，但也费时费力。

（2）通讯法。它是通过邮递、电话、电报、传真及计算机网络等通讯工具，传递调查内容和填报结果的一种调查方法。通讯法可以提高调查效率，节省调查时间，但往往受到被调查者的思想觉悟、知识水平的限制，也可能使调查所得的信息资料失真。

3.实验法

是通过小规模、小范围的模拟真实条件下的实验来获取有关数据信息。如新产品的试销试验、新技术的试生产试验等。

一般条件下，预测所需要的信息数据应尽可能利用已发布或已调查的原始资料或整理资料，如政府统计部门、业务管理部门公布的统计数据、新闻媒体发布的信息数据等。这些数据一般经过简单的加工处理即可使用，资料成本较低。当这些资料不能满足预测要求时，可采用上述调查方法，通过普查、典型调查、重点调查和抽样调查等组织方式补充调查资料。一般地，抽样调查经济而科学，应作为首选的组织方式。

第三节　项目经济预测的分类和步骤

一、项目经济预测的分类

由于项目经济预测的对象是具体的，表现为采用一定的预测方法，对特定的项目在一定时间内和空间上对有关投入与产出指标的预测。因此，项目经济预测可以从方法、对象、时间、空间等多角度进行分类。

（一）按预测活动的范围不同，分为：

（1）宏观预测。宏观经济预测的范围是整个国家。投资项目的经济评价，不仅与自身的投入产出有关，而且还受到整个国民经济大环境、大市场的影响，需要通过宏观预测把握项目未来发展的总趋势。宏观预测对投资项目提供的预测值主要有：国民生产总量及其增长速度、物价总水平及其变动趋势、人口增长及其就业状况、消费、投资的规模、结构和增长速度、资金市场发展及其利率的变化、进出口及国际贸易和金融规模和结构及变化等。

（2）中观预测。中观预测是对地区或部门的预测。项目经济评价总是在一定的地域和行业部门范围内进行的，对拟建项目所在地和所属行业部门的中观预测就显得极为重要。中观预测主要包括地区性或区域性市场容量及其变化趋势、产品需求结构及其变化趋势、地区或部门的产业结构、经济规模、资源开发、发展速度等的前景预测。

（3）微观预测。微观预测是对一个项目或企业所面临的技术状况和技术进步趋势、产品供求市场及其价格变化趋势、生产要素供求市场及其价格变化趋势、以及成本、利润等经济目标所进行的预测。

（二）按预测期限的长短不同分

由于项目技术经济评价要考虑到项目在整个寿命周期的全过程，因此预测期限也较长。一般地，短期预测为1~5年，中期预测为5~15年，长期预测为15~50年。由于预测期限越长，预测结果的准确程度也越低，为了降低风险，提高决策的质量，项目经济预测多侧重于短期和中期预测。

（三）按预测方法的性质不同分

（1）定性预测。它是预测者根据一定的经济和技术科学理论和实践经验，对项目未来的经济、技术状态和趋势做出的合理判断。定性预测是基于事实和经验的分析推论，它无需依据系统完整的历史数据建立数学模型预测。例如，根据经济周期理论，做出预测期内宏观经济是处于衰退期、萧条期、复苏期还是高涨期的判断，即是一种定性预测。

（2）定量预测。它是依据预测调查所取得的数据资料，运用统计方法和数学模型，近似地揭示预测对象及其与影响因素之间的数量变动关系，建立相应的数学模型，据以对预测目标进行数量化估算的预测方法。定量预测一般可分为以下两种：

1）时间序列分析预测法。它是依据事物发展的连续性原理，利用对预测对象历史和现实调查所形成的时间序列，对预测目标未来状况和发展做出定量预测。具体方法主要有：移动平均法、指数平滑法、趋势外推法、季节指数法等。

2）因果分析预测法。它以事物的普遍联系为指导，通过分析预测对象与其他相关事物的因果关系，对预测目标未来发展状况和趋势做出的定量预测。具体方法有：回归预测法、经济计量模型预测法、投入产出分析预测法等。

二、项目预测的步骤

项目预测是一项活动，表现为一个过程。预测过程应当按照一定的程序进行，通常遵循以下几个步骤。

（一）确定预测目标

即根据项目技术经济分析和评价与决策的要求，确定预测对象、预测对象的范围、时间长短、对预测结果的基本要求等。

（二）确定影响因素

要确定预测目标的各项影响因素，并选择其中若干个主要影响因素作为研究对象。确定影响因素应遵循以下原则：

（1）围绕预测目标，以科学的技术或经济理论为指导，通过观察分析后确定影响因素。

（2）尽可能详尽列出各个影响因素。

（3）通过分析，集中精力确定主要影响因素。

（三）搜集、整理和加工信息资料

预测中所需的预测对象及其影响因素的信息资料，不但包括现实资料，还包括历史资料，不仅需要间接资料，也需要有调查人员直接调查取得的资料，必要时还要对这些资料进行加工整理。

（四）进行分析判断，选择预测方法

通过对历史和现实调查所取得的数据信息进行系统归纳、综合分析，对调查目标的未来发展趋势做出本质判断并据此选择合适的预测方法。这是一个定性分析的过程，也是建立逻辑模型的过程。

（五）建立模型

是在正确的理论指导下，确定模型中自变量与因变量之间的数学关系、估计出模型中的参数。为了减少预测成本，在预测精度能满足需要的前提下，应尽量简化模型，同时尽可能有利于实现计算机模拟运算。对已建立的模型，应当从逻辑上、数学理论上进行检验，检验通过后，方可用于预测。

（六）利用模型预测

输入已整理的资料和数据，运用已检验的预测模型进行运算，求出预测值，并对预测值进行分析评价。如果评价结果认为预测结论可信，则写出预测报告，供决策者进行决策参考；如果评价认为预测结论不可信，则需要认真查找原因，改进预测。

为了使预测估计值的可靠程度增加，应尽可能使用区间估计预测值，同时尽可能地利用不同的预测模型，通过不同预测方法的相互验证，提高预测的精确度。

第四节　项目经济预测方法

一、专家预测判断法

专家判断预测法是以专家为索取信息的对象，依靠他们专业方面的渊博知识和丰富的实践经验，运用一定的方法对预测对象进行综合分析，寻找其发展变化规律，判断预测对象的发展变化趋势及状态的一种方法。这里的专家是指对预测问题的有关领域或学科有一定专长或经验丰富的人。专家预测法主要依靠专家群体的智慧，充分发挥专家的群体效应，提高预测的精确度。而且，在缺乏足够统计数据的情况下，也可以通过专家的共同努力做出全面的定量估计。专家判断预测法具有节省预测时间、节约预测费用、预测精度高的优点，它不仅可以用于技术预测，也可以用于经济预测，既可以用于预测事物的量变过程，也可以用于预测事物的质变过程。

专家判断预测法的具体方法很多，这里仅介绍单纯趋势预测法和德尔菲法两种。

（一）单纯趋势预测法

单纯趋势预测法是专家凭借主观经验，根据对预测项目不同对象进行调查统计，找出预测项目发展变化的趋势，作为某种判断的方法。该方法简单易行、易于推广。

下面以高校经费投资为例说明单纯趋势预测法的预测过程：

（1）确定预测目标。在本例中，将预测目标定为高校经费明年的投资趋势，即判断高校明年经费投资量是增加、不变或是减少。

（2）确定调查对象。按高校规模由大到小划分为 A，B，C 三类，共选取 $n=23$ 所高校作为样本调查，其中 $n_A=10$，$n_B=8$，$n_c=5$。

（3）确定权重（w）。权重的确定可以某一类对象（如 C 类高校）为基础，确定权重为 1，其他类对象的有关指标（本例中应选高校在校学生人数）与基础类指标数值进行比较求得。本例中，取 $w_A=4$，$w_B=2.5$，$w_C=1$。

（4）搜集和整理资料。对样本单位采用问卷等方式进行调查，收集并汇总调查表格。表 3-1 为本例高校经费投资调查汇总。

高校经费投资调查汇总　　　　　　　　单位：个　**表 3-1**

项目等级	样本容量 n	w	各类判断结果高校数 m			wm		
			增加 m_1	不变 m_2	减少 m_3	wm_1	wm_2	wm_3
A	10	4	5	3	2	20	12	8
B	8	2.5	2	4	2	5	10	5
C	5	1	1	2	2	1	2	5
合计	23	—	8	9	6	26	24	15

（5）计算各种判断结果的比例（P）

$$P = \frac{wm}{\Sigma wm} \qquad\qquad (3-1)$$

按照表 3-1 中整理的结果计算如下：

主张增加经费投资的高校比例 $P_1 = \dfrac{26}{26+24+15} = 0.4$

主张不变经费投资的高校比例 $P_2 = \dfrac{24}{26+24+15} = 0.369$

主张减少经费投资的高校比例 $P_3 = \dfrac{15}{26+24+15} = 0.231$

（6）判断趋势

1）若 $P_1-P_3>0$ 且 $P_1-P_2>0$，则预测投资变化趋势为增加。

2）若 $P_1-P_3<0$ 且 $P_2-P_3<0$，则预测投资变化趋势为减少。

3）若 $P_1-P_3=0$ 且 $P_2-P_3>0$，或 $P_1-P_3<0$ 且 $P_2-P_3>0$，或 $P_1-P_3>0$ 且 $P_1-P_2<0$，则预测投资变化趋势不变。

4）若 $P_1-P_3=0$ 且 $P_2-P_3<0$，则预测投资变化趋势不能确定。

显然，本例中高校经费投资的单纯趋势判断为增加。

（二）德尔菲法

德尔菲法（Delphi）是美国兰德公司（RAND，意为开发研究）首创的一种预测方法，并以古希腊传说中众神汇聚占卜的阿波罗神殿所在城市德尔菲命名，取义其有高超的预见能力。德尔菲法是世界上被广泛采用的一种预测方法。

德尔菲法预测的具体步骤：

（1）确定调查目标。由调查组织者明确调查的主体，设计调查问卷或调查提纲，并设计有关调查主体的背景材料，做好调查前的准备工作。调查提纲中与调查主体有关的预测项目或需要搜集的预测参考资料，也可以在以后的第一轮调查中由专家提出并通过汇总而来。

（2）选聘专家。根据预测目标，选择经验丰富、思想开阔、富于创造性和判断力的专家。选聘专家需要征得专家的同意，应具有自愿性。专家的组成要具有广泛性，一般本单位、本部门专家占 1/3；与本单位、本部门有密切关系的专家占 1/3；社会知名人士中有专业研究的专家占 1/3。专家应达人数应控制在 12~21 人为宜。选聘的专家要求背靠背，互不发生联系。专家确定后，可将调查表问卷、调查提纲的背景材料采用信函的形式提交各位已选定的专家，要求在给定的时间（一般是受到调查问卷的两周内）各自作答，寄回调查组织者。

（3）反复征询专家意见。第一轮调查意见回收后，调查的组织者以匿名的方式将各种不同的意见进行综合、分类和整理，然后分发给各位专家，再次征求意见。各位专家在第二轮意见的征询过程中，可以坚持自己原来的意见，也可以参考其他专家的不同意见，修改、补充自己原来的意见，再次寄给调查组织者。如此几经反馈，一般在 3~5 轮后各位专家的意见即可渐趋一致。

（4）处理调查结果，做出预测。对最后一轮的调查结果汇总，进行进一步的统计分析和数据处理，得出预测结论。由德尔菲法获得的调查数据一般具有收敛性，可用数理统计的方法处理：定量指标的统计处理常用均值、期望值、中位数、上下四分点等指标表示；评分、排序调查的结果通常用加权综合评分值指标；对预测事件发生概率的调查，一般用专家判断的主观概率来表示。

二、时间序列分析预测法

时间序列也称时间数列，是将某一变量的实际观察值按照发生的时间先后顺序排列所形成的数据序列。时间序列预测法是依据时间序列，建立预测模型，预测变量未来变化趋势和发展变化的预测方法。

用时间序列进行预测时，假定时间是惟一影响预测目标的因素，其他影响因素在预测模型中都不予考虑。时间序列的数据变动按照其变动趋势的性质不同可分为长期趋势变动、季节变动、循环变动和不规则变动四种。长期趋势变动是由于预测目标受某一长期起作用的因素的影响，使时间序列持续地向同一方向变化（线性或非线性的上升、下降或水平不变）的趋势；季节变动是由于自然界的季节交替和与此相适应的社会条件变化，所呈现出的以某一固定周期（通常为一年）的往复变动；循环变动也是一种周期性变动，他与季节变动的不同在于其变动的周期不定，因而较季节变动要复杂，预测的难度也较大，本章将其略去；不规则变动是由于某些短期的偶然因素的影响引起的变动，又称噪音，不规则变动无规律可循，在预测中需要通过一定的方法消除它对观察值的影响，从而反映出长期趋势、季节变动和循环变动的规律。时间序列的变动类型一般是在定性分析的基础上，通过对以时间为横轴、序列变量为纵轴画出的时间序列中数据对应的散点图的变动形态的观察进行判断。如果一个时间序列同时受到长期趋势、季节变动、循环变动和不规则变动中的两个或两个以上变动的共同影响，则需要分别消除其他变动的影响，求出各自的趋势预测值，然后按照加法模型或乘法模型组合预测：

加法模型： $$X_t = T_t + S_t + C_t + I_t \tag{3-2}$$

乘法模型： $$X_t = T_t \cdot S_t \cdot C_t \cdot I_t \tag{3-3}$$

式中　X_t——第 t 期的预测值；

　　　T_t——第 t 期的长期趋势预测值；

　　　S_t——第 t 期的季节变动预测值；

　　　C_t——第 t 期的循环变动预测值；

I_t——第 t 期的不规则变动预测值。

（一）简单平均法

如果时间序列不呈现明显的变化（长期趋势或季节变动），而只是不规则变动，可以采用简单平均法。

1. 算术平均法

设时间序列为 x_1，x_2，x_3，…，x_n，采用算术平均法就可以用时间序列的算术平均值 $\bar{x}$ 作为各期的点预测值。

即
$$\hat{x}_t = \bar{x} = \frac{\Sigma x}{n} \qquad (3-4)$$

在考虑预测误差的情况下，第 t 期的区间预测值为

$$\bar{x} - tS < \hat{x}_t < \bar{x} + tS，这里 S = \sqrt{\frac{\Sigma (x - \bar{x})^2}{n - 1}} \qquad (3-5)$$

式中　$\hat{x}_t$——第 t 期的预测值；

$\bar{x}$——点预测值（平均值）；

x——各期的实际观察值；

n——序列项数；

t——与某一概率可靠程度相对应的概率度。

【例 3-1】　某地区 1999 年度食盐的销售量，见表 3-2 所列，试预测 2000 年各月的销售量。

某地区 1999 年度食盐的销售量　　　　　单位：吨　表 3-2

月份 t	1	2	3	4	5	6	7	8	9	10	11	12
销售量 x	335	321	346	363	329	327	368	350	341	312	333	351

【解】　对表中数据的观察可知，序列的趋势变动不明显，可以采用算术平均法预测。以 1999 年的销售量为时间序列，2000 年的每月销售量用 1999 年每月的平均销量指标表示的点预测值为

$$\hat{x}_t = \bar{x} = 339.2 （吨）$$

预测标准差 $S = \sqrt{\dfrac{\Sigma (x - 339.2)^2}{12 - 1}} = \sqrt{\dfrac{3189.88}{11}} = 17.03 （万吨）$

在 95% 的可靠程度下，$\alpha = 0.05$，$n - m - 1 = 10$，查概率分布表 $t = 1.812$，2000 年每月的销售量的预测值为

$$339.2 - 1.812 \times 17.03 < \hat{x}_t < 339.2 + 1.812 \times 17.03$$

即，预测值在 308.84～370.06 之间。

2. 几何平均法

如果一个时间序列的变动呈增长或下降趋势，但其环比发展速度大体接近而无明显变

化时，可用几何平均法预测。几何平均法是对原有时间序列求各期环比发展速度（$v_i = x_i / x_{i-1}$），形成新的时间序列，并将各环比发展速度的几何平均数（平均发展速度）作为各期发展速度预测值的方法。几何平均数的计算公式为：

$$G = \sqrt[n]{v_1 v_2 v_3 \cdots v_n}, \text{或} = \sqrt[n]{\frac{x_1}{x_0} \cdot \frac{x_2}{x_1} \cdots \frac{x_n}{x_{n-1}}} = \sqrt[n]{\frac{x_n}{x_0}} \tag{3-6}$$

预测值的计算公式为

$$\hat{x}_{t+T} = x_t \cdot G^T \tag{3-7}$$

式中 x_t——第 t 期的观察值（一般取最后一期）；

$\hat{x}_{t+T}$——第 $t+T$ 期的预测值；

T——预测值与第 t 期间隔期数。

【例 3-2】 某商品 1992～1999 年的需求量资料，见表 3-3 所列，试预测 2001 年该商品的需求量。

某商品 1992～1999 年的需求量资料　　　　　　　　　　表 3-3

年 份	1992	1993	1994	1995	1996	1997	1998	1999
销量（t）	1150	1210	1290	1360	1380	1415	1470	1500
环比速度（%）	—	105.2	106.6	105.4	101.5	102.5	103.9	102.0

【解】 以销售量序列为基数，计算出各期的环比发展速度。经过分析，各期的环比发展速度基本接近，可用几何平均法预测。

$$G = \sqrt[T]{1.052 \times 1.066 \times 1.054 \times 1.015 \times 1.025 \times 1.039 \times 1.020} = 1.0386$$

2000 年的销售量预测值为

$$\hat{x}_{2001} = 1500 \times 1.386^2 = 1618 \text{（吨）}$$

（二）移动平均法

移动平均法是将时间序列的数据逐项推移，依次计算包含一定项数的序时平均值，以反映长期趋势的预测方法。当时间序列的数据由于受周期变动、季节变动和随机变动的影响起伏较大，不易显示预测目标的发展趋势时，使用移动平均法可以消除这些因素的影响，显示预测目标的发展方向和趋势，并据此进行预测。移动平均法分一次移动平均法和二次移动平均法。

1. 一次移动平均法

设时间序列为 $x_1, x_2, x_3, \cdots, x_n$，则按数据项的顺序逐次移动 N 项（$N < n$）的一次移动平均值为：

$$M_t^{(1)} = \frac{x_t + x_{t-1} + \cdots + x_{t-N+1}}{N} = M_{t-1}^{(1)} + \frac{x_t - x_{t-N}}{N} \tag{3-8}$$

式中 $M_t^{(1)}$——第 t 期的一次移动平均值；

x_t——第 t 期的观察值，$N \leqslant t \leqslant n$；

N——移动平均的项数，即每一移动平均使用的观察值个数。

下面通过一个例子说明一次移动平均法的预测步骤。

【例 3-3】 我国 1965～1985 年的发电总量见表 3-4，试用一次移动平均法预测 1986 年的发电量。

我国历年发电量的一次平均值计算表　　　单位：亿千瓦时　**表 3-4**

年　份	序　号 t	观察值 x_t	$M_t^{(1)}$	趋势变动值 $M_t^{(1)} - M_{t-1}^{(1)}$	绝对误差 $M_t^{(1)} - x_t$
1965	1	676			
1966	2	825			
1967	3	774			
1968	4	716	924.86		208.86
1969	5	940	1046.00	121.14	106.00
1970	6	1159	1166.43	120.43	7.43
1971	7	1384	1297.00	130.57	87.0
1972	8	1524	1474.43	177.43	49.57
1973	9	1668	1630.29	155.86	37.71
1974	10	1688	1783.86	153.57	95.86
1975	11	1958	1952.71	168.86	5.29
1976	12	2031	2137.86	185.15	106.86
1977	13	2234	2329.00	191.14	95.00
1978	14	2566	2530.14	201.14	35.86
1979	15	2820	2718.57	188.43	101.43
1980	16	3006	2930.43	211.86	75.57
1981	17	3093	3149.86	219.43	56.86
1982	18	3277	3370.00	220.14	90.00
1983	19	3514			
1984	20	3770			
1985	21	4107			

【解】　　（1）绘制散点图，选择预测方法　由散点图 3-1 可以看出，发电量基本呈上升趋势，可以选用一次移动平均法预测。

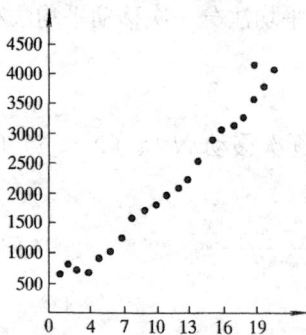

图 3-1　散点图

（2）选择移动平均项数 N　一般地，N 的大小要视序列受周期变动、季节变动和偶然变动影响的周期长短而定。影响周期越长，N 越大，反之 N 越小。N 越大，通过移动平均修匀得到的序时平均 t 数序列的项数越少。因此，当原始观察值较少时，N 也应少些。实际中，由于影响因素的复杂性，周期影响的长短也难以判断。这时可预选几个不同的 N 值，计算观察值 x_t 与移动平均值 $M_t^{(1)}$ 的绝对误差或均方差，其中误差最小的 N 值就是较为理想的移动平均项数。为了方便数据处理，N 通常取奇数。本例选 $N = 7$。

（3）计算移动平均值

$$M_7^{(1)} = \frac{676 + 825 + 774 + 716 + 940 + 1159 + 1384}{7} = 924.86$$

该平均值应与第（$t + 1$）$/2 = 4$ 期相对应，记在 1968 年一行内。

$$M_8^{(1)} = M_7^{(1)} + \frac{x_8 - x_1}{7} = 924.86 + \frac{1524 - 676}{7} = 1046.00$$

该平均值应与第 5 期相对应，记在 1969 年一行内。

……

（4）计算趋势变动值 $\Delta M^{(1)}$

当期趋势变动值是当期移动平均值与上期移动平均值之差：

$$\Delta M^{(1)} = M_t^{(1)} - M_{t-1}^{(1)} \tag{3-9}$$

用于预测的趋势变动值，可分别不同情况进行选择：当各期的趋势变动值比较平稳时，可选用最后一项趋势变动值；当各期的趋势变动值变动较大时，可采用它们的算术平均值。本例取

$$\Delta M_t^{(1)} = \frac{12.14 + \cdots + 220.14}{14} = 174.65$$

（5）建立模型求预测值

$$\hat{x}_{n+T} = M_n^{(1)} + \Delta M^{(1)} \cdot T \tag{3-10}$$

式中　$\hat{x}_{n+T}$——第 $n + T$ 期的预测值；

$M_n^{(1)}$——最后一项移动平均值；

T——最后一项移动平均值距预测期的间隔期数；

$\Delta M^{(1)}$——趋势变动值。

1986 年的预测值为

$$\hat{x}_{1986} = \hat{x}_{22} = \hat{x}_{18+4} = 3370 + 174.065 \times 4 = 4068.6 （亿千瓦时）$$

2.二次移动平均法

移动平均法一般适用于趋势不明显的时间序列的预测。对于具有明显线性趋势的时间序列数据的预测，还要在一次移动平均的基础上做二次移动平均，找出曲线的发展方向和发展趋势，建立直线预测模型进行预测。

二次移动平均值的计算公式和预测模型为

$$M_t^{(2)} = \frac{M_t^{(1)} + M_{t-1}^{(1)} + \cdots + M_{t-N+1}^{(1)}}{N} = M_{t-1}^{(2)} + \frac{M_t^{(1)} - M_{t-N}^{(1)}}{N} \tag{3-11}$$

$$\hat{x}_{n+T} = a_n + b_n T \tag{3-12}$$

$$其中，a_n = 2M_n^{(1)} - M_n^{(2)} \tag{3-13}$$

$$b_n = \frac{2}{N-1}（M_n^{(1)} - M_n^{(2)}） \tag{3-14}$$

式中　$M_t^{(2)}$——第 t 期二次移动平均值；

$M_n^{(2)}$——第 n 期二次移动平均值。

【例 3-4】　仍以表 3-4 中的时间序列为例，用二次移动平均法预测 1986 年的发电

量。其步骤如下：

我国历年发电量的一、二次移动平均值计算表　　　　单位：亿千瓦时　**表 3-5**

年　份	序　号 t	观察值 x	$M_t^{(1)}$	$M_t^{(2)}$	$S_t^{(1)}$	$S_t^{(2)}$
1965	1	676			676.00	676.00
1966	2	825			780.30	749.01
1967	3	774			775.89	767.83
1968	4	716			733.97	744.12
1969	5	940			878.19	837.97
1970	6	1159			1074.76	1003.72
1971	7	1384	924.86		1291.23	1204.98
1972	8	1524	1046.00		1454.17	1379.41
1973	9	1668	1166.43		1603.85	1536.52
1974	10	1688	1297.00		1662.76	1624.88
1975	11	1958	1474.43		1869.43	1796.06
1976	12	2031	1630.29		1982.53	1926.59
1977	13	2234	1783.86	1331.84	2158.56	2088.97
1978	14	2566	1952.71	1478.67	2443.77	2337.33
1979	15	2820	2137.86	1634.65	2707.13	2596.19
1980	16	3006	2329.00	1800.74	2916.34	2820.29
1981	17	3093	2530.14	1976.90	3040.00	2974.09
1982	18	3277	2718.57	2154.63	3205.90	3136.36
1983	19	3514	2930.43	2340.37	3421.57	3336.01
1984	20	3770	3149.86	3535.51	3665.47	3434.85
1985	21	4107	3370.00	2737.98	3797.93	3543.77

作散点图，选择预测方法——二次移动平均法。

（1）选择移动平均项数 $N = 7$。

（2）计算一次、二次移动平均值。一次移动平均值的计算方法与［例 3-3］中的计算方法相同，只不过每次计算的平均值的对应位置是各计算期的期末。如 $M_7^{(1)}$ 对应于第 7 期即 1971 年，而非 1968 年；$M_8^{(1)}$ 对应于第 8 期即 1972 年，而非 1969 年。二次移动平均值以一次平均值所组成的序列为基本数据，代入相应的公式计算，每次计算的二次移动平均值的对应位置也是各计算期的期末：$M_7^{(2)}$ 都对应于第 13 期即 1977 年，$M_8^{(2)}$ 都对应于第 14 期即 1978 年，……。见表 3-5 所列。

（3）计算待定系数，建立预测模型

$$a_{21} = 2 \times 3370 - 2738 = 4002$$

$$b_{21} = \frac{2}{7-1} \times (3370 - 2738) = 210.67$$

$$\hat{x}_{21+T} = 4002 + 210.67T$$

（4）计算预测值

$$\hat{x}_{1986} = \hat{x}_{22} = \hat{x}_{21+1} = 4002 + 210.67 \times 1 = 4212.67 \text{（亿千瓦时）}$$

（三）指数平滑法

在移动平均法预测中，对时间序列中的每一数据都同等看待，这往往不符合实际。指数平滑法则考虑到与预测期距离不等的各期观察值对预测值的影响有所不同，给不同时期的观察值以不同的权数，计算加权移动平均值进行预测。指数平滑法实际上是移动平均法的改进和发展。

根据平滑次数的不同，指数平滑法可分为一次平滑法、二次平滑法和三次平滑法。设时间序列为 x_1，x_2，x_3，$\cdots$，x_n，则有

一次指数平滑值 $\qquad S_t^{(1)} = \alpha x_t + (1-\alpha) S_{t-1}^{(1)}$ $\qquad\qquad$ (3-15)

二次指数平滑值 $\qquad S_t^{(2)} = \alpha S_t^{(1)} + (1-\alpha) S_{t-1}^{(2)}$ $\qquad\qquad$ (3-16)

三次指数平滑值 $\qquad S_t^{(3)} = \alpha S_t^{(2)} + (1-\alpha) S_{t-1}^{(3)}$ $\qquad\qquad$ (3-17)

式中 $\quad S_t^{(1)}$——第 t 期的第 i 次指数平滑值；

$\qquad \alpha$——权数系数，$0 < \alpha < 1$。

指数平滑法用于预测时，选择平滑次数和预测模型，应视时间序列表现出的长期趋势的类型而定：

若时间序列的散点图呈线性趋势，则预测模型为

$$\hat{x}_{n+T} = a_n + b_n T \qquad\qquad\qquad (3\text{-}18)$$

式中 $\qquad\qquad\qquad a_n = 2S_n^{(1)} - S_n^{(2)}$ $\qquad\qquad\qquad$ (3-19)

$$b_n = \frac{\alpha}{1-\alpha}(S_n^{(1)} - S_n^{(2)}) \qquad\qquad (3\text{-}20)$$

$\quad n$——最后一期序号；

$\quad T$——预测期与最后一期的间隔数；

$\quad \hat{x}_{n+T}$——第 $n+T$ 期的预测值。

若时间序列的散点图呈曲线性趋势，则预测模型为

$$\hat{x}_{n+T} = a_n + b_n T + C_n T^2 \qquad\qquad (3\text{-}21)$$

式中 $\qquad\qquad a_n = 3S_n^{(1)} - 3S_n^{(2)} + S_n^{(3)}$ $\qquad\qquad$ (3-22)

$$b_n = \frac{\alpha}{2(1-\alpha)^2}\left[(6-5\alpha)S_n^{(1)} - 2(5-4\alpha)S_n^{(2)} + (4-3\alpha)S_n^{(3)}\right] \qquad (3\text{-}23)$$

$$C_n = \frac{\alpha^2}{2(1-\alpha)^2}\left[S_n^{(1)} - 2S_n^{(2)} + S_n^{(3)}\right] \qquad\qquad (3\text{-}24)$$

用指数平滑法预测成败的关键是 α（也称阻尼系数）的选择。α 取值决定了在新平滑值中的新数据与原平滑值各占的比重，α 值越大，则新数据所占的比重越大，原平滑值所占的比重越小。反之亦然。α 取值主要依据预测目的而定：如果预测目的在于用新的平滑值反应时间序列中所包含的长期趋势，则应取较小的 α 值，如取 $\alpha = 1 \sim 0.3$；如果预测目的在于敏感地反映观察值的最新变化，则应取较大的 α 值，如取 $\alpha = 0.6 \sim 0.8$。在实际应用中，通常用几个不同的 α 值进行试算，取其中使预测误差较小的 α 值预测。

【例 3-5】 如表 3-4，试用指数平滑法预测 1986 年和 1987 年的发电量。

【解】 作散点图，判断趋势类型，选择预测模型。

由［例3-4］可知，应选直线趋势模型，用二次指数平滑法预测。

（1）选择阻尼系数 α 值。这里取 $\alpha = 0.3$。

（2）计算指数平滑值　在取 $S_1^{(1)} = S_1^{(2)} = x_1 = 676$，$\alpha = 0.3$ 时，计算出一次指数平滑值和二次指数平滑值，见表3-5。

（3）求预测模型中的系数

$$a_{21} = 2S_{21}^{(1)} - S_{21}^{(2)} = 2 \times 3797.93 - 3543.77 = 4052.09$$

$$b_{21} = \frac{0.3}{1 - 0.3}\left(S_{21}^{(1)} - S_{21}^{(2)}\right) = \frac{0.3}{0.7}(3797.93 - 3543.77) = 108.93$$

（4）进行预测

$$\hat{x}_{1986} = \hat{x}_{22} = \hat{x}_{21+1} = 4052.09 + 108.93 \times 1 = 4161.10 \text{（亿千瓦时）}$$

$$\hat{x}_{1987} = \hat{x}_{23} = \hat{x}_{21+2} = 4052.09 + 108.93 \times 2 = 4269.95 \text{（亿千瓦时）}$$

（四）趋势外推预测法

趋势外推预测法是通过分析时间序列资料按照时间变化的规律，用数学函数的形式将其量化，对预测目标的发展趋势进行预测的方法。按照预测模型函数形态的不同可分为线性趋势外推法和非线性趋势外推法。这里仅介绍线性趋势预测法。

线性趋势外推预测法有许多具体方法，其中使用最多的方法是用最小二乘法拟合线性方程，它通过计算实际观察值 x_t 与对应的趋势值 $\hat{x}_t$ 的离差 $(x_t - \hat{x}_t)$，并使其平方和 $\Sigma(x_t - \hat{x}_t)^2$ 为最小，拟合最佳趋势方程，并借助于微积分中使一阶偏导等于0时 $\Sigma(x_t - \hat{x}_t)^2$ 取得最小值的原理，联立方程组，求出趋势方程中的未知系数用于预测。

当时间序列的散点图呈线性趋势时，可设趋势预测方程模型为

$$\hat{x}_t = a + bt \tag{3-25}$$

式中

$$b = \frac{n\Sigma xt - \Sigma x\Sigma t}{n\Sigma t^2 - (\Sigma t)^2} \tag{3-26}$$

$$a = \bar{x} - b\bar{t} \tag{3-27}$$

$\bar{x}$——变量序列的算术平均值；

$\bar{t}$——时间序号值的算术平均值。

当时间序列的散点图表现出抛物线变化趋势时，可选用二次曲线方程模型预测：

$$\hat{x}_t = a + bt + ct^2 \tag{3-28}$$

式中

$$a = \frac{n\Sigma t^4\Sigma x - \Sigma t^2\Sigma t^2 x}{n\Sigma t^4 - (\Sigma t^2)^2} \tag{3-29}$$

$$b = \frac{\Sigma tx}{\Sigma t^2} \tag{3-30}$$

$$c = \frac{n\Sigma t^2 x - \Sigma t^2\Sigma x}{n\Sigma t^4 - (\Sigma t^2)^2} \tag{3-31}$$

（五）季节指数预测法

季节指数预测法是依据周期为一年的季节变化的时间序列，通过计算各季节（月或季）的季节指数来预测未来季节变动趋势的方法。使用季节指数预测法需要的时间序列至少是三年以上的按月份或季度的观察值序列。

在时间序列的长期趋势不明显时，可以不考虑长期趋势，直接计算季节指数。方法是首先计算同月（季）平均数

$$同月（或季）平均数 = \frac{各年某月（或季）的观测值之和}{12（或4）}$$

再计算季节指数

$$某月（季）季节指数 = \frac{某月（季）的同月平均数}{各同月（季）平均数的平均数}$$

当时间序列的观察值既有季节变化又有长期趋势变化时，可分别求出长期趋势预测模型和季节指数，然后用乘法模型进行预测。

$$x_{n+T} = \hat{x}_{n+T} \cdot S_k \tag{3-32}$$

式中　x_{n+T}——第 $n+T$ 期第 k 月（或季）的预测值；

　　　$\hat{x}_{n+T}$——第 $n+T$ 期 k 月（或季）的趋势测值；

　　　S_k——k 月（或季）的季节指数。

【例 3-6】　某企业 1995 第三季度至 1999 年第二季度的销售量资料见表 3-6，试预测 2000 年第一、第二季度的销售量。

【解】　（1）求趋势预测模型

从数据分析的结果看，序列有直线趋势的变化。用最小二乘法求直线趋势方程为

$$\hat{x}_t = a + bt \quad (t = 1, 2, 3, \cdots) \tag{3-33}$$

代入数值计算

$b = 0.301$，$a = 5.342$

（2）求季节指数　季节指数计算见表 3-6。

季节指数计算表　　　　　　　　　　　单位：座　表 3-6

年度　　季度	1995	1996	1997	1998	1999	同季平均数 $\overline{x}_s$	季节指数 $S = \overline{x}_s \div \overline{\overline{x}}_s$
一	7	8	10	12	13	50	1.176
二	6	7	9	10	10	42	0.999
三	4	6	6	9	8	33	0.776
四	6	7	9	12	11	45	1.059
合计	23	28	34	43	42	42.5	1.000

（3）预测　2000 年第一季度销售量预测值

$$x_{21} = \hat{x}_{21} \cdot S_1 = (5.342 + 0.301 \times 21) \times 1.176 = 16.13$$

2000 年第二季度销售量预测值

$$x_{22} = \hat{x}_{22} \cdot S_2 = (5.342 + 0.301 \times 22) \times 0.999 = 11.95$$

需要说明的是，时间序列分析预测法一般是假定事物发展总有一个过程，而且在这一过程中事物只是发生量变而不发生质变。要满足这一条件就必须保证预测期有足够短，短到事物的未来发展变化会沿着其历史变化规律同样地得到延伸。可见，时间序列法只适用于近期和短期预测，而不适用于中期和长期预测。

三、回归分析预测法

在实际中，变量的变化除了与时间因素有关外，还常常受到其他多种因素的影响和制约，如销售量要受到商品本身的价格、相关商品的价格、购买力水平、商品质量等影响。要研究变量的变化规律，通常还要从事物变化的因果关系出发，寻找因变量与其他影响因素（自变量）之间的内在联系，进行因果关系分析。回归分析是最常用的因果关系分析法之一。

回归分析预测法是处理变量之间不确定关系（即相关关系）的一种数理统计分析法。它通过分析多个变量的统计资料，找出自变量与因变量之间的因果关系，建立变量之间的经验公式即回归方程，用自变量的未来目标状态来推测因变量的未来变化状态。

回归分析预测法按照回归方程（或称回归模型）的不同有不同的分类。按回归模型中自变量的个数的多少不同，可分为一元回归预测法和多元回归分析预测法；按回归模型的性质不同，可分为线性回归预测法和非线性回归预测法。其中，一元线性回归预测法是最简单、最基础的预测方法，这里仅介绍一元线性回归预测法。

一元线性回归预测法的预测模型如下

$$\hat{y} = a + bx \tag{3-34}$$

式中

$$b = \frac{n\Sigma xy - \Sigma x \Sigma y}{n\Sigma x^2 - (\Sigma x)^2} \tag{3-35}$$

$$a = \overline{y} - b\overline{x} \tag{3-36}$$

与直线趋势外推模型不同的是，回归方程中的 y 称为因变量，x 称为自变量。自变量通常不是时间，而是在因变量的影响因素中最重要的一个。

用一元回归方程预测因变量值，通常用区间估计预测值如下

$$y = \hat{y} \pm tS_y \tag{3-37}$$

其中

$$S_Y = \sqrt{\frac{\Sigma (y - \hat{y})^2}{n - m - 1}} \tag{3-38}$$

式中，y 是与自变量的变化值 x 相对应的因变量的真实值；$\hat{y}$ 为回归预测值；t 是在一定的置信程度（或称可靠程度）相对应的概率度，$t = 1$ 时置信度为 68.27%，$t = 2$ 时置信度为 95.45%，$t = 3$ 时置信度达到 99.73%，置信度通常取 95%，此时 $t = 1.96$。在一元回归预测中，有一个自变量，$m = 1$，n 是序列中自变量或因变量观察值的个数。

【例 3-7】 某地区空调销售量与该地区职工工资总额资料见表 3-7，试预测工资总额为 60 万元时的空调销售量。

【解】 （1）用散点图判断两个变量为直线相关。设直线回归方程为

$$\hat{y} = a + bx$$

（2）计算回归系数，求回归方程

$$b = \frac{8 \times 2257 - 56 \times 296}{8 \times 11920 - 296^2} = 0.191$$

$$a = \frac{56}{8} - 0.191 \times \frac{296}{8} = 7 - 0.191 \times 37 = -0.067$$

回归预测方程为 $\qquad \hat{y} = -0.067 + 0.191x$

（3）进行预测

当 $x=60$ 时，销售量的点预测 $\hat{y}=-0.067+0.191\times60=11.393$，在 95% 的置信程度下，求销售量的预测区间

$$S_y=\sqrt{\frac{0.14^2}{8-2}}=0.049$$

$$y=11.391\pm1.96\times0.049=11.391\pm0.096$$

也就是说，销售量在 11.49 亿元到 11.30 亿元之间。

必须指出，在建立回归模型进行回归分析时，对于自变量与因变量的相关关系，除了用定性分析判断外，还要用数理统计方法进行假设检验。只有通过了检验的模型，方可用于预测，否则需要重新收集资料，进行定性和定量分析，确定新的预测模型。假设检验的方法请参考有关书籍。

某地区空调销售量与该地区职工工资总额表　　　单位：亿元　**表 3-7**

序　号	空调销售量 y	工资总额 x	xy	x^2	$\hat{y}$	$y-\hat{y}$
1	3	18	54	324	3.39	-0.39
2	5	25	125	625	4.72	0.28
3	6	30	180	900	5.67	0.33
4	7	39	273	1521	7.38	0.38
5	8	41	328	1681	7.76	0.34
6	8	42	336	1764	7.95	0.05
7	9	49	441	2401	9.28	-0.28
8	10	52	520	2704	10.85	-0.85
Σ	56	296	2257	11920	—	-0.14

复 习 思 考 题

1．什么是预测？项目经济预测有哪些特点？

2．项目经济预测调查的主要内容有哪些？预测调查的程序是什么？预测调查有哪些方法？

3．什么是专家判断预测法？该方法有什么特点？试述德尔菲法的预测过程。

4．如果有 A、B、C 三类企业，A 类企业资金 1000 万元左右，其数量为 30 家，B 类企业资金 800 万元左右，其数量为 100 家，C 类企业资金 500 万元左右，其数量为 500 家。据调查，主张投资增加、投资不变、投资减少的 A 类企业数量分别为 10 家、5 家和 15 家，B 类企业数量分别为 50 家、50 家和 0 家，C 类企业数量分别为 400 家、50 家和 50 家。试预测其投资趋向。

5．某企业 1999 年 1~11 月某商品的销售量资料见表 3-8 所列。试用一次移动平均法预测 1999 年 12 月和 2000 年 1 月份的销售量（取 $N=3$）。

单位：万元　**表 3-8**

月　份	1	2	3	4	5	6	7	8	9	10	11
销售量	24	22	23	21	24	22	23	24	23	25	26

6. 某地区房屋建筑施工面积资料见表3-9。使用二次指数平滑法预测2002年和2004年的房屋建筑施工面积（取 $\alpha = 0.3$）。

单位：万平方米 **表3-9**

年　份	1980	1981	1982	1983	1984	1985	1986	1987	1988	1989
面积	90	100	300	370	520	680	490	720	1010	1300
年　份	1990	1991	1992	1993	1994	1995	1996	1997	1998	1999
面积	1400	1500	1180	1650	1810	2000	2300	3000	3750	4500

7. 设某商品的需求量见表3-10。试用趋势外推预测法预测2000年该商品的需求量。

单位：辆 **表3-10**

年　　份	1993	1994	1995	1996	1997	1998	1999
需求量	15	21	26	30	34	39	45

8. 已知某地1997年～1999年各月的销售量见表3-11。当预测到2000年销售量为3100件时，试计算各月的销售量预测值是多少。

单位：件 **表3-11**

月份 年度	1	2	3	4	5	6	7	8	9	10	11	12
1997	298	216	150	183	142	110	123	158	190	210	251	278
1998	309	230	170	195	158	121	134	169	209	230	270	295
1999	335	253	190	222	183	150	187	210	234	265	298	321

9. 某企业历年流动资金贷款额与产值资料见表3-12。设2000年的计划产值是9.5亿元，试以95%的把握程度预测生产所需流动资金的贷款额。

单位：亿元 **表3-12**

年　　份	1994	1995	1996	1997	1998
产　值	6.5	7.0	8.0	8.2	9.0
流动资金	1.4	1.5	1.7	1.8	2.0

第四章 资金的时间价值

资金在周转过程中，随着时间的变化会产生增值。凡存在商品生产和商品交换，资金的时间因素就客观存在。学习研究资金时间价值的观念，掌握等值计算公式，用来选择借贷、经营和投资的方案。

第一节 资金时间价值的基本概念

一、资金时间价值的概念

所谓资金的时间价值是指资金的价值随着时间的变化而发生变化。也就是说货币在不同时间的价值是不一样的，今天的一元钱与一年后的一元钱其价值不等。比如，投资1000万元于某工业项目，建成投产后，每年可得利润50万元，这50万元就是1000万元资金在特定生产经营活动中所产生的时间价值。某人将100元存入银行，存期一年，获利息10元，这10元就是100元通过银行借贷，投入社会再生产过程中所产生的时间价值中的一部分。但是如果将上述1000万元、100元资金锁在保险箱里，不管多长时间，都不会有增值，考虑通货膨胀，反而会贬值。

资金的时间价值存在的条件有两个，一是将货币投入生产或流通领域，使货币转化为资金，从而产生的增值（称为利润或收益）；二是货币借贷关系的存在，货币的所有权及使用权的分离。比如把资金存入银行或向银行借贷所得到或付出的增值额（称为利息）。

在方案经济评价中考虑时间因素的意义在于：

（1）一项工程若能早一天建成投产，就能多创造一天的价值，延误一天竣工就会延误一天生产，造成一笔损失；另一种情况是，当我们积累了一笔资金时，若把它投入生产或存入银行，就可带来一定的利润或利息收入，不及时利用就会失去一笔相应的收入。

（2）考虑资金使用的时间价值可以促使资金使用者加强经营管理，更充分地利用资金以促进生产的发展。

（3）在利用外资的情况下，不计算资金的时间价值，就无法还本付息。因此，在经济活动中，应千方百计地缩短投资项目的建设周期，加快资金周转，尽量减少资金的占用数量和时间。

二、资金时间价值的度量

资金的时间价值一般用利息和利率来度量。

利息是借款者支付给贷款者超出本金的那部分金额。利息是利润的一部分。在我国，利息是社会一部分国民收入的再分配，它作为对储蓄的一种物质奖励和对借款的经济监督手段。

利率是一定时期内所付利息额与所借资金额之比，即利息与本金之比。用于表示计算利息的时间单位称之为计息周期（或称利息周期）。以年为计息周期的利率称年利率，以月为计息周期称为月利率，等等，通常年利率用百分比（%）表示；月利率用千分比（‰）表示；日利率用万分比（‱）表示。

三、单利与复利

（一）单利

每期均按原始本金计息，这种计算方式称为单利。在单利计息的情况下，利息与时间是线性关系，不论计息周期数为多大，只有本金计息，而利息不再计息。

设 P 代表本金，n 代表计息周期数，i 代表利率，I 代表总利息，F 代表期末的本利和，则计算单利的公式推层过程见表 4-1。

单利计算公式的推导过程   表 4-1

年份（n）	年初本金（P）	年末利息（i）	年末本利和（F）
1	P	Pi	$P + Pi = P(1+i)$
2	$P(1+i)$	Pi	$P(1+i) + Pi = P(1+2i)$
3	$P(1+2i)$	Pi	$P(1+2i) + Pi = P(1+3i)$
⋮	⋮	⋮	⋮
N	$P[1+(n-1)i]$	Pi	$P[1+(n-1)i] + Pi = P(1+ni)$

由表 4-1 可知，n 年末本利和计算公式为：

$$F = P(1+ni) \tag{4-1}$$

n 年末的总利息

$$I = P \cdot n \cdot i \tag{4-2}$$

单利虽然考虑了资金的时间价值，但对以前已经产生的利息并没有转入计息基数而累计计息。因此，单利计算资金的时间价值是不完善的。

（二）复利

将本期利息转为下期的本金，下期按本期期末的本利和计息，这种计息方式称为复利。在以复利计息的情况下，除本金计算之外，利息再计利息，即"利滚利"。复利计算公式推导过程见表 4-2 所列。

复利计算公式的推导过程   表 4-2

年份（n）	年初本金（P）	年末利息（i）	年末本利和（F）
1	P	Pi	$P + Pi = P(1+i)$
2	$P(1+i)$	$P(1+i)i$	$P(1+i) + P(1+i)i = P(1+i)^2$
3	$P(1+i)^2$	$P(1+i)^2 i$	$P(1+i)^2 + P(1+i)^2 i = P(1+i)^3$
⋮	⋮	⋮	⋮
N	$P(1+i)^{n-1}$	$P(1+i)^{n-1}i$	$P(1+i)^{n-1} + P(1+i)^{n-1}i = P(1+i)^n$

由表 4-2 可知，n 年末本利和的复利计算公式为

$$F = P(1+i)^n \tag{4-3}$$

复利法对资金占用数量、占用时间更加敏感，具有更大的约束力，更充分地反映了资金的时间价值。在技术经济分析中，一般均采用复利进行计算。

【例4-1】 设借入一笔资金（1000元，规定年利率为6%，借期为4年，分别用单利法和复利法计算第四年末还款金额为多少？

【解】 先用单利计算

$$F = P(1 + ni) = 1000(1 + 4 \times 6\%) = 1240（元）$$

再用复利计算

$$F = P(1 + i)^n = 1000(1 + 6\%)4 = 1262.48（元）$$

单利和复利计算比较表   表4-3

年份	单 利			复 利		
	年初本金	年末利息	年末利利和	年初本金	年末利息	年末利利和
1	1000	60	1060	1000	60	1060
2	1060	60	1120	1060	63.6	1123.6
3	1120	60	1180	1123.6	67.42	1191.02
4	1180	60	1240	1191.02	71.46	1262.48

再比较一下单利和复利计算每年利息和年末本利和的情况。由表4-3可见，在本金和利率相同的条件下，由于计算方法不同，年末利息和年末本利和就不一样。第四年末还款金额，单利是1240元，复利是1262.48元。

四、现金流量图

（一）现金流量的概念

在对项目进行技术经济分析时，一般不用会计利润的概念，而要计算现金流量。为了全面地考察新建工业项目的经济性，必须对项目在整个寿命期内的收入和支出进行研究。根据各阶段现金流动的特点，可把一个项目分为四个期间：建设期、投产期、稳定期和回收处理期，如图4-1。建设期是指项目开始投资至项目开始投产获得收益之间的一段时间；投产期是指项目投产开始至项目达到预定的生产能力的时间；稳产期是指项目达到生产能力后持续发挥生产能力的阶段；回收处理期是指项目完成预计的寿命周期后停产并进行善后处理的时期。

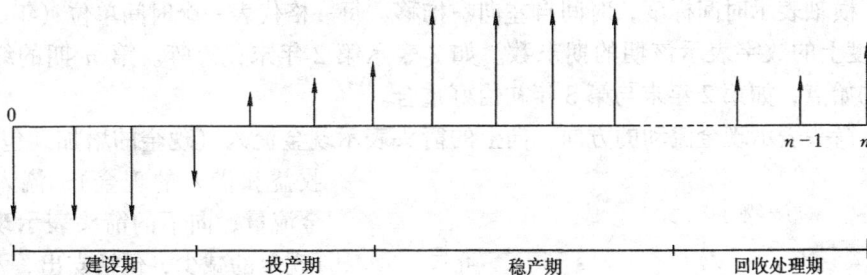

图4-1 新建工业项目的现金流量

现金流量是指企业现金流入和流出的数量。一定时期内现金流入量减去包括税金在内的现金流出量以后的差额，称为净现金流量。

现金流量的构成有两种表述方法：第一种是按现金流量发生的时间来表述；第二种是按现金的流入、流出来表述。

1. 按现金流量发生的时间，可把现金流量划分为如下三个部分：

（1）初始现金流量。是指开始投资时发生的现金流量，一般包括：固定资产的投资，即固定资产的购入或建造成本、运输成本和安装成本等；流动资产的投资，即材料、燃料、低值易耗品，在产品、半成品、产成品、协作件以及商品等存货；其他投资费用，即与长期投资有关的职工培训费、谈判费、注册费用等。

（2）营业现金流量。是指投资项目投入使用后，在其寿命周期内由于生产经营所带来的现金流入和流出的数量。这种现金流量一般以年为单位进行计算

$$年净现金流量 = 净利润 + 折旧$$

（3）终结现金流量。是指投资项目完结时所发生的现金流量。主要包括固定资产残值收入或变价收入；原有垫支在各种流动资产上的资金的收回；停止使用的土地变价收入等。

2. 按现金的流入、流出来表述

任何一项长期投资决策，都会涉及到未来一定时期内现金流入与现金流出的数量。可以通过现金流入、流出的数量计算每年的净现金流量。

（1）现金流入量。一个投资方案的现金流入量通常包括：投资项目完成后每年可增加的营业现金收入；固定资产报废时的残值收入或中途的变价收入；固定资产使用期满时，原有垫支在各种流动资产上资金的收回。

（2）现金流出量。一个投资方案的现金流出量通常包括：在固定资产上的投资；在流动资产上的投资；营业税金支出；其他投资。

（二）现金流量图

货币具有时间价值，资金的生命在于运动。因而在不同时间发生的资金支付，其价值是不相同的。这正如力学分析中的受力图上各个受力点上所施加的力或荷载，其效果是不同的一样。类似于受力图，我们可以将某个技术方案或投资方案现金收支情况绘成流量图（cash flow diagram），以便于进行经济效果分析。这里，现金流量图即是一种反映资金运动状态的图示。

现金流量图的作图方法和规则如下：

（1）横轴表示时间标度，时间自左向右推移，每一格代表一个时间单位（年、月、周等）。标度上的数字表示该期的期末数。如 2 表示第 2 年末，等等。第 n 期的终点是第 $n+1$ 期的始点，如第 2 年末与第 3 年初恰好重合。

（2）箭头表示现金流动的方向，向上的箭头表示现金流入（现金的增加，包括收入、收益和借入的现金），流入为正现金流量；向下的箭头表示现金流出（现金的减少，包括支出、亏损和借出的现金），流出为负现金流量。

（3）现金流量图与立脚点有关。对于［例 4-1］，从借款人的角度出

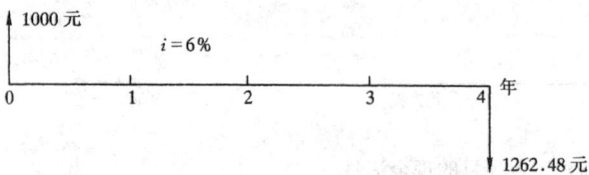

图 4-2　借款人的现金流量图

发绘制的现金流量图和从贷款人的角度出发绘制的现金流量图分别如图4-2和图4-3所示。

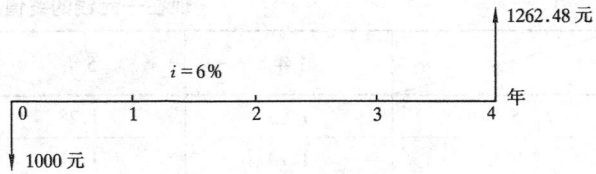

图 4-3　贷款人的现金流量图

【例 4-2】 某工厂计划在 2 年之后投资建一车间，需金额 P；从第 3 年末起的 5 年中，每年可获利 A，年利率为 10%。试绘制现金流量图。

【解】 该投资方案的现金流量图如图 4-4 所示。

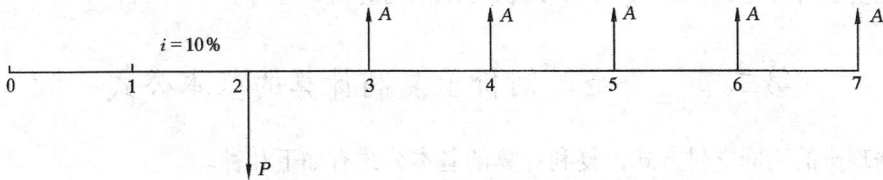

图 4-4　现金流量图

五、资金的等值

（一）资金的等值的概念

对资金来说，资金具有时间价值，这一客观事实不仅告诉人们，一定数量的资金在不同时间代表着不同的价值，资金必须赋予时间概念，才能显示其真实的意义；而且也从另一方面提示我们，在不同时点的不同数量的资金就可以具有相同的价值，这就是资金等值的概念。比如，按年利率 10% 计算，现在的 1 元钱，十年后的 2.59 元钱以及二十年后的 6.73 元钱都是等值的。

影响资金等值的因素有三个：（1）金额；（2）金额发生的时间；（3）利率。

（二）现值、终值和时值

1. 现值（Present Value）

现值又叫期初值，为计息周期始点的金额。把未来时间收支的货币换算成现值，这种运算称为"折现"或"贴现"。实际上，折现是求资金等值的一种方法。

表 4-4 是未来一元钱的现值（计息期为年）。

未来一元钱的现值表　　　　　　　　　　　　　　　　　　表 4-4

i ＼ n	1 年	5 年	10 年	20 年
5%	0.952	0.785	0.614	0.377
10%	0.909	0.621	0.386	0.149
20%	0.833	0.402	0.162	0.026

2. 终值（Future Value）

终值又叫未来值、期终值。计算终值就是计算资金的末利和。实际上，计算本利和也是求资金等值的一种方法。

表 4-5 是现在一元钱的终值。

现在一元钱的终值表 表 4-5

i $\diagdown$ n	1 年	5 年	10 年	20 年
5%	1.05	1.28	1.63	2.65
10%	1.10	1.61	2.59	6.73
20%	1.20	2.49	6.19	38.34

由于资金考虑时间因素，其数值随着时间的变化而变化，每一时刻都有所不同。所以在考虑资金的时间价值时，有时要用到时值的概念。这里，所谓时值就是指定时点资金的等值。现值也可称之为基期的时值，终值为期末的时值，等等。

第二节 资金时间价值复利计算的基本公式

根据现金的不同支付方式，复利计算的基本公式有如下几种。

一、一次支付终值公式

一次支付终值公式，即前面所介绍的复利计息本利和公式。

当投资一笔资金 P，利率为 i，求 n 期后可收回多少金额 F 时；或者，当借入一笔资金 P，利率为 i，求 n 期后该偿还多少金额 F 时

$$F = P\ (1+i)^n \tag{4-4}$$

式中，$(1+i)^n$ 称为一次支付终值系数，通常用符号 $(F/P,\ i,\ n)$ 来表示。这样，公式（4-4）可以写成

$$F = P\ (F/P,\ i,\ n)$$

（4-4）式的现金流量图如图 4-5。

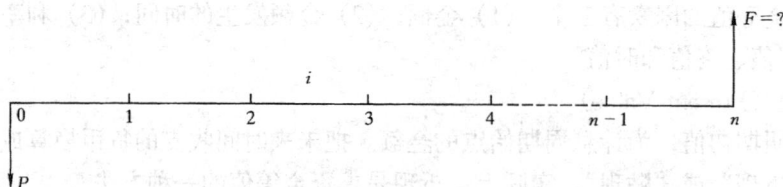

图 4-5 一次支付终值现金流量图

公式中的系数 $(F/P,\ i,\ n)$ 可以复利系数表中查出。

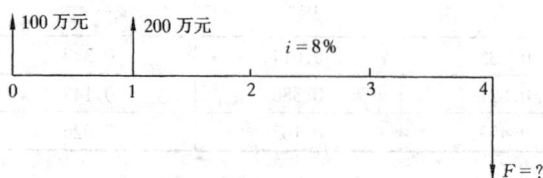

图 4-6 现金流量图

【例 4-3】 某建筑公司进行技术改造，98 年初贷款 100 万元，99 年初贷款 200 万元，年利率 8%，2001 年末一次偿还，问共还款多少元？

【解】 先画现金流量图，如图 4-6 所示。

根据公式（4-4）得

$$F = 100(F/P, 8\%, 4) + 200(F/P, 8\%, 3)$$

$$= 100 \times 1.3605 + 200 \times 1.2597$$
$$= 387.99 \text{（万元）}$$

所以，4 年后应还款 387.99 万元。

二、一次支付现值公式

如果计划 n 年后积累一笔资金 F，利率为 i，问现在一次投资 P 应为多少？这个问题相当于已知终值 F，利率 i 和计算期数 n，求现值 P？通过对式（4-4）进行变换，得到

$$P = F \cdot \frac{1}{(1+i)^n} \qquad\qquad (4\text{-}5)$$

式中，$\frac{1}{(1+i)^n}$ 称为一次支付现值系数，并用符号 $(P/F, i, n)$ 表示。这样，（4-5）式可写成

$$P = F (P/F, i, n)$$

（4-5）式的现金流量图如图 4-7。

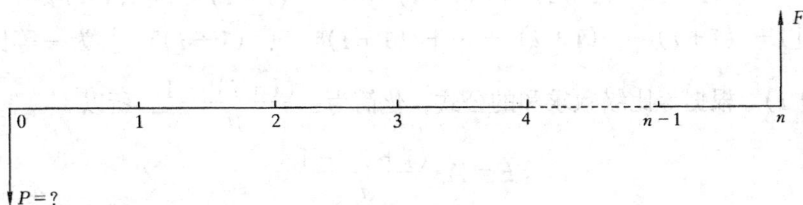

图 4-7　一次支付现值现金流量图

公式中的系数 $(P/F, i, n)$ 也可查表得到。

【例 4-4】　某公司对收益率为 15% 的项目进行投资，希望 8 年后能得到 1000 万元，计算现在需投资多少？

【解】　先画现金流量图，如图 4-8 所示。

$$P = F \cdot \frac{1}{(1+i)^n} = 1000 \frac{1}{(1+15\%)^8} = 327 \text{（万元）}$$

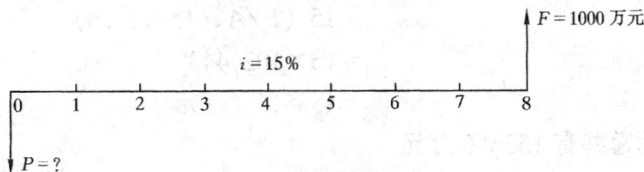

图 4-8　现金流量图

三、等额支付系列年金终值公式

等额支付系列年金终值涉及的问题是：以利率 i，每年末等额存款 A，n 年后累计一次提取期终值 F，问 F 为多少？另一种情况是，以利率 i，每年末等额借款 A，n 年后累计一次还本付息，问本利和 F 为多少？这两种情况可归结为，已知逐年等额支付资金 A（A 称为年金），利率 i 和计息期数 n，求终值（本利和）F。

第一种情况的现金流量图和图 4-9 所示。

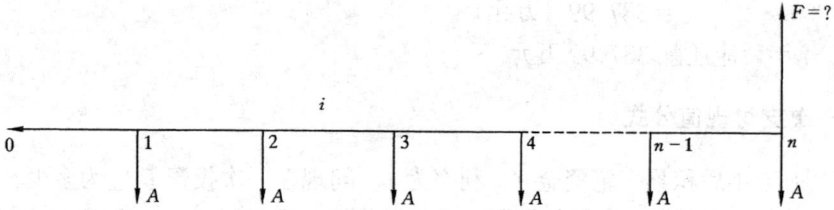

图 4-9 等额支付系列年金终值现金流量图

第 n 年末累积的终值 F，等于各年存款本利和之总和。现在倒过来从第 n 年往回推算，第 n 年末的存款 A 的本利和为 $A(1+i)^0$，第 $n-1$ 年末本利和为 $A(1+i)^1$，第 $n-2$ 年末本利和为 $A(1+i)^2$，……，第 2 年末本利和为 $A(1+i)^{n-2}$，第 1 年末本利和为 $A(1+i)^{n-1}$。于是各年本利和之总和 F 为

$$F = A + A(1+i) + A(1+i)^2 + \cdots + A(1+i)^{n-2} + A(1+i)^{n-1}$$
$$= A[1 + (1+i) + (1+i)^2 + \cdots + (1+i)^{n-2} + (1+i)^{n-1}]$$

式中，$[1 + (1+i) + (1+i)^2 + \cdots + (1+i)^{n-2} + (1+i)^{n-1}]$ 为一等比级数，其公比为 $(1+i)$。根据等比级数求和的公式，化简为：$\dfrac{(1+i)^n - 1}{i}$，所以

$$F = A \cdot \frac{(1+i)^n - 1}{i} \tag{4-6}$$

式中，$\dfrac{(1+i)^n - 1}{i}$ 称为等额支付系列年金终值系数，可用符号 $(F/A, i, n)$ 表示。这样，式（4-6）可写成

$$F = A(F/A, i, n)$$

公式中的系数 $(F/A, i, n)$ 可从表中查得。

【例 4-5】 某建筑企业每年利润 15 万元，利率 15%，问 20 年后总共有多少资金？

【解】 已知 $A = 15$ 万元，$i = 15\%$，$n = 20$ 年，求 $F = ?$

$$F = 15(F/A, i, n)$$
$$= 15(F/A, 15\%, 20)$$
$$= 15 \times 102.443$$
$$= 1536.6 （万元）$$

所以，20 年后总共有 1536.6 万元。

四、等额支付系列积累基金公式

等额支付系列积累基金（或称存储基金、偿债基金）的问题是：为了在 n 年末筹措一笔基金 F，利率为 i，问每年末等额存储的金额 A 应为多少？即已知 F，i，n，求 A？这种情况的现金流量图如图 4-10 所示。

这种情况与等额支付年金终值的计算为互逆运算，根据式（4-6）可变换成

$$A = F \cdot \frac{i}{(1+i)^n - 1} \tag{4-7}$$

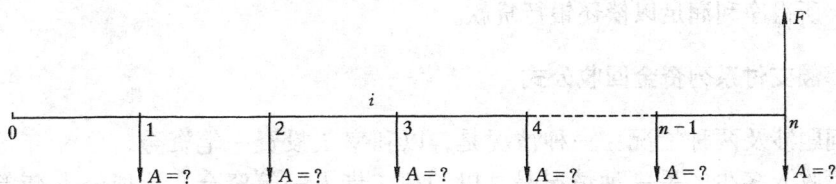

图 4-10 等额支付系列积累基金现金流量图

式中，$\dfrac{i}{(1+i)^n-1}$ 称为等额支付系列积累基金系数，用符号 $(A/F, i, n)$ 表示，从而（4-7）式可表示为

$$A = F \ (A/F, i, n)$$

【例 4-6】 某企业打算五年后兴建一幢 $5000m^2$ 的住宅楼以改善职工居住条件，按测算每平方米造价为 800 元。若银行利率为 8%，问现在起每年末应存入多少金额，才能满足需要？

【解】 已知 $F = 5000 \times 800 = 400$（万元），$i = 8\%$，$n = 5$，求 $A = ?$

$$A = 400 \ (A/F, i, n) = 400 \ (A/F, 8\%, 5)$$
$$= 400 \times 0.17046 = 68.184 \ （万元）$$

所以该企业每年末应等额存入 68.184 万元。

五、等额支付系列年金现值公式

如果逐年等额收入（或支出）一笔年金 A，求 n 年末此收入（或支出）年金的现值总和时，这种情况就属于等额支付系列年金现值问题，相当于已知 A，i 和 n，求 P？

根据式（4-6）和式（4-5）有

$$F = A \cdot \frac{(1+i)^n - 1}{i}$$

$P = \dfrac{F}{(1+i)^n} = A \cdot \dfrac{(1+i)^n - 1}{i \ (1+i)^n}$，即有

$$P = A \cdot \frac{(1+i)^n - 1}{i \ (1+i)^n} \tag{4-8}$$

式中，$\dfrac{(1+i)^n - 1}{i \ (1+i)^n}$ 称为等额支付系列年金现值系数，用符号 $(P/A, i, n)$ 表示。因此，（4-8）式又可表示为

$$P = A \ (P/A, i, n)$$

【例 4-7】 某建筑公司打算贷款购买一部 10 万元的建筑机械，利率为 10%。据预测此机械使用年限 10 年，每年平均可获净利润 2 万元。问所得净利润是否足以偿还银行贷款？

【解】 已知 $A = 2$ 万元，$i = 10\%$，$n = 10$ 年，求 P 是否大于或等于 10 万元？

$$P = 2 \ (P/A, 10\%, 10)$$
$$= 2 \times 6.1445$$
$$= 12.289 \ （万元）> 10 \ 万元。$$

因此，所得净利润足以偿还银行贷款。

六、等额支付系列资金回收公式

这一问题涉及两种情况：一种情况是，以利率 i 投资一笔资金，分 n 年等额回收，求每年末可收入多少？另一种情况是，以利率 i 借入一笔资金，计划分 n 年等额偿还，求每年末应偿还多少？这相当于已知现值 P，利率 i 和计息期数 n，求年金 A？第一种情况的现金流量如图4-11所示。

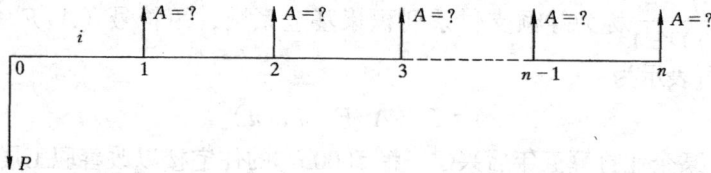

图4-11　等额支付系列资金回收现金流量图

通过对式（4-8）的变换，得到等额支付资金回收公式

$$A = P \cdot \frac{i(1+i)^n}{(1+i)^n - 1} \tag{4-9}$$

式中，$\dfrac{i(1+i)^n}{(1+i)^n - 1}$ 称为等额支付系列资金回收系数，用符号 $(A/P, i, n)$ 表示。因此，（4-9）式可以表示为

$$A = P(A/P, i, n)$$

【例4-8】　某建设项目的投资打算用国外贷款，贷款方式为商业信贷，年利率20%。据测算投资额为1000万元，项目服务年限20年，期末无残值。问该项目年平均收益为多少时不至于亏本？

【解】　已知 $P = 1000$ 万元，$i = 20\%$，$n = 20$ 年，求 $A = ?$

$$\begin{aligned} A &= 1000(A/P, 20\%, 20) \\ &= 1000 \times 0.2054 \\ &= 205.4（万元） \end{aligned}$$

所以该项目年平均收益至少应为205.4万元。

七、均匀梯度支付系列公式

均匀梯度支付系列的问题是属于这样一种情况，即每年以一固定的数值（等差）递增（或递减）的现金支付情况。如机械设备由于老化而每年的维修费以固定的增量支付等。这种情况的现金流量图如图4-12所示。

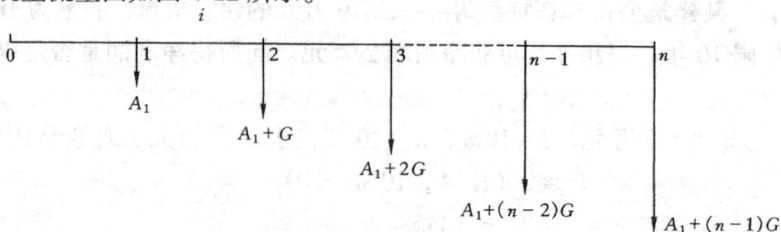

图4-12　均匀梯度支付系列现金流量图

56

第一年末的支付是 A_1，第二年末的支付是 A_1+G，第三年末的支付是 A_1+2G，……，第 n 年末的支付是 $A_1+(n-1)G$。如果我们把图 4-12 的均匀梯度支付系列现金流量图分解成由两个系列组成的现金流量图，一个是等额支付系列，年金为 A_1（如图 4-13 所示），另一个是 0，G，$2G$，……，$(n-1)G$ 组成的梯度系列（如图 4-14 所示）。其中第一种情况是我们熟悉的，于是，剩下的就是寻求图 4-14 梯度系列的解决途径了。

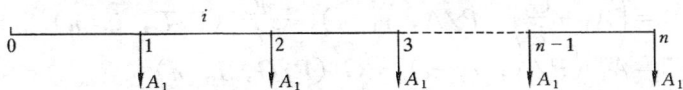

图 4-13 等额支付系列

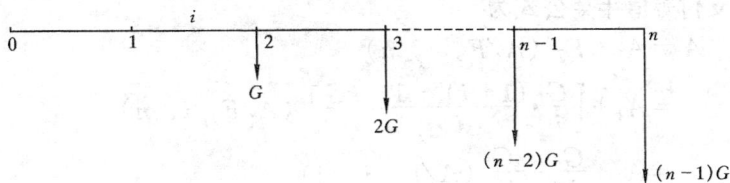

图 4-14 梯度系列

设等额支付系列的终值为 F_1，梯度系列的终值为 F_2。根据图 4-14，梯度系列终值 F_2 为

$$F_2 = G(F/A,i,n-1) + G(F/A,i,n-2) + G(F/A,i,n-3) + \cdots\cdots + G(F/A,i,2) + G(F/A,i,1)$$

$$= G \cdot \frac{(1+i)^{n-1}-1}{i} + G \cdot \frac{(1+i)^{n-2}-1}{i} + G \cdot \frac{(1+i)^{n-3}-1}{i} + \cdots\cdots + G \cdot \frac{(1+i)^2-1}{i} + G \cdot \frac{(1+i)-1}{i}$$

$$= \frac{G}{i}\left[(1+i)^{n-1} + (1+i)^{n-2} + (1+i)^{n-3} + \cdots\cdots + (1+i)^2 + (1+i) - (n-1)\times 1\right]$$

$$= \frac{G}{i}\left[(1+i)^{n-1} + (1+i)^{n-2} + (1+i)^{n-3} + \cdots\cdots + (1+i)^2 + (1+i) + 1\right] - \frac{nG}{i}$$

$$= \frac{G}{i}\left[\frac{(1+i)^n-1}{i}\right] - \frac{nG}{i}$$

从而 $F = F_1 + F_2$

$$= A_1 \cdot \frac{(1+i)^n-1}{i} + \frac{G}{i}\left[\frac{(1+i)^n-1}{i}\right] - \frac{nG}{i}$$

$$= \left(A_1 + \frac{G}{i}\right) \cdot \frac{(1+i)^n-1}{i} - \frac{nG}{i} \tag{4-10}$$

用符号表示，上式还可写成

$$F = \left(A_1 + \frac{G}{i}\right)(F/A, i, n) - \frac{nG}{i} = A_1(F/A, i, n) + G(F/G, i, n)$$

式中，$\frac{1}{i}\left[\frac{(1+i)^n-1}{i} - n\right]$ 或 $(F/G, i, n)$ 为定差终值系数。

均匀梯度支付系列的现值和等值年金的计算，可以在式（4-10）的基础上，再按一次支付和等额支付系列的公式进一步求解。

比如，均匀梯度支付现值的计算公式为

$$P = F\ (P/F,\ i,\ n)$$

$$= \left(A_1 + \frac{G}{i}\right) \cdot \frac{(1+i)^n - 1}{i} \cdot \frac{1}{(1+i)^n} - \frac{nG}{i} \cdot \frac{1}{(1+i)^n}$$

$$= \left(A_1 + \frac{G}{i}\right)\ (P/A,\ i,\ n)\ - \frac{nG}{i}\ (P/F,\ i,\ n)$$

$$= A_1\ (P/A,\ i,\ n)\ + G\ (P/G,\ i,\ n) \tag{4-11}$$

式中 $\frac{1}{i}\left[\frac{(1+i)^n - 1}{i\ (1+i)^n} - \frac{n}{(1+i)^n}\right]$ 或 $(P/G,\ i,\ n)$ 为定差现值系数。

均匀梯度支付等值年金公式为

$$A = A_1 + F_2\ (A/F,\ i,\ n)$$

$$= A_1 + \left[\frac{G}{i} \cdot \frac{(1+i)^n - 1}{i} - \frac{nG}{i}\right]\ (A/F,\ i,\ n)$$

$$= A_1 + \frac{G}{i} - \frac{nG}{i}\ (A/F,\ i,\ n)$$

$$= A_1 + G\ (A/G,\ i,\ n) \tag{4-12}$$

式中，$\left[\frac{1}{i} - \frac{1}{(1+i)^n - 1}\right]$ 或 $(A/G,\ i,\ n)$ 为定差年金系数。

对于递减支付系列（即第一年末支付为 A_1，第二年末的支付为 $A_1 - G$，等等）的情况，只须改变相应项的计算符号，即将其视为每年增加一个负的数额，仍可应用式（4-10）～式（4-12）进行计算。

【例 4-9】 某类建筑机械的维修费用，第一年为 200 元，以后每年递增 50 元，服务年限为十年。问服务期内全部维修费用的现值为多少？（$i = 10\%$）

【解】 已知 $A_1 = 200$ 元，$G = 50$ 元，$i = 10\%$，$n = 10$ 年，求均匀梯度支付现值 $P = ?$
由公式（4-11）

$$P = \left(A_1 + \frac{G}{i}\right)\ (P/A,\ i,\ n)\ - \frac{nG}{i}\ (P/F,\ i,\ n)$$

$$= \left(200 + \frac{50}{0.1}\right)\ (P/A,\ 0.1,\ 10)\ - \frac{10 \times 50}{0.1}\ (P/F,\ 0.1,\ 10)$$

$$= 700 \times 6.1445 - 5000 \times 0.3855$$

$$= 2373.65\ (元)$$

【例 4-10】 设某技术方案服务年限 8 年，第一年净利润为 10 万元，以后每年递减 0.5 万元。若年利率为 10%，问相当于每年等额盈利多少元？

【解】 已知 $A_1 = 10$ 万元，递减梯度量 0.5 万元，$n = 8$ 年，$i = 10\%$，求均匀梯度支付（递减支付系列）的等值年金 A？

$$A = A_1 - \frac{G}{i} + \frac{nG}{i}\ (A/F,\ i,\ n)$$

$$= 10 - 5 + 40 \times 0.0874$$

$$= 8.5\ (万元)$$

八、基本公式小结及注意事项

（1）上面介绍了复利计算的一次支付、等额支付系列和均匀梯度支付系列基本公式，现汇总见表4-6。

（2）现金流量图上，本年末即等于下年初。如0点（即0年末）就是第1年初，第1年末（1点）为第2年初，等等。

（3）当问题包括 P 与 A 时，第一个 A 与 P 隔一期，即在 P 发生一年后发生；当问题包括 F 与 A 时，最后一个 A 与 F 同时发生。

（4）均匀梯度系列中，第一个 G 发生在系列的第二年末。

普通复利公式汇总表　　　　　　　　　表4-6

收付类别	公式名称	已知	求	普通复利公式
一次支付	终值公式	P	F	$F = P(1+i)^n$ $F = P(F/P, i, n)$
	现值公式	F	P	$P = F \cdot \dfrac{1}{(1+i)^n}$ $P = F(P/F, i, n)$
等额支付系列	年金终值公式	A	F	$F = A \cdot \dfrac{(1+i)^n - 1}{i}$ $F = A(F/A, i, n)$
	积累基金公式	F	A	$A = F \cdot \dfrac{i}{(1+i)^n - 1}$ $A = F(A/F, i, n)$
	年金现值公式	A	P	$P = A \cdot \dfrac{(1+i)^n - 1}{i(1+i)^n}$ $P = A(P/A, i, n)$
	资金回收公式	P	A	$A = P \cdot \dfrac{i(1+i)^n}{(1+i)^n - 1}$ $A = P \cdot (A/P, i, n)$
均匀梯度支付系列	终值公式	G	F	$F = \left(A_1 + \dfrac{G}{i}\right)(F/A, i, n) - \dfrac{nG}{i}$ $= A_1(F/A, i, n) + G(F/G, i, n)$
	现值公式	G	P	$P = \left(A_1 + \dfrac{G}{i}\right)(P/A, i, n) - \dfrac{nG}{i}(P/F, i, n)$ $= A_1(P/A, i, n) + G(P/G, i, n)$
	等值年金公式	G	A	$A = A_1 + \dfrac{G}{i} - \dfrac{nG}{i}(A/F, i, n)$ $= A_1 + G(A/G, i, n)$

第三节　名义利率和实际利率

一、名义利率与实际利率的概念

前面讨论的是以年为计息周期，但是在实际工作中，计息周期并不一定以一年为一个计息周期，可能规定为半年、每季、每月、每周为一个计息周期。由于计息的周期长度不同，同一笔资金在占用的总时间相等的情况下，所付利息有较大的差别。当计息周期与利率的时间单位不一致时，就出现了名义利率与实际利率的概念区别。

所谓名义利率，一般是指按每一计息期利率乘上一年中计息期数计算所得的年利率。例如每月计息一次，月利率为1%，也就是说一年中计息期数为12次，每一计息期（月）利率为1%。于是，名义利率等于 $1\% \times 12 = 12\%$。习惯上称为"年利率为12%，每月计息一次"。

所谓（年）实际利率，一般是指通过等值换算，使计息期与利率的时间单位（一年）一致的（年）利率。显然，一年计息一次的利率，其名义利率就是年实际利率。对于计息期短于一年的利率，二者就有差别。

【例 4-11】 设本金 P＝100 元，年利率为 10%，半年计息一次，求年实际利率。

【解】 已知名义利率 r＝10%，计息期半年的利率为 $\frac{r}{2}$＝5%，于是年末本利和应为：

$$F＝P（1＋i）^n＝100（1＋5\%）^2＝110.25（元）$$
$$年利息额＝F－P＝110.25－100＝10.25（元）$$

$$年实际利率＝\frac{年利息额}{本金}＝\frac{10.25}{100}＝10.25\%$$

可见，年实际利率比名义利率大些。

二、名义利率与实际利率的关系

设 P 为本金，F 为本利和，n 为一年中计息期数，i 为实际利率，r 为名义利率，根据一次支付终值公式，年末本利和为

$$F＝P（1＋r/n）^n$$

而年末利息额则为本利和与本金之差

$$P\left(1＋\frac{r}{n}\right)^n－P$$

又按定义，利息与本金之比为利率，则年实际利率为

$$i＝\frac{P\left(1＋\frac{r}{n}\right)^n－P}{P}＝\left(1＋\frac{r}{n}\right)^n－1 \tag{4-13}$$

公式（4-13）为从名义利率求实际利率的公式。从公式可以看出，实际利率 i 要高于名义利率 r，而且，每年计息周期 n 越大，也就是复利次数越多，实际利率 i 就越高于名义利率 r。只有当 n＝1（即一年计息一次）时，名义利率才等于实际利率。

【例 4-12】 某公司向国外银行贷款 200 万元，借款期五年，年利率为 15%，但每周复利计算一次。在进行资金运用效果评价时，该公司把年利率（名义利率）误认为实际利率。问该公司少算多少利息？

【解】 该公司原计算的本利和为

$$F'＝200（1＋0.15）^5＝402.27（万元）$$

而实际利率应为

$$i＝\left(1＋\frac{0.15}{52}\right)^{52}－1＝16.16\%$$

这样，实际的本利和应为

$$F＝200（1＋0.1616）^5＝422.97（万元）$$

少算的利息为

$$F－F'＝422.97－402.27＝20.70（万元）$$

三、瞬时复利的年实际利率

如果按瞬时计息（这种计息方式也称为连续复利），那么，复利可以在一年中按无限

多次计算，年实际利率为

$$i = \lim_{n \to \infty} \left(1 + \frac{r}{n}\right)^{n} - 1$$

式中，$\left(1 + \dfrac{r}{n}\right)^{n} = \left[\left(1 + \dfrac{r}{n}\right)^{\frac{n}{r}} \right]^{r}$

根据基本极限公式：

$$\lim_{n \to \infty} \left(1 + \frac{r}{n}\right)^{\frac{n}{r}} = e$$

因而，$i = \lim\limits_{n \to \infty} \left[\left(1 + \dfrac{r}{n}\right)^{\frac{n}{r}} \right]^{r} - 1 = e^{r} - 1$ （4-14）

这就是说，如果复利是连续地计算，则年实际利率就是 $e^{r} - 1$。

就整个社会而言，资金确实是在不停地运动，每时每刻都通过生产和流通在增值，从理论上讲应采用瞬间复利即连续复利，但实际工作中一般采用离散式复利，即按一定的时间间隔计息。

为比较各种计息期年实际利率的变化情况，列出表 4-7。表示名义利率为 10%，分别按年、半年、季、月、周、日、瞬时计算复利的相应年实际利率。

计息期年实际利率的变化情况表　　　　　　　　　　表 4-7

计息期	每年计息次数（n）	计息期实际利率（r/n）	年实际利率（i）
一年	1	10%	10%
半年	2	5%	10.25%
一季	4	2.5%	10.38%
一月	12	0.8333%	10.46%
一周	52	0.1923%	10.506%
一日	365	0.0274%	10.516%
瞬时	∞	0.000%	10.517%

【例 4-13】　某企业向银行贷款 200 万元，名义利率为 12%，要求每月计息一次，每月末等额还款，三年还清，问每月偿还多少？

【解】　画现金流量图，如图 4-15。

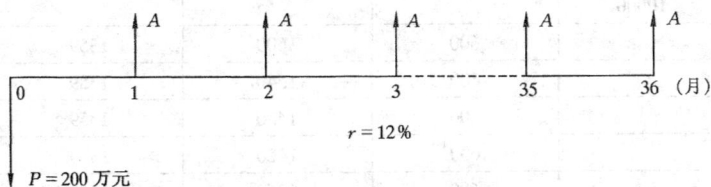

图 4-15　现金流量图

已知 $P = 200$ 万元，$n = 3 \times 12 = 36$ 个月，$r = 12\%$，则 $i_{月} = 1\%$，求 $A = ?$

根据公式（4-9）

$$A = P \cdot \frac{i \, (1+i)^{n}}{(1+i)^{n}-1} = 200 \cdot \frac{1\% \, (1+1\%)^{36}}{(1+1\%)^{36}-1}$$

$$= 200 \times 0.033214 = 6.6428 \ (万元)$$

可知三年内每月等额偿还 6.6428 万元。

【例 4-14】 上例中如果要求每年末等额偿还，三年还清，每月计息一次，问每年偿还多少？

【解】 由名义利率 12% 求实际利率

$$i = \left(1 + \frac{r}{n}\right)^n - 1 = \left(1 + \frac{12\%}{12}\right)^{12} - 1 = 12.6825\%$$

根据公式（4-9）

$$A = P \cdot \frac{i\,(1+i)^n}{(1+i)^n - 1}$$

$$= 200 \times \frac{12.6825\%\,(1+12.6825\%)^3}{(1+12.6825\%)^3 - 1}$$

$$= 200 \times 0.42124 = 84.248 \ (万元)$$

所以，每年应偿还 84.248 万元。

第四节 资金时间价值基本公式的应用

一、计算货币的未知量

【例 4-15】 某企业现在贷款 10000 元，年利率为 6%，十年内偿还完毕，试确定下列四种偿还方案的偿还数额。

方案 I：于每年年底偿还利息 600 元，最后一次偿还本利 10600 元。

方案 II：每年除偿还利息外，还归还本金 1000 元，十年到期全部归还。

方案 III：将本金加十年利息总和均匀分摊于各期中。

方案 IV：十年末本利一次偿还。

【解】 计算结果见表 4-8 所列。

四种等值偿还贷款方案 表 4-8

年 数	贷款额	四种等值的偿还方案			
		I	II	III	IV
0	10000				
1		600	1600	1359	
2		600	1540	1359	
3		600	1480	1359	
4		600	1420	1359	
5		600	1360	1359	
6		600	1300	1359	
7		600	1240	1359	
8		600	1180	1359	
9		600	1120	1359	
10		10600	1060	1359	17910
合计		16000	13300	13590	17910

由计算结果可看出，四个方案偿还的总值是不相同的，这四个不同偿还方案与 10000 元本金是等价的。

从投资者立场来看，四种方案中任何一种都可以偿付他现在的投资。从贷款者的立场来看，只要他同意在今后以四种方式中的任何一种来偿还，他今日都可得到 10000 元的使用权。

【例 4-16】 某工程项目建设采用银行贷款，贷款数额为每年初贷款 100 万元，连续五年向银行贷款，年利率 10%，求五年贷款总额的现值及第五年末的未来值各为多少？

【解】 画出现金流量图，如图 4-16 所示。

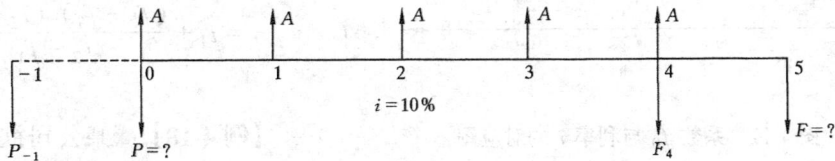

图 4-16 现金流量图

已知 $A = 100$ 万元，$i = 10\%$，求 P，$F = ?$

解法 1：先求 P_{-1}，再求 P，F

$$P_{-1} = A \ (P/A, \ 10\%, \ 5) = 100 \times 3.7908 = 379.08 \ (万元)$$

$$P = P_{-1} \ (F/P, \ 10\%, \ 1) = 379.08 \times 1.1000 = 416.99 \ (万元)$$

$$F = P_{-1} \ (F/P, \ 10\%, \ 6) = 379.08 \times 1.7716 = 671.58 \ (万元)$$

解法 2：先求 F_4，再求 P，F

$$F_4 = A \ (F/A, \ 10\%, \ 5) = 100 \times 6.1051 = 610.51 \ (万元)$$

$$P = F_4 \ (P/F, \ 10\%, \ 4) = 610.51 \times 0.6830 = 416.98 \ (万元)$$

$$F = F_4 \ (F/P, \ 10\%, \ 1) = 610.51 \times 1.1000 = 671.56 \ (万元)$$

二、计算未知利率

在计算技术方案的等值时，有时会遇到这样一种情况：即现金流量 P、F、A 以及计算期 n 均为已知量，而利率 i 为待求的未知量。比如，求方案的收益率，国民经济的增长率等就属于这种情况。这时，可以借助查复利表利用线性内插法近似地求出 i 来。

【例 4-17】 已知现在投资 300 元，9 年后可一次获得 525 元。求利率 i 为多少？

【解】 利用公式 (4-4)

$$F = P \ (F/P, \ i, \ n)$$

$$525 = 300 \ (F/P, \ i, \ 9)$$

$$(F/P, \ i, \ 9) = \frac{525}{300} = 1.750$$

从复利表上查到，当 $n = 9$ 时，1.750 落在利率 6% 和 7% 之间。从 6% 的位置查到 1.689，从 7% 的位置上查到 1.838。用直线内插法可得

$$i = 6\% + \frac{(1.750 - 1.689) \ (7\% - 6\%)}{(1.838 - 1.689)} = 6.41\%$$

计算表明，利率 i 为 6.41%。

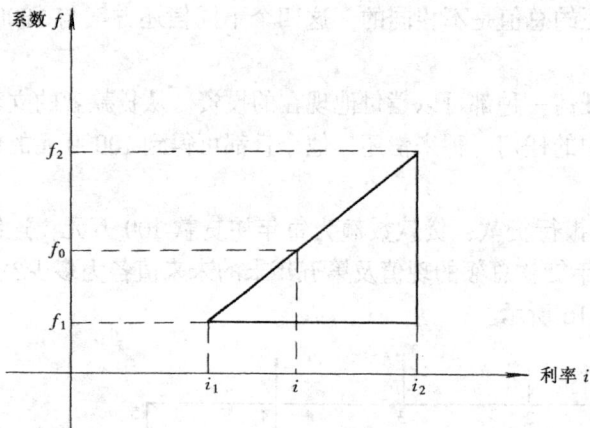

图 4-17　系数 f_0 与利率 i 的对应图

把上述例子推广到一般情况，我们设两个已知的现金流量之比（F/P，F/A 或 P/A 等）对应的系数为 f_0，与此最接近的两个利率为 i_1 和 i_2，i_1 对应的系数为 f_1，i_2 对应 f_2。如图 4-17 所示。

根据图 4-17，求利率 i 的计算式为

$$i = i_1 + \frac{(f_0 - f_1)(i_2 - i_1)}{f_2 - f_1}$$

$$(4\text{-}15)$$

【例 4-18】　某公司欲买一台机床，卖方提出两种付款方式：

（1）若买时一次付清，则售价 30000 元；

（2）买时第一次支付 10000 元，以后 24 个月内每月支付 1000 元。

当时银行利率为 12%，问若这两种付款方案在经济上是等值的话，那么，对于等值的两种付款方式，卖方实际上得到了多大的名义利率与实际利率？

【解】　两种付款方式中有 10000 元现值相同，剩下 20000 元付款方式不同，根据题意：

已知 $P = 20000$ 元，$A = 1000$ 元，$n = 24$ 个月，求月利率 i？

$$P = A \, (P/A, \, i, \, n)$$
$$20000 = 1000 \, (P/A, \, i, \, 24)$$
$$(P/A, \, i, \, 24) = 20 = f_0$$

查复利表：

当 $i_1 = 1\%$ 时，$(P/A, \, 1\%, \, 24) = 21.243 = f_1$

$i_2 = 2\%$ 时，$(P/A, \, 2\%, \, 24) = 18.914 = f_2$

说明所求月利率 i 介于 i_1 与 i_2 之间，利用公式（4-14）

$$
\begin{aligned}
i &= i_1 + \frac{(f_0 - f_1)(i_2 - i_1)}{f_2 - f_1} \\
&= 1\% + \frac{(20 - 21.243)(2\% - 1\%)}{18.914 - 21.243} \\
&= 1\% + 0.534\% = 1.534\%
\end{aligned}
$$

那么卖方得到年名义利率：

$$r = 12 \times 1.534\% = 18.408\%$$

卖方得到年实际利率

$$
\begin{aligned}
i &= \left(1 + \frac{r}{n}\right)^n - 1 = \left(1 + \frac{18.408\%}{12}\right)^{12} - 1 \\
&= (1 + 0.01534)^{12} - 1 = 20.04\%
\end{aligned}
$$

由于上述的名义利率 18.408% 和实际利率 20.04% 都高于银行利率 12%，因此，第一种付款方式对买方有利，作为卖方提出两种付款方式，则买方应选择第一种。而第二种

付款方式对卖方有利，按银行利率，卖方所得的现值为

$$P = P_1 + A \ (P/A, \ i, \ n)$$
$$= 1000 + 1000 \ (P/A, \ 1\%, \ 24)$$
$$= 31243.4 \ (元)$$

【例 4-19】 设有一个 25 岁的人投资人身保险，保险期 50 年，在这段期间，每年末缴纳 150 元保险费，在保险期间内，若发生人身死亡或期末死亡，保险人均可获得 10000元。问投这段保险期的实际利率？若该人活到 52 岁去世，银行年利率为 6%，问保险公司是否吃亏？

【解】 先画现金流量图，如图 4-18。

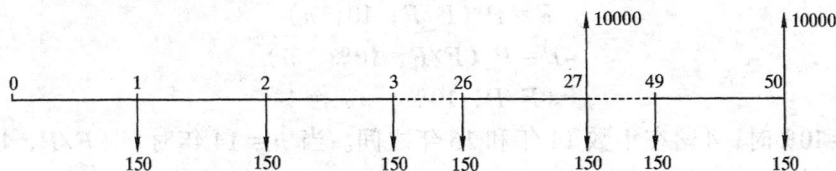

图 4-18 现金流量图

已知 $A = 150$ 元，$F = 10000$ 元，$n = 50$ 年，求 $i = ?$

根据公式（4-6）

$$F = A \ (F/A, \ i, \ n)$$
$$10000 = 150 \ (F/A, \ i, \ 50)$$
$$(F/A, \ i, \ 50) = 66.667 = f_0$$

查复利表：

$$i_1 = 1\% 时，(F/A, \ 1\%, \ 50) = 64.463 = f_1$$
$$i_2 = 2\% 时，(F/A, \ 2\%, \ 50) = 84.579 = f_2$$

说明所求 i 介于 i_1 与 i_2 之间，利用公式（4-14）：

$$i = i_1 + \frac{(f_0 - f_1) \ (i_2 - i_1)}{f_2 - f_1}$$
$$= 1\% + \frac{66.667 - 64.463}{84.579 - 64.463} (2\% - 1\%)$$
$$= 1\% + 0.11\% = 1.11\%$$

若此人活到 52 岁就去世了，则在保险期内的第 27 年保险公司要赔偿 10000 元，看其是否吃亏，就与存银行所得本利和作比较

$$F = A \ (F/A, \ i, \ n)$$
$$= 150 \ (F/A, \ 6\%, \ 27)$$
$$= 150 \times 63.706$$
$$= 9555.9 \ (元)$$

保险公司亏损：$10000 - 9555.9 = 444.1$（元）

可见此人投保期间的实际利率只有 1.11%，若此人 52 岁时去世了，则保险公司就亏444.1 元。

说明社会保险是一项社会福利事业，如果社会投保面广，经营得当，也是盈利大的事业。

三、计算未知年数

在计算技术方案的等值中另一种可能的情况是：已知方案现金流量 P、F 或 A，以及方案的利率 i，而方案的计算期 n 为待求的未知量。例如，要求计算方案的投资回收期，借款清偿期就属于这种情况。这时仍可借助查复利表，利用线性内插法近似地求出 n 来。其求解基本思路与计算未知利率大体相同。

【例 4-20】 假定国民经济收入的年增长率为 10%，如果使国民经济收入翻两番，问从现在起需多少年？

【解】 设现在的国民经济收入为 P，若干年后翻两番则为 $4P$，由公式（4-4）

$$F = P \ (F/P, \ 10, \ n)$$
$$4P = P \ (F/P, \ 10\%, \ n)$$
$$(F/P, \ 10\%, \ n) = 4$$

当 $i = 10\%$ 时，4 落在年数 14 年和 15 年之间。当 $n = 14$ 年时，$(F/P, \ 10\%, \ 14) = 3.7975$，当 $n = 15$ 上时，$(F/P, \ 10\%, \ 15) = 4.1772$。用直线内插法得到

$$n = 14 + \frac{(4 - 3.7975) \ (15 - 14)}{4.1772 - 3.7975} = 14.53 \ （年）$$

上述的例子推广到一般情况，仿照式（4-15），可得出

$$n = n_1 + \frac{(f_0 - f_1) \ (n_2 - n_1)}{f_2 - f_1} \tag{4-15}$$

【例 4-21】 某企业向外资贷款 200 万元建一工程，第三年投产，投产后每年净收益 40 万元，若年利率 10%，问投产后多少年能归还 200 万元贷款的本息。

【解】 先画出现金流量图，如图 4-19。

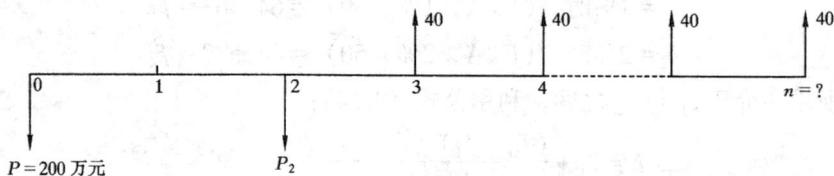

图 4-19 现金流量图

为使方案的计算能利用公式，将第二年末（第三年初）作为基期，计算 P_2。

$$P_2 = 200 \ (F/P, \ 10\%, \ 2) = 200 \times 1.210 = 242 \ （万元）$$

然后，利用式（4-8）计算从投产后算起的偿还期 n。

$$P = A \ (P/A, \ 10\%, \ n)$$
$$242 = 40 \ (P/A, \ 10\%, \ n)$$
$$(P/A, \ 10\%, \ n) = \frac{242}{40} = 6.05$$

在 $i = 10\%$ 的复利表上，6.05 落在第 9 年和第 10 年之间。当 $n_1 = 9$ 时，$(P/A, \ 10\%, \ 9) = 5.759$；当 $n_2 = 10$ 时，$(P/A, \ 10\%, \ 10) = 6.144$。根据式（4-15），有

$$n = n_1 + \frac{(f_0 - f_1) \ (n_2 - n_1)}{f_2 - f_1}$$

$$=9+\frac{(6.05-5.759)(10-9)}{6.144-5.759}$$
$$=9.756（年）$$

即投产后 9.756 年后能全部还清货款的本息。

复习思考题

1. 某人存入银行 1000 元，年利率为 9%，分别用单利和复利计算 3 年后获本利和各多少？

2. 现有两个存款机会，一为投资 1000 万元，期限三年，年利率 7%，单利计算；二为同样投资及年限，但利率 6%，按复利计算，应选择哪种方式？

3. 某企业向银行贷款，第一年初借入 10 万元，第三年初借入 20 万，利率为 10%，第四年末偿还 25 万元，并打算第五年末一次还清。试计算第五年末应偿还多少？并画出以借款人（企业）为立脚点的现金流量图和以贷款人（银行）为立脚点的现金流量图。

4. 下列一次支付的终值 F 为多少？
(1) 年利率 12%，存款 1000 元，存期 6 年；
(2) 年利率 10%，投资 15 万元，5 年后一次回收。

5. 下列期终一次支付的现值为多少？
(1) 年利率 5%，第 5 年末 4000 元；
(2) 年利率 10%，第 10 年末的 10000 元。

6. 下列等额支付的终值为多少？
(1) 年利率 6%，每年年末存入银行 100 元，连续存款 5 年；
(2) 年利率 10%，每年年末存入银行 200 元，连续存款 10 年。

7. 下列等额支付的现值为多少？
(1) 年利率 8%，每年年末支付 100 元，连续支付 8 年；
(2) 年利率 10%，每年年末支付 500 元，连续支付 6 年。

8. 下列终值的等额支付为多少？
(1) 年利率 6%，每年年末支付一次，连续支付 10 年，10 年末积累金额 10000 元；
(2) 年利率 8%，每年年末支付一次，连续支付 6 年，6 年末积累金额 5000 元。

9. 下列现值的等额支付为多少？
(1) 年利率 6%，借款 2000 元，计划借款后的第一年年末开始偿还，每年偿还一次，分四年还清；
(2) 年利率 8%，借款 4 万元，借款后第一年年末开始偿还，每年末偿还一次，分十年还清。

10. 某建设项目投资贷款 200 万元，银行要求 4 年内等额回收全部投资贷款，已知贷款利率为 8%，那么该项目年净收益应为多少才可按期偿还贷款？

11. 建设银行贷款给某建设单位，年利率为 5%，第一年初贷给 3000 万元，第二年初贷给 2000 万元，该建设单位第三年末开始用盈利偿还贷款，按协议至第十年末还清。问该建设单位每年末应等额偿还多少？

12. 某建筑企业七年前用 3500 元购买了一台机械，每年用此机械获得收益为 750 元，在第一年时维护费为 100 元，以后每年递增维护费 20 元。该单位打算现在（第七年末）转让出售，问若年利率为 10%，最低售价应为多少？

13. 某人计划从一年后开始存入 500 元，并且预计要在 9 年之内每年存款额将逐年增加 100 元，若年利率是 5%，问该项投资的现值是多少？

14. 某技术转让项目，合同规定甲方向乙方第一年支付费用 4 万元，而后每年以 $j=6\%$ 递增支付，直到第十年，若银行利率为 10%，求与之等值的现值、终值和年值各为多少？

15. 某企业采用每月月末支付 300 元的分期付款方式购买一台价值 6000 元的设备，共分 24 个月付完。问名义利率是多少?

16. 一笔 10 万元的贷款,名义年利率 8%,每季复利一次,问 2 年后的本利和为多少?

17. 如果现在投资 1000 元,10 年后可一次获得 2000 元,问利率为多少?

18. 利率 10% 时,现在的 100 元,多少年后才成为 200 元。

19. 某企业以年利率 8% 存入银行 5 万元,用以支付每年年末的设备维修费。设每年末支付的维修费为 8000 元,问该存款能支付多少年?

20. 有一支付系列,第三年年末支付 500 元,以后十二年每年支付 200 元。设年利率为 10%,试画出此支付系列的现金流量图,并计算(1)零期的现值;(2)第十五年年末的终值;(3)第十年年末的时值。

第五章　现金流量法（一）

——单方案评价

第一节　项目的计算期和现金流量表

对投资项目或技术方案进行评价和分析时，都是根据方案特定时期内的现金流量进行的，因此，首先应了解项目的计算期和现金流量表。

一、项目计算期的确定

项目计算期也称项目经济寿命期，是指对拟建项目进行现金流量分析时应确定的项目的服务年限。项目计算期包括拟建项目的建设期和生产期两个阶段。

（一）建设期

项目建设期是指项目从开始施工到全部建成投产所需要的时间。建设期的主要工作是：安排建设计划、签订经济合同、筹集资金、组织施工、检查工程进度、进行生产准备。建设期的长短与投资项目规模大小、行业性质和建设方式有关，应根据实际需要加以确定。在这里需要指出的是：由于一方面在建设期内，一般只有投入没有或很少有产出，因此建设期过长，会增加项目的投资成本；另一方面，项目的建成投产标志着项目开始产生投资收益，建设期过长，会推迟这种获利机会的到来，从而影响到项目预期的投资效果，因此可以说，在确保投资项目工程建设质量的前提下，项目建设期应尽可能的缩短。

（二）生产期

生产期一般又分为达产期和正常运营期，投产后达到设计生产能力的时间成为达产期，达到设计生产能力后的时期称为正常运营期。项目生产期一般不等同于该项目建成后的服务期，而是根据该项目的性质、技术水平、技术进步即实际服务期的长短来合理确定。除某些采掘工业受资源储量限制需合理确定开采年限外，一般工业项目的生产期可按固定资产综合折旧寿命计，一般项目 15 年左右，最多不超过 20 年，对于某些折旧年限较长的特殊项目，如某些水利、交通等项目，其项目生产期可延长至 25 年，甚至 30 年以上，需要根据行业的特点来具体确定。

对于不同的投资项目，其现金流量的分布、资金的回收时间安排往往会有差异。若项目的计算期确定的太短，就有可能在决定项目取舍或投资方案比较或选择时，错过一些具有更大潜在盈利机会的投资项目；但项目的计算期又不宜定得过长，由于经济情况发生变化的可能性会变大，从而计算误差会变大，另一方面按折现法计算，将几十年后的收益金额折现为现值，数额较小，不会对评价结论发生关键性影响。因此，就要求我们在投资项目的经济分析和投资决策过程中应该合理地确定项目的计算期。

二、现金流量

在第四章中曾简要的介绍了现金流量的概念，下面我们从工程经济分析的角度出发，对现金流量进行进一步的介绍与分析。

(1) 对项目进行经济评价时，首先应分清项目的投入与产出的内容，即分清收入与支出的内容，这是我们正确理解与计算现金流量这个概念的前提。因为项目的现金流量是根据该项目在计算期内的收入与支出情况来确定的。一个工程项目在某一时间内支出的费用称为现金流出，如在项目计算期内发生的工程开发规划设计、征用土地、购置设备、土建施工、设备安装及其他建设费用等固定资产投资和流动资金投资、在项目生产期内发生的经营成本、税金等均属于现金流出的内容。而现金流入是指项目在该时间内即取得的收入，如在项目生产期内取得的销售收入，在项目寿命结束时应回收的固定资产余值和流动资金等均属于现金流入的范畴。现金流出和现金流入通称为现金流量。

(2) 在计算项目的现金流量时，有一个需要注意的问题，就是现金流量只计算现金收支，不计算非现金收支；只考虑现金，不考虑借款利息。因为我们在进行项目的经济评价时，是把项目看做一个独立的系统，然后考察项目在建设期和生产期内各年流出系统的费用支出和流入该系统的现金流入，也就是考察现金流量，因此，那些发生在系统内部的资金转换，如折旧、维修费等，以及只在账面显示并没有实际发生的收支内容，如应收账款、应付款项等，就不能计入现金流量。

三、现金流量表

现金流量表是指能够直接、清楚地反映项目在整个计算期内各年的现金流量（资金收支）情况的一种表格，利用它可以进行现金流量分析，计算各项静态和动态评价指标，是评价项目投资方案经济效果的主要依据。

1. 现金流量表的一般形式（见表 5-1 所列）

现 金 流 量 表　　　　　　单位：万元　**表 5-1**

序号	项目　　　　　　　　　　　年序	建设期		投产期		达到设计生产能力期				合计
	生产负荷	1	2	3	4	5	6	…	n	
1	现金流入									
1.1	产品销售（营业）收入									
1.2	回收固定资产余值									
1.3	回收流动资金									
2	现金流出									
2.1	固定资产投资									
2.2	流动资金									
2.3	经营成本									
2.4	销售税金及附加									
2.5	所得税									
3	净现金流量（1-2）									
4	累计净现金流量									
5	所得税前净现金流量									
6	所得税前累计净现金流量									

从表 5-1 可以看出，现金流量表的纵列是现金流量项目，其编排按现金流入、现金流出、净现金流量的顺序进行，表的横向是年份，按项目计算期的各阶段来排列。整个现金流量表中既包含现金流量各个项目的基础数据，又包含计算的结果；既可纵向看各年的现

金流动情况，又可横向看各项目的发展变化，直观方便，综合性强。

在现金流量表中一个重要的栏目是净现金流量栏目。净现金流量是指项目在一定时期内现金流入与现金流出的差额。通常现金流入取正号，现金流出取负号。根据项目所处在计算期的不同阶段，各年的现金流量有正有负，其计算分述如下：

（1）项目建设期内每年净现金流量如下式计算：

净现金流量＝－（固定资产投资＋流动资金投资）

在这个阶段由于只有现金流出，没有现金流入，因此净现金流量是负值。

（2）项目生产期初的每年净现金流量如下式计算：

净现金流量＝销售收入－经营成本－销售税金－所得税－流动资金增加额

在这个阶段由于还未达到设计生产能力，销售收入不太稳定，因而导致净现金流量可能为正，也可能为负。

（3）项目正常生产期内每年净现金流量如下式计算：

净现金流量＝销售收入－经营成本－销售税金－所得税

在这个阶段，一般情况下净现金流量是正值。如果出现负值，则说明项目亏损，是不可行的。

（4）项目计算期最后一年的年净现金流量如下式计算：

净现金流量＝销售收入＋回收固定资产余值＋回收流动资金－经营成本－销售税金－所得税

项目计算期的最后一年也即项目寿命期终了的年份，在这个阶段，前期投入的流动资金要回收，还要回收固定资产余值，因此一般净现金流量是正值。

【例 5-1】　某公司准备购入一设备以扩充生产能力。需投资 24000 元，使用寿命为 5 年，采用直线法计提折旧，5 年后设备残值收入 4000 元。5 年中每年销售收入 10000 元，经营成本第一年为 4000 元，以后随着设备陈旧，将逐年增加修理费 200 元，另需垫支营运资金 3000 元，假设所得税率为 40%，试计算该方案的现金流量。

【解】　该投资方案现金流量表见表 5-2 所列。

投资方案现金流量表　　　　　　　　　　　　　　　单位：元　**表 5-2**

项目＼时间	0	1	2	3	4	5
（1）销售收入	—	10000	10000	10000	10000	10000
（2）固定资产余值	—					4000
（3）流动资金回收						3000
（4）固定资产投资	－24000					
（5）流动资产投资	－3000					
（6）经营成本		4000	4200	4400	4600	4800
（7）折旧		4000	4000	4000	4000	4000
（8）税前净利		2000	1800	1600	1400	1200
（9）所得税		800	720	640	560	480
（10）税后净利		1200	1080	960	840	720
（11）现金流量	－27000	5200	5080	4960	4840	11720

表中：（11）＝（1）＋（2）＋（3）－（4）－（5）－（6）－（9）

$$（7）折旧 = \frac{固定资产投资 - 设备残值}{折旧年限} = \frac{2400 - 4000}{5} = 4000$$

（8）税前净利＝（1）－（6）－（7）

（9）＝（8）×40%

（10）＝（8）－（9）

第二节　单方案评价

单方案评价不涉及多个方案之间的比较，只研究独立项目的经济效果，并做出最后结论，为项目的取舍提供决策依据，所以也称绝对经济效益评价。即通过技术方案本身的效益与费用的计算与比较，评价、选择方案。技术方案的绝对经济效益，也叫总效益。技术方案可以是某个投资项目，也可以是某个项目的设计方案。在经济评价中分析单个方案常用的指标有：投资回收期、投资收益率、净现值、净年值、内部收益率等。通过这些指标来判断方案是否可行，故称判据。

第三节　投资回收期

投资回收期又叫投资返本期或投资偿还期。所谓投资回收期是指以项目的净收益抵偿全部投资所需要的时间。这里所说的净收益主要是指利润，此外还可以包括按制度规定允许作为还款用的折旧、摊销及其他资金；全部投资包括固定资产投资、固定资产投资方向调节税、建设期贷款利息和流动资金。

投资回收期，是反映项目财务上投资回收能力的重要指标，是用来考察项目投资盈利水平的经济效益指标。计算投资回收期（以年为单位）一般从方案投产时算起，若从投资开始时算起应予以注明。投资回收期的计算，按是否考虑时间价值而分为静态投资回收期与动态投资回收期。

一、静态投资回收期（P_t）

静态投资回收期的表达式为：

$$\sum_{t=0}^{P_t}(CI - CO)_t = 0 \tag{5-1}$$

如果投产或达产后的年净收益相等，或用年平均净收益计算时，则投资回收期的表达式转化为

$$P_t = \frac{P}{A} \tag{5-2}$$

式中　　P_t——投资回收期（年）；

P——全部投资；

A——等额净收益或年平均净收益；

CI——现金流入量；

CO——现金流出量；

$(CI - CO)_t$——第 t 年的净现金流量。

实际上投产或达产后的年净收益不可能都是等额数值，因此，投资回收期亦可根据全部投资财务现金流量表中累计净现金流量计算求得，表中累计净现金流量等于零或出现正值的年份，即为项目投资回收的终止年份。其计算公式为

$$\text{静态投资回收期}(P_t) = \left[\begin{array}{c}\text{累计净现金流量}\\\text{出现正值的年份}\end{array}\right] - 1 + \frac{\text{上年累计净现金流量的绝对值}}{\text{当年净现金流量}} \tag{5-3}$$

式中的小数部分也可化为月数，从而可用年和月表示计算结果。

设基准投资回收期为 P_c，则判别准则为：

若 $P_t \leqslant P_c$，则项目可以接受；若 $P_t > P_c$，则项目应予以拒绝。

【例 5-2】 如表 5-3 所示某方案的有关数据，其建设期为 3 年，生产期为 20 年，并且各年的收益不同，已知基准投资回收期为 8 年，试用投资回收期指标评价方案。

【解】 根据表 5-3 所列，方案的建设期为三年，累计净现金流量出现正值的年份为投产后的第 8 年，当年的净现金流量为 792 万元，上年累计净现金流量的绝对值为 282 万元，按公式计算投资

某方案有关数据表 表 5-3

年份	年初投资	年现金流入	累计净现金流量	年份	年初投资	年现金流入	累计净现金流量
1	-1250		-1250	13		1074	+2940
2	-1500		-2750	14		1074	+4014
3	-1500		-4250	15		1074	+5088
4	-750	374	-4626	16		1074	+6162
5		374	-4252	17		1074	+7236
6		374	-3878	18		1074	+8310
7		374	-3504	19		1074	+9384
8		1074	-2430	20		1074	+10458
9		1074	-1356	21		1074	+11532
10		1074	+282	22		1074	+12606
11		1074	+792	23		1074	+13680
12		1074	+1866				

$$P_t = 8 - 1 + \frac{282}{792} = 7.26 \text{ 年}$$

由于 $P_c = 8$，$P_t < P_c$。所以方案是可取的。

二、动态投资回收期

为了克服静态投资回收期未考虑资金时间价值的缺陷，可采用动态投资回收期指标对技术方案进行评价和比选。所谓动态投资回收期是指在考虑资金时间价值条件下按设定的利率收回全部投资所需要的时间。其计算公式为

$$\sum_{t=0}^{P'_t} (CI - CO)_t (1 + i_c)^{-t} = 0 \qquad (5\text{-}4)$$

式中 P'_t——动态投资回收期（年）。

如果项目投产后或达到正常生产能力后年净收益相等，则动态投资回收期的计算公式可推导如下：

设总投资 P 在计算期期初一次性投入，设定利率为 i，年净收益为 A。根据动态投资回收期计算公式，有

$$-P + A (P/A, i, P'_t) = 0$$

解得
$$P'_t = \frac{-\lg\left(1 - \dfrac{P \cdot i}{A}\right)}{\lg\,(1+i)} \tag{5-5}$$

【例 5-3】 某企业初始投资为 1000 万元，投产后每年获得收益 200 万元。如投资贷款年利率为 8%，求该企业的投资回收期。

【解】 （1）由公式（5-5）求精确解

$$P'_t = \frac{-\lg\left(1 - \dfrac{0.08 \times 1000}{200}\right)}{\lg\,(1+0.08)} = 6.64 \text{ 年}$$

（2）用公式（5-4），$-1000 + 200\,(P/A,\,8\%,\,P'_t) = 0$

$$(P/A,\,8\%,\,P'_t) = \frac{1000}{200} = 5$$

用查表法从利息表中查得 8% 利率时，P/A 系数为 5 的值在 6～7 年之间。用插入法

6 年	4.6229
P'_t 年	5.0000
7 年	5.2064

$$P'_t = 6 + \frac{5.0000 - 4.6229}{5.2064 - 4.6229} \times 1 = 6.65 \text{ 年}$$

与精确值相比略有出入，一般已够精度要求。假如该例题不考虑资金时间价值，则静态投资回收期为 5 年。显然，由于复利计算的结果，动态投资回收期大于静态投资回收期。但在投资回收期不长和折现率不大的情况下，两种投资回收期差别不大，不致影响项目或方案的选择。因此，只有在静态投资回收期很长的情况下，才有必要进一步计算动态投资回收期。

如果投资方案各年的现金流量为非等额数值，可以用现金流量表计算，其计算方法与静态投资回收期类似，其公式为

$$\text{动态投资回收期}\,(P'_t) = \left[\begin{array}{c}\text{累计净现金流量现值}\\\text{出现正值的年份}\end{array}\right] - 1 + \left[\begin{array}{c}\text{上年累计净现金流量现值的绝对值}\\\text{当年净现金流量的现值}\end{array}\right] \tag{5-6}$$

【例 5-4】 某项目有关数据见表 5-4，设 $i_c = 10\%$，计算该项目的动态投资回收期。

某项目有关数据表 单位：万元 表 5-4

年　　序	0	1	2	3	4	5	6	7
投　　资	20	500	100					
经营成本				300	450	450	450	450
销售收入				450	700	700	700	700
净现金流量	−20	−500	−100	150	250	250	250	250
折现系数 $1/(1+10\%)^t$	1.0000	0.9091	0.8264	0.7513	0.6830	0.6209	0.5645	0.5132
净现金流量现值	−20	−454.6	−82.6	112.7	170.8	155.2	141.1	128.3
累计净现金流量现值	−20	−474.6	557.2	444.5	273.7	118.5	22.6	150.9

根据公式（5-6），有

$$P'_t = 6 - 1 + \frac{|-118.5|}{141.1} = 5.84 \text{ 年}$$

动态投资回收期用于投资方案的判别准则可根据净现值的判别准则推出。根据净现值的计算公式（见第五节）和动态投资回收期的计算公式，可以得到：

当 $NPV=0$ 时，有 $P'_t=n$ 即净现值等于零时的动态投资回收期就是方案的寿命期；

当 $P'_t<n$ 时，则 $NPV>0$，方案可以考虑接受；

当 $P'_t>n$ 时，则 $NPV<0$，方案不可行。

投资回收期具有明确的经济意义，计算简单、直观，便于投资者衡量项目的风险能力，并能在一定程度上反映投资效益的优劣。项目决策面临着未来的不确定性因素的挑战，这种不确定性所带来的风险随着时间的推移而增加。为了减少这种风险，人们自然希望投资回收期越短越好，基准投资回收期就是使项目风险尽可能小的时间界限。因此，作为能够反映一定经济性和风险性的投资回收期指标，在项目评价中具有独特的地位和作用，并被广泛用作项目评价的辅助指标。然而，投资回收期也有其固有的局限性：①没有考虑计划投资的项目使用年限；②没有考虑投资回收期以后的收益。因此，投资回收期作为评价判据时，有时会使决策失误，往往与其他指标结合使用，以弥补其不足。

第四节　投资收益率

投资收益率也称投资报酬率，是指项目达到设计生产能力后的一个正常年份的净收益额与项目总投资的比率，对生产期内各年的净收益额变化幅度较大的项目，则计算生产期年平均净收益额与项目总投资的比率。投资收益率的含义是表明项目投产后单位投资所创造的净收益额，因此，也是进行财务盈利能力分析和考察项目投资盈利水平的重要指标。其计算公式为

$$R=A/P \tag{5-7}$$

式中　R——投资收益率；

　　　P——项目总投资；

　　　A——项目达产后正常生产年份的净收益或年平均净收益额。

按分析目的的不同，A 可以是年利润总额或年平均利润总额，也可以是年利税总额或年平均利税总额。

设 i_c 为基准投资收益率，则判别准则为：

若 $R \geqslant i_c$，则项目可以考虑接受；若 $R<i_c$，则项目应予以拒绝。

在实际评价工作中，根据分析的具体目的不同，主要计算以下三种投资收益率指标：

1. 投资利润率

它是指项目达到正常生产年份的利润总额或生产期年平均利润总额与项目总投资的比率。计算公式为

$$投资利润率 = \frac{年利润总额或年平均利润总额}{项目总投资} \times 100\%$$

式中，年利润总额＝年产品销售收入－年产品销售税金及附加－年总成本费用

年产品销售税金附加＝年增值税＋年营业税＋年资源税＋年城市建设维护税＋年教

育费附加

项目总投资＝固定资产投资＋固定资产投资方向调节税＋建设期贷款利息＋流动资金

项目的投资利润率，可根据项目评价损益表中有关数据计算求得，并与有关部门或行业的平均利润率相比较，以判明项目单位投资盈利能力是否已达到本行业平均水平。

【例 5-5】 某建设项目，投资估算总额为 85780 万元，建设期贷款利息为 6457.35 万元，流动资金为 4025 万元，固定资产投资方向调节税为零。投产期年利润总额分别为 3167 万元，4846 万元，达到设计能力生产期为 16 年，年利润总额为 7836 万元，求投资利润率。

【解】 (1) 按年利润总额计算：

$$投资利润率 = \frac{7836}{85780 + 6457.35 + 4025} \times 100\%$$

$$= \frac{7836}{96262.35} \times 100\% = 8.14\%$$

(2) 按年平均利润总额计算：

$$投资利润率 = \frac{(3167 + 4846 + 7836 \times 16) \div 18}{96262.35} \times 100\%$$

$$= \frac{7410.5}{96262.35} \times 100\% = 7.7\%$$

2. 投资利税率

它是指项目达产后正常生产年份的利税总额或生产期年平均利税总额与项目总投资的比率。计算公式为

$$投资利税率 = \frac{年利税总额或年平均利税总额}{项目总投资} \times 100\%$$

式中，年利税总额＝年销售收入－年总成本费用

或　　　　　　　＝年利润总额＋年销售税金及附加

投资利税率，可根据项目评价损益表中数据计算求得，并与部门或行业的平均利税率相比较，以判别项目单位投资对国家积累的贡献水平是否达到本行业的平均水平。

3. 资本金利润率

它是指达产后正常生产年份的利润总额或生产期年平均利润总额与项目资本金的比率。计算公式为

$$资本金利润率 = \frac{年利润总额或年平均利润总额}{资本金} \times 100\%$$

资本金利润率，是反映项目的资本金盈利能力的重要指标。

一般地讲，投资收益率指标与项目的投资回收期指标互为倒数关系，即

$$R = 1/P_t \quad 或 \quad P_t = 1/R$$

为了做好建设项目经济评价工作，提高投资效益，保证各类投资项目评价标准的相对统一性、评价参数取值的合理性和评价结论的可比性，《建设项目经济评价方法与参数》(第二版)统一发布了全国各行业财务评价参数。其中财务基准收益率 i_c 和财务基准投资回收期 P_c 是作为项目财务评价的基准判据，而平均投资利润率与平均投资利税率是用来衡量项目的投资利润率或投资利税率是否达到或超过本行业平均水平的评判参数，只作为项目评价的参考依据，不作为项目投资利润率和投资利税率是否达到本行业最低要求的判据。

第五节 净 现 值

净现值（Net Present Value）是反映工程项目在建设期和生产服务年限内获利能力的综合性动态评价指标。净现值指标有财务净现值指标、经济净现值指标和外汇净现值指标，分别适用于项目的财务评价、国民经济评价、涉及外贸项目的评价。三类计算指标的计算方法是相同的。

一、净现值的含义与判别准则

净现值（NPV）是根据项目方案所期望的基准收益率，将方案在计算期内的现金流量折算到基准年的所有现值的代数和。其数学表达式为

$$NPV = \sum_{t=0}^{n} (CI - CO)_t \ (1 + i_c)^{-t} \tag{5-8}$$

式中　NPV——净现值；

　　　CI_t——第 t 年的现金流入量；

　　　CO_t——第 t 年的现金流出量；

　　　i_c——基准收益率（也称基准折现率）；

　　　n——项目计算期。

上式实质是把资金投入某一项目之后，能够获得的增值。当 NPV 为零，表示方案正好满足预定的收益率；NPV 为负，表示达不到预定的收益率，但并不一定亏损；NPV 为正表示除了保证方案得到预定的收益率外，尚有超额剩余。因此，净现值指标的判别准则为：

$NPV>0$ 时，方案可以考虑接受；$NPV=0$ 时，临界状态；$NPV<0$ 时，方案应予以拒绝。

净现值的优点在于它不仅考虑了资金的时间价值，进行动态评价，而且它考虑了方案整个计算期的现金流量，因而它能比较全面地反映方案的经济状况，经济意义明确，能够直接以货币额表示项目的净收益。净现值的缺点在于必须首先确定一个符合经济现实的基准收益率，而收益率的确定往往是比较困难的，它只能表明项目的盈利能力超过、等于或未达到要求的水平，而该项目的盈利能力究竟比基准收益率的要求高多少或低多少，则表示不出来，不能真正反映项目投资中单位投资的使用效率。

【例 5-6】　某项目各年的现金流量见表 5-5 所列，已知 $i_c=10\%$，试用净现值指标评价其经济可行性。

【解】　（1）由表中各年净现金流量和公式（5-8）得

$$NPV = -2000 - 2000(P/F,10\%,1)$$
$$+ 1400(P/A,10\%,6) \cdot (P/F,10\%,1)$$
$$= 1724.6 \ 万元$$

某项目各年的现金流量表

单位：万元　表 5-5

项目 \ 年份	0	1	2~7
1. 销售收入			1500
2. 投资	2000	2000	
3. 经营成本			100
4. 净现金流量	-2000	-2000	1400

计算结果表明，该投资方案达到预定的 10% 收益率外，还有现值为 1724.6 的余额，因此该方案可行。

（2）求净现值还可在现金流量表上继续计算，见表 5-6。

现金流量表求净现值　　　　　　　　　　单位：万元　**表 5-6**

年份 项目	0	1	2	3	4	5	6	7
销售收入			1500	1500	1500	1500	1500	1500
投资	2000	2000						
经营成本			100	100	100	100	100	100
净现金流量	−2000	−2000	1400	1400	1400	1400	1400	1400
折现系数 $(1+i_c)^{-t}$	1.0000	0.9091	0.8264	0.7513	0.6830	0.6209	0.5645	0.5132
净现金流量现值	−2000	−1818.2	1156.96	1051.82	956.20	869.26	790.30	718.48
累计净现金流量现值	−2000	−3818.2	−2661.24	−1609.42	−653.22	216.04	1006.34	1724.82

由表 5-6 计算结果可知，净现值为 1724.82 万元，说明该方案达到预定收益率的要求，还有额外剩余，因此该方案可行。

二、净现值函数的特征

净现值公式 $NPV \sum_{t=0}^{n} (CI - CO)_t (1+i_c)^{-t}$ 中，令 $(CI-CO)_t$ 为 F_t。在常规投资条件下，即 $F_0 < 0$，$\sum_{t=1}^{n} F_t > 0$（$t = 1, 2, \cdots\cdots, n$），$n$ 为有限值，F_t 仅改变一次符号，则 $NPV(i)$ 可展开为

$$NPV(i) = F_0 + F_1(1+i)^{-1} + F_2(1+i)^{-2} + \cdots\cdots + F_n(1+i)^{-n}$$

设 $NPV(i)$ 为连续函数，因此：

$$\frac{dNPV(i)}{d(1+i)} = -\frac{F_1}{(1+i)^2} - \frac{2F_2}{(1+i)^3} - \cdots\cdots - \frac{nF_n}{(1+i)^{n+1}} < 0$$

$$\frac{d^2 NPV(i)}{d(1+i)^2} = +\frac{2F_1}{(1+i)^3} + \frac{6F_2}{(1+i)^4} + \cdots\cdots + \frac{n(n-1)F_n}{(1+i)^{n+2}} > 0$$

故 $NPV(i)$ 为向下凸的单调递减的函数曲线。

当 $i \rightarrow \infty$ 时，$NPV(i) \rightarrow -F_0$

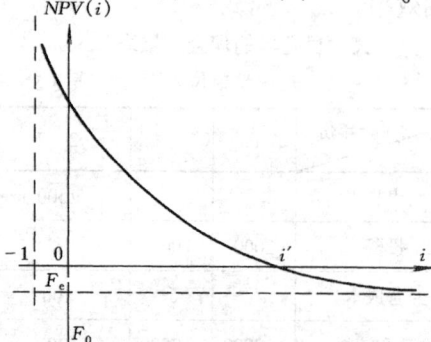

图 5-1　净现值函数曲线

当 $i \rightarrow -1$ 时，$NPV(i) \rightarrow \infty$

因此，在 $-1 < i < \infty$ 范围内，$NPV(i)$ 与横轴只相交一次，如图 5-1 所示。

实际的投资方案大多数现金流量都是开始有支出，而后有一系列收入，在 $0 < i < \infty$ 的范围内，常规投资方案大都属于这一类型。按照净现值判别准则，只要 $NPV(i) \geqslant 0$，方案或项目就可接受，但由于 $NPV(i)$ 是 i 的减函数，故基准收益率定的越高，方案被接受的可能性就越

小。那么，$NPV(i) > 0$，则 i 最大可以大到多少，仍可使方案可以接受呢？很明显，i 可以大到使 $NPV(i) = 0$，这时 i 达到了其临界值 i'，称为内部收益率，其意义将在稍候部分介绍。

三、净现值率（NPVR）

为了考察资金的利用效率，可采用净现值率作为净现值的补充指标。所谓净现值率也称净现值指数，是指方案的净现值与其投资现值之比。计算公式为

$$NPVR = \frac{NPV}{K_p} = \frac{\sum_{t=0}^{n}(CI - CO)_t(1 + i_c)^{-t}}{\sum_{t=0}^{n}K_t(1 + i_c)^{-t}} \tag{5-9}$$

式中　$NPVR$——净现值率；

　　　K_p——项目总投资现值。

净现值的经济含义是方案确保基准收益率外，单位投资现值所取得的净现值额，也就是单位投资现值所获得的超额净收益。这个收益越大，说明每元投资的效率越好，也即方案的经济性越好。

仍用例 5-6 的数据，可得

$$净现值率（NPVR）= \frac{1724.6}{2000 + 2000\,(P/F，10\%，1)} = 0.45$$

在经济评价中，净现值率判据同净现值判据一样，可以用于单方案评价，同时它作为投资的效率指标，也可用于多方案的排序。

四、基准收益率的选择与确定

采用净现值指标评价和选择方案时，正确选择和确定基准收益率非常重要，它关系到方案评价的正确性和合理确定项目的盈利水平。基准收益率又称目标收益率、最低期望收益率，用来贴现求现值又称贴现率。它是投资者可以接受的，按其风险程度在金融市场上可以获得的收益率。

常用的基准收益率主要有行业财务基准收益率和社会折现率。行业财务基准收益率是项目财务评价时计算财务净现值的折现率。用行业基准收益率作为基准折现率计算的净现值，叫行业评价的财务净现值。行业财务基准收益率，代表行业内投资资金应当获得的最低财务盈利水平，代表行业内投资资金的边际收益率。社会折现率，是项目国民经济评价时计算净现值的折现率，用社会折现率作为基准折现率计算的净现值，叫国民经济评价的经济净现值。社会折现率表示从国家角度对资金机会成本和资金时间价值以及对资金盈利能力的一种估量。确定和采用适当的社会折现率，有助于合理使用建设资金、引导投资方向、调控投资规模、促进资金在短期和长期项目之间的合理配置。

利用基准收益率或目标收益率来选择确定项目，实际上是用它来作为一个衡量标准，这个标准收益率水平的高低对方案的选择有很大的影响。如果标准收益率定得太高，可能会使许多经济效益好的方案拒绝；若标准收益率定得太低，可能会接受一些经济效益并不好的方案。从资金投入即收益的时间上来分析，当基准收益率定得偏高时，则时间间隔越

长的未来价值在总现值中的比重越小，即对只有近期效益的项目有利。因此，如果资金短缺，应当把收益率标准定得稍高一些。这样，有利于把资金用在获利高、且短期效益好的项目上，有利于资金的增值。

基准收益率的确定必须考虑资金成本、目标利润、投资风险、资金限制。

1. 资金成本

资金成本是为取得资金使用权所支付的费用。项目投资后的所获利润额必须能够补偿资金成本，然后才能有利可言，因此基准收益率最低限度不应小于资金成本，否则便无利可图。

2. 目标利润

建设项目投资的经济效益不仅应能回收资金和支付利息，而且应能获得一定的利润额。因此，在确定基准收益率时，必须考虑一定数目的目标利润。

3. 投资风险

通常，项目投资都存在发生亏损的可能性，即投资都是有风险的。为此，投资者自然就要求获得利润，否则它是不愿意去冒风险的。为了限制对风险大、盈利低的项目进行投资，可以采取提高基准收益率的办法来进行项目经济评价。

4. 资金限制

资金越少，越需要精打细算，使之利用得更加有效。为此，在资金短缺时，应通过提高基准收益率的办法进行项目经济评价，以便筛选掉盈利能力较低的项目。

总之，资金成本和目标利润是确定基准收益率的基础，投资风险和资金限制是确定基准收益率必须考虑的影响因素。

第六节　净年值、净终值

一、净年值

净年值（NAV）通常称年值，是指将方案计算期内的净现金流量，通过基准收益率折算成与其等值的各年年末等额支付序列。计算公式为

$$NAV = NPV\ (A/P,\ i_c,\ n)$$

$$= \sum_{t=0}^{n} (CI - CO)_t (1 + i_c)^{-t} (A/P, i_c, n) \tag{5-10}$$

净年值判别准则与净现值指标判别准则相同。即 $NAV > 0$，方案可以接受；$NAV = 0$，为临界状态；$NAV < 0$ 则方案应予以拒绝。净现值的含义是项目寿命期内取得的超出目标盈利的超额收益现值，而净年值给出的是项目寿命期内平均每年取得的等额超额收益。

二、净终值

净终值（NFV）通常称终值，它是指方案计算期内的净现金流量，通过基准收益率折算成未来某一时点的终值代数和。计算公式为

$$NFV = NPV\ (F/P,\ i_c,\ n)$$

$$= \sum_{t=0}^{n} (CI - CO)_t (1 + i_c)^{-t} (F/P, i_c, n) \tag{5-11}$$

净终值判别准则与净现值判别准则相同。即 $NFV > 0$，方案可以接受，$NFV = 0$，为临界状态；$NFV < 0$，则方案应予以拒绝。

由于 $(A/P, i_c, n)$ 即 $\dfrac{i_c (1+i_c)^n}{(1+i_c)^n - 1}$，$(F/P, i_c, n)$ 即 $(1+i_c)^n$，当 i_c 和 n 为有限值时，它们都是常数。即

$$NAV = NPV \times 常数$$
$$NFV = NPV \times 常数$$

这样现值、年值、终值是成比例的，因而方案评价，不论用现值、年值、终值，其结果是等效的。在单方案评价中，净现值、净年值、净终值指标，实质上没有什么不同，只是他们计算基准时间不同，三种判据在实践中所得结论是一致的。但人们较多地使用净现值，净终值一般几乎不用，而净年值多用于寿命不同的方案比较（见第六章）。

第七节 内 部 收 益 率

若把考虑资金时间价值的净现值、净年值指标称为价值型指标，那么内部收益率、净现值率就是考虑资金时间价值的效率型指标。内部收益率是方案盈利能力分析的重要评价判据。

一、内部收益率的概念及其经济含义、判别准则

内部收益率（Internal Rate of Return），又称内部报酬率，是指项目在整个计算期内各年净现金流量现值代数和等于零（或净年值等于零）时的折现率。已经讨论过，常规投资方案净现值函数曲线，在 $-1 < i < \infty$ 的范围内，只与横轴相交于一点，此时方案的 $NPV\ (i)$ 的利率 i 定义为该方案的内部收益率 IRR。它反映项目所占用资金的盈利能力，是考察项目资金使用效率的重要指标。其计算公式为

$$\sum_{t=0}^{n} (CI - CO)_t (1 + IRR)^{-t} = 0 \tag{5-12}$$

式中 IRR——项目内部收益率。

内部收益率很久以来就已成为方案评价的判据，由于收益率是方案收支对比的未知数，即由项目本身的现金支出和现金收入所决定的，取决于方案的"内部"，故称内部收益率。内部收益率的经济含义是：它反映的是项目全部投资所能获得的实际最大收益率，是项目借入资金利率的临界值；它表明了项目对所占用资金的一种恢复（收回）能力，在项目整个计算期内尚未恢复的资金，按这一利率 $i = IRR$ 进行恢复，到寿命终了时恰好恢复完毕，内部

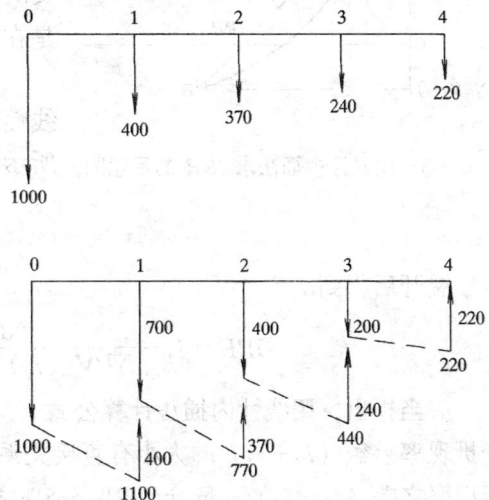

图 5-2 资金恢复图

收益率率值越高，说明方案的恢复能力越强，方案的经济性越好。

假定某投资方案的现金流量系列如图 5-2 所示，其内部收益率为 10%，从图 5-2 中可以看出，初始投资 1000 元的投资方案，各年的净收益分别为 400、370、240 和 220 元，第一年末以 10% 利率占用的待恢复投资 1100 元 - 恢复资金 400 元 = 700 元尚未恢复的投资；第二年末以同样利率占用的待恢复投资 770 元 - 恢复资金 370 元 = 400 元尚未恢复的投资；第三年末以同样利率占用的待恢复资金 440 元 - 恢复资金 240 元 = 200 元尚未恢复的投资；第四年末以同样利率占用的待恢复资金 220 元 - 恢复资金 220 元 = 0，到此为止，以 10% 利率占用的投资全部得到恢复。可见内部收益率是未恢复的投资所赚的利率，它不仅受项目初始投资规模的影响，而且受项目寿命期内各年净收益大小的影响。

内部收益率的判别准则为：计算求得的内部收益率 IRR 要与项目的基准收益率 i_c（行业基准收益率或社会折现率）相比较，当 $IRR > i_c$ 时，则表明项目的收益率已超过基准折现率水平，项目可行，可以考虑接受；当 $IRR = i_c$ 时，为临界状态；当 $IRR < i_c$ 时，则表明项目的收益率未达到基准折现率水平，项目不可行，应予以拒绝。

二、内部收益率的计算

内部收益率实际上是净现值（年值、终值）的反算，计算净现值时利率 i 为已知值，而收益率 IRR 的计算，由公式 (5-12) 可知是一个一元高次方程，不宜直接求解，在实际工作中，多采用试算插值法，即利用 NPV (i) 曲线的特点，求解 IRR 的近似值。根据净现值函数曲线的特征知道：当 $i < i'$ 时（参见图 5-1），$NPV > 0$；当 $i > i'$ 时，$NPV < 0$；只有当 $i = i'$ 时，$NPV = 0$。因此，可先选择两个折现率 i_1 与 i_2，且 $i_1 < i_2$，使得 NPV (i_1) > 0 和 NPV (i_2) < 0，然后用线性内插法求出 NPV (i) $= 0$ 时的折现率 i，此即是欲求出的内部收益率。用线性内插法计算内部收益率的步骤如下：

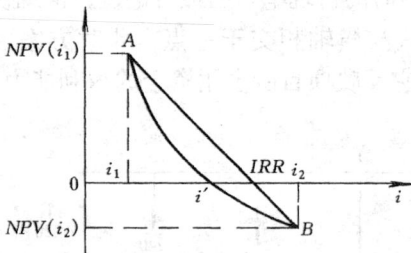

图 5-3 用线性内插法求 IRR 的示意图

第一步：首先估计和选择两个适当的折现率 i_1 和 i_2，且 $i_1 < i_2$，然后分别计算净现值 NPV (i_1) 和 NPV (i_2)，并使得 NPV (i_1) > 0 和 NPV (i_2) < 0，因此，内部收益率即净现值为零时的利率必然是在 i_1 与 i_2 之间，即 $i_1 < IRR < i_2$。

第二步：推导求内部收益率 IRR 的计算式。用线性内插法求内部收益率 IRR 的示意图，如图 5-3 所示。则有

$$\frac{NPV\ (i_1)}{|NPV\ (i_2)|} = \frac{IRR - i_1}{i_2 - IRR}$$

展开后得到

$$IRR = i_1 + \frac{NPV\ (i_1)}{NPV\ (i_1) + |NPV\ (i_2)|} (i_2 - i_1) \tag{5-13}$$

应当指出，用线性内插法计算公式 (5-13) 计算的误差（$i' - IRR$）与估计选用的两个折现率差额（$i_2 - i_1$）的大小有直接关系。为了控制误差不宜过大，通常试算用的两个折现率之差（$i_2 - i_1$）一般介于 2% ~ 5% 之间。

【例 5-7】 某项目计算期内净现金流量如表 5-7 所列，基准收益率为 10%，试用内部

收益率指标判断项目经济上是否可行。

单位：万元　　**表 5-7**

年份（年末）	0	1~9	10
净现金流量	− 5000	100	7100

【解】　为了求 IRR 的值，可列出等式

$NPV(i) = -5000 + 100(P/A, IRR, 10) + 7000(P/F, IRR, 10) = 0$

取 $i_1 = 5\%$，即：

$NPV(5\%) = -5000 + 100(P/A, 5\%, 10) + 7000(P/F, 5\%, 10) = 69.64$

结果为正值，由现值函数规律可知 $NPV(i)$ 值随 i 的增加而减少，为使净现值为零或负值，用 $i = 6\%$，试算

$NPV(6\%) = -5000 + 100(P/A, 6\%, 10) + 7000(P/F, 6\%, 10) = -355.19$

可见，内部收益率必然在 $5\% \sim 6\%$ 之间，代入线性内插法计算公式求得

$$IRR = i_1 + \frac{NPV(i_1)}{NPV(i_1) + |NPV(i_2)|}(i_2 - i_1)$$

$$= 5\% + 1\% \cdot \frac{69.46}{69.46 + 335.19}$$

$$= 5.16\%$$

因为 $IRR = 5.16\% < 10\%$，故该方案在经济上应予以拒绝。

三、求内部收益率的几种情况

内部收益率方程式(5-12)是一元高次方程。为便于分析问题，令 $X = (1 + IRR)^{-t}$，$F_t = (CI - CO)_t(t = 0, 1, 2, \cdots\cdots, n)$，则内部收益率方程式可简写为如下形式：

$$F_0 + F_1 X + F_2 X^2 + \cdots\cdots + F_n X^n = 0$$

这是一元 n 次方程，n 次方程应该有 n 个根（包括重根），其中正实数根才可能是项目的内部收益率，而负根无经济意义。如果只有一个正实数根，则其应该是该项目的内部收益率，如果有多个正实数根，则需经过检验符合内部收益率经济含义的根才是项目的内部收益率。

根据 n 次多项式狄斯卡尔符号规则，系数为实数的 n 次多项式的正实数根的个数，不超过其系数数列符号变更的次数。因此内部收益率的解也不一定超过现金流量数列 F_0，F_1，F_2，$\cdots\cdots$，F_n 的符号变更次数。这样就可能出现如表 5-8 所列的情况，无根、负根和多根。这将影响内部收益率作为判据使用，因此有必要进行讨论。

常规投资方案净现值方程解表　　　　　　　　　　**表 5-8**

年末	A	B	C*	D*	E*	F	G	H
0	+ 1000	− 1000	− 1000	− 1000	− 500	+ 500	+ 500	− 2000
1	+ 100	− 500	+ 100	0	+ 200	− 200	+ 400	+ 9200
2	+ 100	− 400	+ 500	+ 500	+ 200	− 200	− 1000	− 13700
3	+ 400	− 100	+ 200	0	0	0	+ 1000	+ 6600
4	+ 200	− 500	+ 400	+ 800	0	0	+ 100	0
方程解	无解	无解	一个正值解	一个正值解	无正值解	无正值解	多解	10%，50%，100%

注：*表示常规投资方案，余者为非常规投资方案。

1. 已经表明，常规投资方案净现值曲线，只有一个正值解，见表5-8的方案 C、D。

2. 非常规投资方案 H，根据上述符号规则，现金流量的符号改变三次，满足方案的解有三个，即10%，50%和100%，此时难以确认哪个是方案 H 的内部收益率。这是内部收益率判据的一个缺点。但在经济评价中非常规投资方案并不多见，如遇这种情况，可采用其他方法进行评价。

3. 方案 A、B 的无解和方案 E、F 的无正值解的情况，在实际工作中，可凭直观加以判别。遇有这种情况，可辅以其他方法进行评价。

4. 如果互比方案年度现金流入不同，内部收益率不能正确地反映投资方案的经济效益。例如把30万元资金投入方案 A，10年后的150万元，投入方案 B，寿命10年，每年可得8万元，若利率为10%，A、B 两方案的净现值为：

$$NPV(10\%)_A = -30 + 150(P/F, 10\%, 10) = 27.88 \text{万元}$$

$$NPV(10\%)_B = -30 + 8(P/A, 10\%, 10) = 12.8 \text{万元}$$

A、B 两方案的内部收益率为：

$$NPV_A = -30 + 150(P/F, IRR_A, 10) = 0 \qquad IRR_A = 17.8\%$$

$$NPV_B = -30 + 8(P/A, IRR_B, 10) = 0 \qquad IRR_B = 23.4\%$$

因此，内部收益率判据的结论与净现值结论并不一致，所以内部收益率不应用于多方案比较。

内部收益率的优点：考虑了资金时间价值以及项目在整个寿命期的经济状况；能够直接衡量项目的真正的投资收益率；不需要事先确定一个基准收益率，而只需要知道基准收益率的大致范围即可。内部收益率的不足：需要大量的与投资有关的数据，计算比较麻烦，对于具有非常规现金流量的项目来讲，其内部收益率往往不是惟一的，在某些情况下甚至不存在。

四、净现值与内部收益率的关系

设 $(CI - CO)_t$ 为 F_t，由净现值公式得

$$NPV = \sum_{t=0}^{n} \frac{F_t}{(1 + i_c)^t} \qquad ①$$

$$0 = \sum_{t=0}^{n} \frac{F_t}{(1 + IRR)^t} \qquad ②$$

在常规投资条件下，$F_0 < 0$，$F_t(t = 1, 2, \cdots\cdots, n) > 0$

①—②式，得

$$NPV = \sum_{t=0}^{n} \frac{F_t}{(1 + i_c)^t} - \sum_{t=0}^{n} \frac{F_t}{(1 + IRR)^t}$$

$$= \left(\sum_{t=1}^{n} \frac{F_t}{(1 + i_c)^t} - F_0 \right) - \left(\sum_{t=0}^{n} \frac{F_t}{(1 + IRR)^t} - F_0 \right)$$

$$= \sum_{t=1}^{n} \frac{F_t}{(1 + i_c)^t} - \sum_{t=1}^{n} \frac{F_t}{(1 + IRR)^t}$$

当 $IRR = i_c$ 时，$NPV = 0$；当 $IRR > i_c$ 时，$NPV > 0$；当 $IRR < i_c$ 时，$NPV < 0$。因此，净现值与内部收益率的评价结论完全一致。

复习思考题

1. 什么是投资回收期？如何计算？

2. 什么是投资收益率？包括那些指标？如何计算？

3. 什么是基准收益率？如何确定？

4. 什么是内部收益率？有何经济意义？如何计算？

5. 某方案的现金流量见表5-9所列，试求投资回收期和投资利润率，以及投资回收后的经济效益。

某方案现金流量表	表 5-9
年　末	现金流量
0	−3000.00 元
1～5	791.55 元

6. 各方案的现金流量系列见表5-10所列，试求各方案的净现值、净年值和净终值。

各方案现金流量表　　　　单位：万元　**表 5-10**

年末	A	B	年末	A	B
0	−2000	−2000	3	650	590
1	450	590	4	700	600
2	550	590	5	800	600

7. 已知表5-11现金流量表，试绘出 i 的现值 NPV（i）函数的曲线。

现 金 流 量 表　　　　单位：万元　**表 5-11**

年　末	0	1	2	3	4
现金流量	−8000	2000	2000	2000	2000

8. 某投资方案的数据见表5-12，基准收益率为10％，试求：（1）现金流量图；（2）计算静态投资回收期、动态投资回收期、净现值和内部收益率。

某投资方案数据表　　　　　　　　　　**表 5-12**

年　末	现金流量（万元）	年　末	现金流量-(万元)
0	−2500	2～10	1200
1	−2000		

9. 建一临时仓库需8000元，一旦拆除即毫无价值，假定仓库每年能得净收益1260元，问：（1）使用8年时，其投资收益率为若干？（2）若希望得到收益率为10％，则该仓库至少应使用多少年才值得投资？

第六章　现金流量法（二）

——多方案评价

第一节　概　　述

技术经济评价的一个重要方面就是多方案选优和排序。即在一个项目的规划、设计或施工过程中，从多种可以相互替代而又相互排斥的方案中，筛选出一个最优方案付诸实施；或在资源限定条件下各级计划部门对若干个独立的可行方案，按照它们的经济效果好坏，优先安排某些效益好的项目，保证有限资源用到最有利的项目上去，所以也称项目排队。其实质是对经过绝对经济效果检验的若干个方案进行比较优选，所以也称相对经济效果评价。

相对经济效益是与绝对经济效益相比较而言的，它舍弃了方案的相同部分，只计算、比较不同部分的经济效益。方案比较是寻求合理的技术方案的必要手段，也是建设项目经济评价的重要组成部分。在建设项目可行性研究过程中，各项重要的经济和技术决策，存在着生产规模、产品结构、生产工艺、主要设备选择等多个不同方案。假如这些方案在技术上都是可行的，经济上也是合理的，那么只有通过方案的比较，才能鉴别各方案的优劣，从中选择出最优方案，为项目的决策提供可靠的依据，把有限的资金、物力和人力资源配置到经济效益最好的项目上去，以便最大限度地提高资源的利用率。

第二节　方案类型和方案组合

根据方案的性质不同,技术方案一般可分为三种类型:互斥方案、独立方案和相关方案。

一、互斥方案

即在一组方案中，采纳其中一个方案，便不能再采纳其余方案。例如，某公司计划购买一台塔吊，市场上有同类型产品三个厂家可供选择，只能购买其中一种，不能同时选购各厂家的产品，这就是互斥的方案。互斥方案的效果不能叠加。

二、独立方案

即方案之间不具有排他性，在一组方案中，采纳某一方案不会影响采纳其他方案。例如公司打算购买一台塔吊、一台推土机和一辆汽车，购买其中一台设备并不影响购买其他两种设备，这就是独立方案。独立方案的效果可以叠加。

三、相关方案

拒绝或接受某一方案，会显著改变其他方案的现金流量或影响其他方案的拒绝或接受。如厂内铁路货站的建设是以铁路专线建设为前提的。

投资方案实质上是由若干个投资建议组成的一种投资机会。投资建议不同于投资方案，它只是一种投资的可能性。方案组合就是列出由投资建议组成的所有可能方案组。这样组成的方案在经济上都是互不相容的互斥方案。然后再根据约束条件进行方案的选择。现举例加以说明。

【例 6-1】 表 6-1 所列的三个建议方案，可组成多少互斥方案？

【解】 用 A、B、C 组成所有的互斥方案，第一次每取一个，可组成三个互斥方案，第二次每取两个，以此类推，其结果见

三 个 建 议 方 案　　表 6-1

建议方案	初始投资（万元）
A	1.2
B	1.0
C	1.7

表 6-2 所列，包括不投资建议方案，一共为 8 个互斥方案。采用这种方法组合方案，如果有 n 个建议方案，则可组成 2^n 个互斥方案。

组 合 方 案　　表 6-2

组号	方案组合	组合投资	组号	方案组合	组合投资
1	0	0	5	A、B	2.2
2	A	1.2	6	A、C	2.9
3	B	1.0	7	B、C	2.7
4	C	1.7	8	A、B、C	3.9

现在可用上面的例子，讨论约束条件如何影响方案组合的数目。

（1）假定投资预算为 2.8 万元，超过这个限额的方案组（AC）和（ABC）将被排除。

（2）若是受到互斥条件的约束，假如（B）和（C）为相互排斥的方案，投资限额仍为 2.8 万元，由于（B）和（C）是相互排斥的，这就否定了同时包含（BC）在一组的方案，因而可行组只有（B）、（A）、（C）和（AB）四个组。

（3）此外，相关性方案也会减少方案组的数目，如（B）从属于（A），即（B）要实现（A）也一定要实现，（A）实现（B）可以不实现，就是说（A）可以没有（B）而单独存在。这个约束条件要求从可行组中排除（B）或所有包括（B）而无（A）的组，这样应排除（B）组合有（B）而无（A）的（BC）组，于是可行组只剩下（A）（C）和（AB）组。

当然，还可以用其他约束条件来反映更现实的情况，但上述三点足以说明这类约束条件的作用，即减少可行方案组的数目。然后便可从剩下的互斥方案中选择效益最好的方案。

与单方案评价相比，多方案的比选要复杂得多，所涉及的影响因素、评价方法以及要考虑的问题都要多得多，归纳起来，主要由以下四个方面：

1. 备选方案的筛选

备选方案的筛选，剔除不可行的方案，因为不可行的方案是没有资格参加方案比选的。

2. 进行方案比选时所考虑的因素

多方案比选可按方案的全部因素计算多个方案的全部经济效益与费用，进行全面的分

析对比，也可仅就各个方案的不同因素计算其相对经济效益和费用，进行局部的分析对比。另外还要注意各个方案间的可比性，要遵循效益与费用计算口径相一致的原则。

3. 各个方案的结构类型

对于不同结构类型的方案比较要选用不同的比较方法和评价指标，考察的结构类型所涉及的因素有：方案的计算期是否相同，方案所需的资金来源有否限制，方案的投资额是否相差过大等。

4. 备选方案之间的关系

备选方案之间的关系不同，决定了所用的评价方法也会有所不同。方案之间的关系如前所述，即互斥关系、独立关系和相关关系。

第三节 互斥方案的比较与选择

互斥方案是指诸方案之间存在着互不相容、互相排斥的关系，在多个方案中只能选择一个方案。互斥方案的选择一般先以绝对经济效益方法筛选方案，然后以相对经济效益方法优选方案。但是无论如何，参加比较的方案，不论是寿命期相等的方案，还是寿命期不等的方案，不论使用何种评价指标，都必须满足方案间具有可比性的要求。

一、计算期相同的互斥方案的选择

计算期相同的互斥方案评价选择中可采用差额净现值、差额收益率、净现值和最小费用法判据进行评价。

（一）用差额收益率选择方案

【例 6-2】 有互斥方案 A 和 B，基准收益率为 15%，解得它们的内部收益率和净现值分别列与表 6-3 中。

内部收益率和净现值 表 6-3

方　案	初始投资	年现金流入	寿　命	净现值	内部收益率
A	−5000	1400	10	2026.3	25%
B	−10000	2500	10	2547.0	21.9%

表 6-3 的结果表明，方案 A 的内部收益率较高，但净现值较低；而方案 B 内部收益率较低，但净现值较高。如果方案 A、B 为无约束条件下的两个独立方案，不论采用内部收益率或是净现值判据，方案 A、B 都是可以接受的。如果方案 A、B 为两个互斥方案，那就需要进行排队。遇到这种情况，要先求得两个方案的差额内部收益率，即

$$NPV = - (10000 - 5000) + (2500 - 1400)(P/A, i, 10) = 0$$

解得差额收益率 17.6%，其含义是方案 B 比方案 A 多用掉的投资 10000 − 5000 = 5000 元的利率，即差额收益率 $\Delta i'$。现将两个方案的现值函数曲线画出（见图 6-1），$\Delta i'$ 为交点 O 的折现率。

由图 6-1 可知，两个方案按内部收益率排序，其结果是固定不变的，因为 $i'_A = 25\%$ 总是大于 $i'_B = 21.9\%$；如果按净现值排队，其结果就不一定了，因为净现值的大小取决于基准收益率（或设定的收益率）。例题给定的基准收益率为 15%，小于 O 点的折现率 $\Delta i' = 17.6\%$，即基准收益率在 $\Delta i'$ 的左侧，所以方案 B 优于方案 A；若给定的基准收益

率大于 $\Delta i'$，即在 $\Delta i'$ 右侧，则方案 A 优于方案 B。于是可以得出结论：当 $i_c < \Delta i'$ 时，投资额大的方案 B 优于方案 A；当 $i_c > \Delta i'$ 时，投资额小的方案 A 优于方案 B。所以两个方案选优，必须计算差额收益率 $\Delta i'$。按图 6-1，$\Delta i'$ 可由下列公式求得

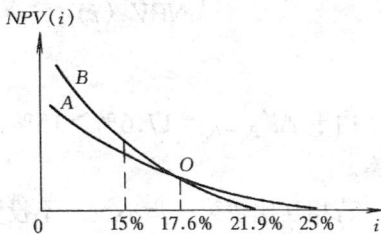

图 6-1　方案 A、B 的现值函数曲线

$$NPV\ (i)_B - NPV\ (i)_A = 0 \qquad (6\text{-}1)$$

$$NPV\ (i)_B = NPV\ (i)_A$$

或 $\qquad NAV\ (i)_B - NAV\ (i)_A = 0 \qquad (6\text{-}2)$

$$NAV\ (i)_B = NAV\ (i)_A$$

采用上列公式计算时，务必使初始投资差额为负值，以便差额现金流量系列符合常规投资形式。为此，在两个或多个方案排序时，先把方案按投资递增顺序排列起来，依次对比，进行逐个淘汰，最后选出最优方案。现举例说明互斥方案比选步骤：

【例 6-3】　三个互斥方案见表 6-4 所列，设基准收益率为 15%，试用差额收益率法选择最优方案。

【解】　用差额收益率指标选择互斥方案的程序如下：

(1) 按初始投资递增顺序排列见表 6-4 所列。A_0 为不投资方案，这相当于把投资投放到互斥方案以外的其他机会上。

三 个 互 斥 方 案

表 6-4

方　案	初始投资	年现金流入	寿命	方　案	初始投资	年现金流入	寿命
A_0	0	0	0	A_2	−16000	3800	10 年
A_1	−10000	2800	10 年	A_3	−20000	5000	10 年

(2) 选择初始投资最小的方案 A_0 为暂时最优方案，作为比较的基准。

(3) 把暂时最优方案 A_0 与下一最优方案 A_1 进行比较，计算它们的现金流量之差，并求出内部收益率 $\Delta i'_{A_1 - A_0}$。若差额收益率 $\Delta i'_{A_1 - A_0} <$ 基准收益率时，则放弃方案 A_1，仍以原暂时最优方案 A_0 同再次一个方案 A_2 比较；若差额收益率 $\Delta i'_{A_1 - A_0} >$ 基准收益率，即方案 A_1 通过绝对经济效果评价，此时排除原暂时最优方案 A_0，以方案 A_1 为新的暂时最优方案。按这样的步骤，依次进行比较。现在计算 $\Delta i'_{A_1 - A_0}$。

$$NPV\ (i)_{A_1 - A_0} = -1000 + 2800\ (P/A,\ i,\ 10) = 0$$

$$\Delta i'_{A_1 - A_0} = 25\%$$

因 $\Delta i'_{A_1 - A_0} = 25\% > 15\%$，淘汰方案 A_0，方案 A_1 为暂时最优方案。

(4) 重复上面的步骤，把方案 A_1 与下一个初始投资较高的方案 A_2 比较，计算期 $\Delta i'_{A_2 - A_1}$

$$NPV\ (i)_{A_2 - A_1} = -6000 + 1000\ (P/A,\ i,\ 10) = 0$$

$$\Delta i'_{A_2 - A_1} = 10.5\%$$

这个值小于 15%，所以淘汰方案 A_2，仍以方案 A_1 称为暂时最优方案进行比较。求 $\Delta i'_{A_3 - A_1}$

$$NPV(i)_{A_3-A_1} = -1000 + 2200(P/A, i, 10) = 0$$

$$\Delta i'_{A_3-A_1} = 17.6\%$$

由于 $\Delta i'_{A_3-A_1} = 17.6\% > 15\%$，所以方案 A_3 优于方案 A_1，A_3 是三个方案中的最优方案。

若相互比较第一步不设"不投资方案"，可把初始投资最低方案的内部收益率与基准收益率相比。当各互比方案只有经营费用不同，销售收入相同时，进行方案比较可把两方案经营费用节约额视为"收入"。在这种情况下，可直接把初始投资最低的方案列为暂时最优的方案，再按上述程序进行比较，也可取得相同的结论。

（二）用差额净现值和现值选择方案

互斥方案评价，除了按差额收益率优选以外，还可以采用差额净现值（ΔNPV）和净现值指标进行比较。采用这两个判据比较互斥方案，首先要确定基准收益率才能对增额投资是否值得投资做出正确判断。

【例 6-4】 仍用［例 6-3］的数据，采用差额净现值进行方案选优。

【解】 用差额净现值指标比较互斥方案的（1）、（2）两个步骤与采用差额收益率比较时相同。然后计算现金流量的差额净现值 ΔNPV。

（3）方案 A_0 和 A_1 的现金流量差额净现值为

$$NPV(15\%)_{A_1-A_0} = -10000 + 28000(P/A, 15\%, 10)$$
$$= 4052.64 \text{ 元} > 0$$

说明初始投资大的方案 A_1 优于 A_0，淘汰 A_0，以 A_1 为暂时最优方案；若 $NPV < 0$ 则暂时最优方案 A_0 不变，放弃方案 A_1，让方案 A_2 参加比较。

（4）反复进行上述步骤，即

$$NPV(15\%)_{A_2-A_1} = -6000 + 1000(P/A, 15\%, 10)$$
$$= -981.2 < 0$$

放弃方案 A_2，仍以方案 A_1 为暂时最优方案与 A_3 进行比较。

$$NPV(15\%)_{A_3-A_1} = -10000 + 2200(P/A, 15\%, 10)$$
$$= 1041.36 \text{ 元} > 0$$

根据上面的计算 A_3 为三个方案中的最优方案。

【例 6-5】 仍以［例 6-3］的数据，用净现值判据选择最优方案。

【解】 $NPV(15\%)_{A_0} = 0$

$NPV(15)_{A_1} = -10000 + 2800(P/A, 15\%, 10) = 4052.64 \text{ 元}$

$NPV(15\%)_{A_2} = -16000 + 3800(P/A, 15\%, 10) = 3071.44 \text{ 元}$

$NPV(15\%)_{A_3} = -20000 + 5000(P/A, 15\%, 10) = 5094.00 \text{ 元}$

计算结果表明，方案 A_3 仍是最优方案。

从［例 6-4］和［例 6-5］结果可以看出，按差额净现值比较的结果同直接用净现值比较的结果完全一致，以公式表示之，即

$$NPV(i)_B - NPV(i)_A = NPV(i)_{B-A} \tag{6-3}$$

证明：按净现值公式，设 $(CI - CO)_t$ 为 F_t，则

$$NPV(i_c)_j = \sum_{i=0}^{n} F_{jt} \cdot (1+i)^{-t}$$

$$
\begin{aligned}
NPV(i)_B - NPV(i)_A &= \sum_{t=0}^{n} F_{Bi}(1+i)^{-t} - \sum_{t=0}^{n} F_{Ai}(1+i)^{-t} \\
&= F_{B0} - F_{A0} + F_{Bl}(1+i)^{-1} + \cdots\cdots + F_{Bn}(1+i)^{-n} - F_{An}(1+i)^{-n} \\
&= F_{(B-A)0} + F_{(B-A)1}(1+i)^{-1} + \cdots\cdots + F_{(B-A)n}(1+i)^{-n} \\
&= \sum_{t=0}^{n} F_{(B-A)} \cdot (1+i)^{-t} = NPV(i)_{B-A}
\end{aligned}
$$

根据净现值、净年值和净终值的一致性，公式（6-3）也可表示为

$$NAV(i)_B - NAV(i)_A = NAV(i)_{B-A}$$

$$NFV(i)_B - NFV(i)_A = NFV(i)_{B-A}$$

由此可见，采用差额收益率、差额净现值和净现值判据进行方案选优，它们是等效的，结果也是一致的，见表 6-5。

方 案 优 选 结 果　　　　　　　　　　　　　　单位：元　**表 6-5**

方案	初始投资	年净收益	方案对比	差额投资	差额收益	Δ_1	ΔNPV	NPV	结论
A_0	0	0	0	0	0	0	0	0	放弃 A
A_1	-10000	2800	A_1-A_0	-10000	2800	25%	4052.64	4052.64	采纳 A
A_2	-16000	3800	A_2-A_1	-6000	1000	10.5%	-981.2	3071.44	放弃 A
A_3	-20000	5000	A_3-A_2	-10000	2200	17.6%	1041.36	5049.00	采纳 A

（三）最小费用法

在工程经济中经常会遇到这样一类问题，两个或多个互斥方案其产出的效果相同，或基本相同但却难以进行具体估算，比如一些环保、国防、教育等项目，其所产生的效益无法或者说很难用货币直接计量，这样由于得不到其现金流量情况，也就无法采用诸如净现值法、差额内部收益率法等方法来对此类项目进行经济评价。在这种情况下，我们只能通过假定各方案的收益是相等的，对各方案的费用进行比较，根据效益极大化目标的要求及费用较小的项目比之费用较大的项目更为可取的原则来选择最佳方案，这种方法称为最小费用法。最小费用法包括费用现值比较法和费用年值比较法。

1. 费用现值（PC）比较法

费用现值比较法实际上是净现值法的一个特例，费用现值的一个含义是指利用此方法所计算出的净现值只包括费用部分。由于无法估算各个方案的收益情况，只计算各备选方案的费用现值（PC）并进行对比，以费用现值较低的方案为最佳。其表达式为

$$PC = \sum_{t=0}^{n} CO_t (1+i_c)^{-t} = \sum_{t=0}^{n} CO_t (P/F, i_c, t) \tag{6-4}$$

【例 6-6】　某项目有 A、B 两种不同的工艺设计方案，均能满足同样的生产技术需要，其有关费用支出见表 6-6 所列，试用费用现值比较法选择最佳方案，已知 $i_c = 10\%$。

费用项目	投资（第一年末）	年经营成本（2~10 年末）	寿命期
A	750	280	10
B	900	245	10

A、B 两方案费用支出表　　　　　　　　单位：万元　**表 6-6**

【解】　根据费用现值的计算公式可分别计算出 A、B 两方案的费用现值为

$$PC_A = 750 \ (P/F, \ 10\%, \ 1) + 280 \ (P/A, \ 10\%, \ 9) \ (P/F, \ 10\%, \ 1)$$
$$= 2147.77 \text{ 万元}$$

$$PC_B = 900 \ (P/F, \ 10\%, \ 1) + 245 \ (P/A, \ 10\%, \ 9) \ (P/F, \ 10\%, \ 1)$$
$$= 2100.89 \text{ 万元}$$

由于 $PC_A > PC_B$，所以方案 B 为最佳方案。

2. 年费用（AC）比较法

年费用比较法是通过计算各备选方案的年等额费用（AC）并进行比较，以年费用较低的方案为最佳方案的一种方法，其表达式为

$$AC = \sum_{t=0}^{n} CO_t \ (P/F, \ i_c, \ t) \ (A/P, \ i_c, \ n) \tag{6-5}$$

【例 6-7】　根据［例 6-6］的资料，试用年费用比较法选择最佳方案。

【解】　根据公式（6-5）可计算出 A、B 两方案的等额年费用如下

$$AC_A = 2147.77 \ (A/P, \ 10\%, \ 10) = 349.55 \text{ 万元}$$

$$AC_B = 2100.89 \ (A/P, \ 10\%, \ 10) = 341.92 \text{ 万元}$$

由于 $AC_A > AC_B$，故方案 B 为最佳方案。

采用年费用比较法与费用现值比较法对方案进行比选的结论是完全一致的。因为实际上费用现值（PC）和等额年费用（AC）之间可以很容易进行转换。即

$$PC = AC \ (P/A, \ i, \ n)$$

或

$$AC = PC \ (A/P, \ i, \ n)$$

所以根据最小费用的选择原则，两种方案的计算结果是一致的，因此在实际应用中对于效益相同或基本相同但又难以具体估算的互斥方案进行比选时，若方案的寿命期相同，则任意选择其中的一种方法即可，若方案的寿命期不同，则一般适用年费用比较法。

二、计算期不同的互斥方案的比较与选择

对于互斥方案来讲，如果其寿命期不相同，那么就不能直接采用净现值法等评价方法来对方案进行比选，因为此时寿命期长的净现值与寿命期短的净现值不具有可比性。因此为了满足时间上的可比的要求，就需要对各备选方案的计算期和计算公式进行适当的处理，使各方案在相同的条件下进行比较，才能得出合理的结论。

为满足时间可比条件而进行处理的方法很多，常用的有年值法、最小公倍数法和研究期法等。

（一）最小公倍数法

用净现值判据比较寿命不同的方案，计算期应取互比方案寿命最小公倍数，以便在相同年限内进行比较，并假定每个方案寿命终了，仍以同样方案继续投资，如有残值也应

绘入现金流量图中，视为再投资的投入。

【**例 6-8**】 某公司拟从现有的两部施工机械中选择一种用于施工，设利率为 15%，现有设备数据见表 6-7 所列，试进行设备选择。

设 备 数 据 表   单位：元 **表 6-7**

设 备	投 资	年现金流入	年经营费	残 值	寿 命
A	11000	7000	3500	1000	6 年
B	18000	7000	3100	2000	9 年

【**解**】 由于两部设备寿命不同，它们的最小公倍数为 18 年，因此可画出它们的现金流量图，如图 6-2 所示。

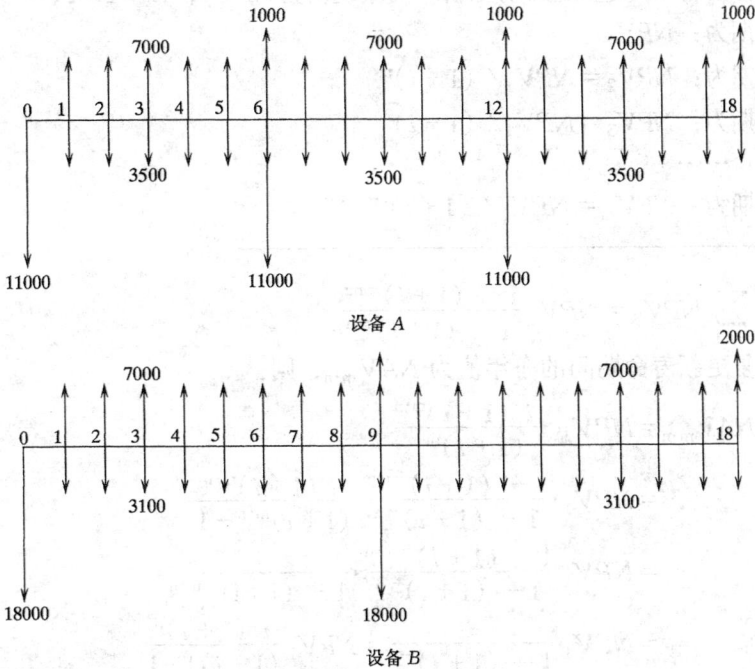

图 6-2 现金流量图

$NPV(15\%)_A = -11000 - (11000 - 1000)(P/F,15\%,6) - (11000 - 1000)(P/F,15\%,12) + 1000(P/F,15\%,18) + (7000 - 3500)(P/A,15\%,18) = 4337$ 元

$NPV(15\%)_B = -18000 - (18000 - 2000)(P/F,15\%,9) + 2000(P/F,15\%,18) + (7000 - 3100)(P/A,15\%,18) = 1512$ 元

$NPV(15\%)_A - NPV(15\%)_B = 2825$ 元

结果表明，选择设备 A 可以多获 2825 元。应当指出这种计算方法由于延长寿命时间，实际上夸大了二者的差别。

（二）年值法

年值法是对寿命期不相等的互斥方案进行比选时用到的一种最简明的方法。如用等额年值方法计算寿命不同的方案，由于方案重复寿命周期的现金流量相同，只需计算一个寿命周期的年值，便可进行方案比较。仍以［例 6-8］的数据为例进行计算。

$$NAV\ (15\%)_A = -11000\ (A/P,\ 15\%,\ 6) + 3500 + 1000\ (A/F,\ 15\%,\ 6)$$
$$=707.63\ \text{元}$$
$$NAV\ (15\%)_B = -18000\ (A/P,\ 15\%,\ 9) + 3900 + 2000\ (A/F,\ 15\%,\ 9)$$
$$=246.82\ \text{元}$$
$$NAV\ (15\%)_A - NAV\ (15\%)_B = 707.63 - 246.82 = 460.81\ \text{元}$$

结果表明，选用设备 A，18 年共多获得 $460.81\ (P/A,\ 15\%,\ 18) = 2825$ 元。说明两种计算结果相同。假定方案的寿命为 n，如以 m 周期重复更新时，表示上述结论的一般公式为

$$NAV_{1 \cdot n} = NAV_{m \cdot n}$$

证明：令方案在 m 次重复周期更新时的净现值为 NPV_K，$K = 1,\ 2,\ \cdots\cdots,\ m$。则

第一个周期为：NPV_1

第二个周期为：$NPV_2 = NPV_1 / (1+i)^n$

第三个周期为：$NPV_3 = NPV_1 / (1+i)^{2n}$

$\cdots\cdots$

第 m 个周期为：$NPV_m = NPV_1 / (1+i)^{(m-1)n}$

$$NPV_{总} = \sum_{K=1}^{m} NPV_K = NPV_1 \frac{1 - (1+i)^{-mn}}{1 - (1+i)^{-n}}$$

令整个重复更新寿命期间的净年值为 $NAV_{m \cdot n}$，则：

$$NAV_{m \cdot n} = NPV_{总} \cdot \frac{i\ (1+i)^{m \cdot n}}{(1+i)^{m \cdot n}}$$
$$= NPV_1 \cdot \frac{1 - (1+i)^{-mn}}{1 - (1+i)^{-n}} \cdot \frac{i\ (1+i)^{m \cdot n}}{(1+i)^{m \cdot n} - 1}$$
$$= NPV_1 \frac{1 - (1+i)^{-m \cdot n}}{1 - (1+i)^{-n}} \cdot \frac{i}{1 - (1+i)^{-m \cdot n}}$$
$$= NPV_1 \frac{i}{1 - (1+i)^{-n}} = NPV_1 \frac{i\ (1+i)^n}{(1+i)^n - 1}$$
$$= NAV_{1n}$$

（三）研究期法

在用最小公倍数法对互斥方案进行比选时，如果诸方案的最小公倍数较大，则就需对计算期较短的方案进行多次的重复计算，而这与实际情况不相符合，因为技术是在不断地进步，一个完全相同的方案在一个较长的时期内反复实施的可能性不大，因此用最小公倍数法得出的方案评价结论就不太令人信服。这时可以采用一种称为研究期的评价方法。

所谓研究期法，就是针对寿命期不相等的互斥方案，直接选取一个适当的分析期作为各个方案共同的计算期，通过比较各方案在该计算期内的净现值来对方案进行比选，以净现值最大的方案为最佳方案。其中，计算期的确定要综合考虑各种因素，通常有三种做法：①取最长寿命作为共同的分析计算期；②取最短寿命作为共同的分析计算期；③取计划规定年限作为共同的分析计算期。研究期法有一个严重的缺陷，即很难对资产的残值进行精确的估算。例如采用最短寿命期时，较长寿命的方案要提前终止使用，那么未被使用的几年存在一个资产残值估价问题。而采用最长寿命期时，较短寿命的方案要重置，重置

后的后几年也不使用，这也存在重估残值的问题。这项残值不能使用按各种折旧方法计算的该期的账面价值，而应采用该期的市场价值。

三、无限寿命方案的比较

一般情况下，方案的计算期都是有限的，但有些工程项目的服务年限或工作状态如项目能维修良好，则可以认为能无限期的延长，也即其使用寿命无限长。如公路、铁路、桥梁、隧道、运河、水坝等。通常经济分析对遥远的现金流量是不敏感的，例如，当利率为 4% 时，50 年后的 1 元，现值仅为 1 角 4 分，而利率为 8% 时，现值仅为 2 分。对这种永久性设施的等额年费用可以计算其资金化成本。所谓资金化成本是指项目在无限长计算期内等额年费用的折算现值，用 CW 表示，也即

$$
\begin{aligned}
CW &= \lim_{n \to \infty} A \ (P/A, \ i_c, \ n) \\
&= A \cdot \lim_{n \to \infty} \left[\frac{(1+i_c)^n - 1}{i_c \ (1+i_c)^n} \right] \\
&= A \cdot \left[\lim_{n \to \infty} \frac{(1+i_c)^n}{i_c \ (1+i_c)^n} - \lim_{n \to \infty} \frac{1}{i_c \ (1+i_c)^n} \right] \\
&= \frac{A}{i_c}
\end{aligned}
\tag{6-6}
$$

式中　CW——资金化成本；

　　　A——等额年费用；

　　　i_c——基准折现率。

按无限期计算出来的资金化成本，相当于在一定单利情况下，每年取得永恒收入，它的现值是多少。例如，当年利率为 10% 时，年收入恒为 210 元的现值（资金化成本）是多少？也就是说，在不动用本金的情况下，年收入永远为 210 元，投资现值应为多少？这个问题相当于单利 10%，每年的收入永远为 210 元，现值应是多少？其计算表达式为

$$
CW = \frac{210}{0.10} = 2100 \ （元）
$$

这就是说，如果现在向银行存入 2100 元，年利率为 10% 单利存储，今后可以无限期地每年得到 210 元的收入，而不动用资金。

【例 6-9】　为修建横跨某河的大桥，有南北两处可以选点。由于地形要求南桥跨越幅度较大，要建吊桥，其投资为 3000 万元，建桥购地 80 万元，年维护费 1.5 万元，水泥桥面每 10 年翻修一次 5 万元；北桥跨越幅度较小，可建桁架桥，预计投资 1200 万元，年维修费 8000 元，该桥每三年粉刷一次需 1 万元，每 10 年喷砂整修一次，需 4.5 万元，购地用款 1030 万元，若年利率为 6%，试比较两方案何者为优？

【解】　根据题意，绘出现金流量图，如图 6-3 所示。

$$
\begin{aligned}
NPV \ (6\%)_{南} &= 3000 + 80 + \frac{1.5 + 5 \cdot (A/F, \ 6\%, \ 10)}{6\%} \\
&= 3080 + \frac{1.5 + 0.3795}{0.06} \\
&= 3111.33 \ 万元
\end{aligned}
$$

$$
NPV \ (6\%)_{北} = 1200 + 1030 + \frac{0.8 + 1 \cdot (A/F, \ 6\%, \ 3) + 4.5 \cdot (A/F, \ 6\%, \ 10)}{6\%}
$$

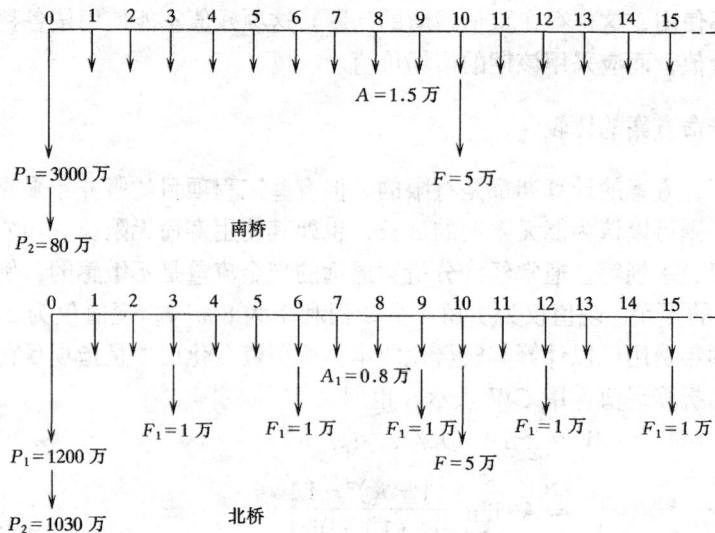

图 6-3　现金流量图

$$= 2230 + \frac{0.8 + 0.3141 + 0.3415}{0.06} = 2254.26 \text{ 万元}$$

$$NPV（6\%）_南 - NPV（6\%）_北 = 3111.33 \text{ 万元} - 2254.2 \text{ 万元}$$

$$= 857.07 \text{ 万元}$$

结果表明，建北桥（桁架桥）可以节省 857.07 万元，所以选建北桥方案。

【例 6-10】　两种疏浚灌溉渠道的技术方案，一种是用挖泥机清除渠底淤泥，另一种在渠底铺设永久性混凝土板，数据见表 6-8，利率为 5%，试比较两个方案的优劣？

两种疏浚灌溉渠道的技术方案数据表　　　　　单位：元　表 6-8

方案 A	费　用	方案 B	费　用
购买挖泥设备（寿命 10 年）	65000	河底混凝土板（无限寿命）	650000
挖泥设备残值	7000	年维护费	1000
挖泥作业年经营费	22000	混凝土板维修（5 年一次）	10000
控制水草年度费用	12000		

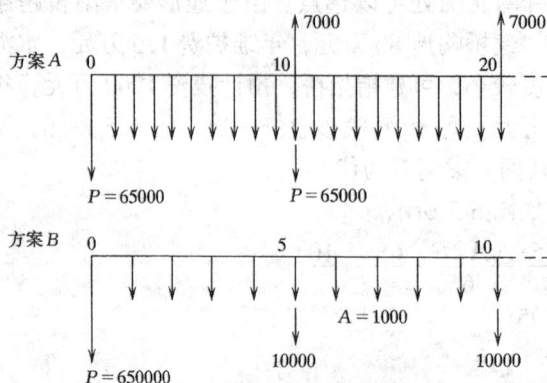

图 6-4　现金流量图

【解】　绘制现金流量图如图 6-4 所示。

方案 A 的现金流量图属于无限循环而且每个周期的现金流量完全相同。因此，只需计算一个周期的年金等额成本即可。

对于具有无限寿命的方案 B，只要把它的初始投资乘上年利率即可换算出年成本。换言之，永久性一次投资的年金成本只不过是一次投资的每年的利息而已。

$$NAV\ (5\%)_A = 65000\ (A/P,\ 5\%,\ 10)\ -7000\ (A/F,\ 5\%,\ 10)\ +34000$$
$$=41.861 \, 元$$
$$NAV\ (5\%)_B = 650000.5\% + 10000\ (A/F,\ 5\%,\ 5)\ +1000$$
$$=35346 \, 元$$
$$NPV\ (5\%)_B < NPV\ (5\%)_A \qquad 所以方案 B 优于方案 A。$$

第四节　独立方案的选择

一、资金不限情况下的方案选择

当企业或投资部门有足够的资金可供使用，此时独立方案的选择，可以采用单个方案评价判据，即 $NPV>0$ 或内部收益率 $i_c{}'>i_基$ 时，方案可以采纳。否则，不符合这些条件的方案应该放弃。

二、资金有限情况下的方案选择

在大多数情况下资金总是有限的，因而不能实施所有可行方案。这时问题的实质是排列方案的优先次序，使净收益大的方案优先采纳，以求取得最大的经济效益。

1. 独立方案互斥化法

独立方案互斥化法是指在资金限制的情况下，将相互独立的方案组合成总投资额不超过投资限额的组合方案，这样各个组合方案之间的关系就变成了互斥的关系，然后利用互斥方案的比选方法，如净现值法等，对方案进行比选，选择出最佳方案。

【例 6-11】　有 A、B、C 三个独立的方案，其净现金流量情况见表 6-9，已知总投资限额为 800 万元，$i_c = 10\%$，试做出最佳投资决策。

A、B、C 三方案的净现金流量表

单位：万元　表 6-9

项目 \ 年序	1	2~10	11
A	-350	62	80
B	-200	39	51
C	-420	76	97

【解】　首先计算三个方案的净现值。

$$NPV_A = -350(P/F,10\%,1) + 62(P/A,10\%,9)(P/F,10\%,1) + 80(P/F,10\%,11)$$
$$=34.46(万元)$$
$$NPV_B = -200(P/F,10\%,1) + 39(P/A,10\%,9)(P/F,10\%,1) + 51(P/F,10\%,11)$$
$$=40.24(万元)$$
$$NPV_C = -420(P/F,10\%,1) + 76(P/A,10\%,9)(P/F,10\%,1) + 97(P/F,10\%,11)$$
$$=50.08(万元)$$

由于 A、B、C 三个方案的净现值均大于零，从单方案检验的角度来看 A、B、C 三个方案均可行。

但现在由于总投资额要限制在 800 万元以内，而 A、B、C 三个方案加在一起的总投资额为 970 万元，超过了投资限额，因而不能同时实施。

这里我们采用独立方案互斥化法来进行投资决策，其步骤如下：

首先，列出不超过总投资限额的所有组合投资方案，则这些组合方案之间具有互斥的关系。

其次，将各组合方案按投资额大小顺序排列。分别计算各组合方案之间的净现值，以净现值最大的组合方案为最佳方案。详细计算过程见表 6-10。

用净现值法比选最佳组合方案　　　　　　　　单位：万元　**表 6-10**

序　号	组合方案	总投资额	净现值	结　论
1	B	200	40.24	
2	A	350	34.46	
3	C	420	50.08	
4	A + B	550	74.70	
5	B + C	620	90.32	最佳
6	A + C	770	84.54	

计算结果表明，方案 B 与方案 C 的组合为最佳投资组合方案，也即投资决策为投资方案 B 与 C。

2. 净现值率排序法

所谓净现值率排序法，是指将净现值率大于或等于零的各个方案按净现值率的大小依次排序，并依此次序选取方案，直至所选取的方案组合的投资总额最大限度地接近或等于投资限额为止。

【例 6-12】　根据例 6-11 的资料，试利用净现值率排序法做出最佳投资决策。

【解】　首先计算 A、B、C 三个方案的净现值率：

$$NPVR_A = 10.83\%$$

$$NPVR_B = 22.13\%$$

$$NPVR_C = 13.12\%$$

然后将各方案按净现值率从大到小顺序排序，结果见表 6-11 所列。

A、B、C 三个方案的 NPVR 排序表　　　　　单位：万元　**表 6-11**

方　案	净现值率（%）	投资额	累计投资额
B	22.13	200	200
C	13.12	420	620
A	10.83	350	970

根据表 6-11 可知，方案的选择顺序是 B→C→A。由于资金限制为 800 万元，故最佳投资决策为方案 B、C 的组合。

在对具有资金限制的独立方案进行比选时，独立方案互斥化法和净现值率排序法各有其优劣。净现值率排序法的优点是计算简便，选择方法简明扼要，缺点是由于投资方案的不可分性，经常会出现资金没有被充分利用的情况，因而不一定能保证获得最佳组合方案；而独立方案互斥化法的优点是在各种情况下均能保证获得最佳组合方案，但缺点是在方案数目较多时，其计算比较繁琐。因此在实际应用中，应该综合考虑各种因素，选用适当的方法进行方案比较。

第五节　一般相关方案的比选

一般相关方案是指各方案的现金流量之间相互影响，如果我们接受（或拒绝）某一方案就会对其他方案的现金流量产生一定的影响，进而会影响到其他方案的接受（或拒绝）。

对一般相关方案进行比选的方法很多，我们这里只介绍一种常用的方法——组合互斥方案法，其基本步骤如下：

（1）确定方案之间的相关性，对其现金流量之间的相互影响作出准确的估计。

（2）对现金流量之间具有正的影响的方案，等同于独立方案看待，对相互之间具有负的影响的方案，等同于互斥方案看待。

（3）根据方案之间的关系，把方案组合成互斥的组合方案，然后按照互斥方案的评价方法对组合方案进行比选。

【例 6-13】 为了满足运输要求，有关部门分别提出要求在某两地之间上一铁路项目和（或）一公路项目。只上一个项目时的净现金流量见表 6-12 所列，若两个项目都上，由于货运分流的影响，两项目都将减少净收益，其净现金流量见表 6-13 所列。当 $i_c = 10\%$ 时，应如何决策？

只上一个项目的净现金流量　　　　　单位：百万元　**表 6-12**

方案 ＼ 年序	0	1	2	3～32
铁路（A）	-200	-200	-200	100
公路（B）	-100	-100	-100	60

两个项目都上的净现金流量　　　　　单位：百万元　**表 6-13**

方案 ＼ 年序	0	1	2	3～32
铁路（A）	-200	-200	-200	80
公路（B）	-100	-100	-100	35
两个项目合计（A+B）	-300	-300	-300	115

【解】 先将两个相关方案组合成三个互斥方案，再分别计算其净现值，结果见表 6-14 所列。

组合方案及其净现值表　　　　　单位：百万元　**表 6-14**

方案 ＼ 年序	0	1	2	3～32	NPV
1. 铁路（A）	-200	-200	-200	100	281.65
2. 公路（B）	-10	-100	-100	60	218.73
3. (A+B)	-300	-300	-300	115	149.80

根据净现值最大的评价标准，在三个互斥方案中，$NPV_A > NPV_B > NPV_{A+B} > 0$，故方案 A 为最优可行方案。

复 习 思 考 题

1. 什么是投资回收期？如何计算？

2. 什么是投资收益率？包括哪些指标？如何计算？

3. 什么是基准收益率？如何确定？

4. 什么是内部收益率？有何经济含义？

5. 不同类型的技术方案如何进行比较和选择？

6. 某项目净现金流量见表6-15所列，若基准则现率为12%。要求：

(1) 计算静态投资回收期、净现值、净现值率、净年值、内部收益率和动态投资回收期；

(2) 画出累计净现金流量现值曲线。

项目净现金流量　　　　　　　　　　表 6-15

年　份	0	1	2	3	4	5	6	7
净现金流量	-60	-80	30	40	60	60	60	60

7. 已知 A、B 为两个独立项目方案，其净现金流量见表6-16所列，若基准贴现率为12%，试按净现值和内部收益率指标判断它们的经济性。

A、B 方案净现金流量　　　　　　　　表 6-16

方案 ＼ 年份	0	1	2	3~8
A	-120	20	22	25
B	-50	10	12	15

8. 已知 A、B 为两个互斥项目方案，其有关资料见表6-17，在基准收益率为15%时，哪个方案为优？

A、B 方案的有关资料表　　　　　　　表 6-17

方案	初始投资	年收入	年支出	经济寿命
A	3000	1800	800	5
B	3650	2200	1000	10

9. 拟建运动看台，设计部门提出两种方案。甲方案：钢筋混凝土建造，投资 35 万元，每年保养费 2000 元；乙方案：木造，其中以泥土填实，投资 20 万元，以后每 3 年油漆一次需 1 万元，每 12 年更换座位需 4 万元，36 年全部木造部分拆除更新需 10 万元，其中泥土部分不变，利率为 5%，在永久使用的情况下，哪个方案经济？

第七章 不 确 定 性 分 析

第一节 不确定性分析的基本概念

技术经济学在对项目进行技术经济分析时，都是拟议中的方案，分析中所用的数据（如投资额、建设工期、经营成本、销售收入、投资收益率等）都是通过预测和估计获得的。尽管使用了科学的预测与估算的方法，由于市场经济的影响，项目的外部环境会发生难以想象的变化，实际数据与分析所用的数据，很可能有相当大的出入，从而产生了不确定性。

一、不确定性分析的含义

所谓不确定性分析，就是针对项目技术经济分析中存在的不确定性因素，分析其对项目经济效果评价的影响，预测项目承担风险的能力，确定项目在技术上经济上的可靠性，避免项目投产造成不必要的损失。不确定性分析包括盈亏平衡分析（收支平衡分析）、敏感性分析（灵敏度分析）和概率分析（风险分析）。

二、产生不确定性的原因

一般而言，产生不确定性的原因主要有：

1. 通货膨胀因素

在我国现阶段，有些年份的通货膨胀率高达 10% 以上，对项目产生了多方面的影响：通货膨胀会使建设期较长的建设项目投资突破；通货膨胀不均匀，可能会使项目原材料价格大幅度提高而产成品价格变化甚小；通货膨胀将导致企业折旧实际价值降低，企业重置固定资产发生困难。

2. 技术和工艺变化

对于一些技术和生产工艺发展较快的投资项目而言，由于出现了技术工艺的革新，可能导致投产后产品销售价格的大幅度下降，而使投资项目在产品价格降低前可行，在降低后不可行了。

3. 项目产品市场的变化

项目评价是在假定投资项目设计生产能力等于经营期正常年份产量并等于销售量的基础上进行的。在实际生产中，上述等式通常是不成立的。由于生产工艺设计不合理、施工质量低、人员素质差等多种原因，实际生产能力往往达不到设计生产能力。另外，由于市场瞬息万变，企业对产品市场的预测不可能是十分准确的，可能会出现供不应求的局面，但也可能出现产品大量积压、苦无市场的局面。

4. 其他因素

其他一些因素，如政府政策和法规的变化、外汇市场价格波动、自然灾害等，都可能对投资项目评估结果发生影响。

综上所述，项目评价的不确定性有两个来源，即项目本身的不确定性和项目所处环境的不确定性。

第二节 盈亏平衡分析

盈亏平衡分析大致可以分为单一方案的盈亏平衡分析即产量——成本——利润分析与多方案的盈亏平衡分析即方案的优劣分析。

一、单方案的盈亏平衡分析

单一方案的盈亏平衡分析又叫损益平衡分析或量-本-利分析，它是根据建设项目正常生产年份（销售量）、成本（固定成本、变动成本）、产品价格和销售收入、产品组合和盈利之间的关系进行分析，确定利润等于零，即不亏不盈的点——盈亏平衡点，分析这些点对项目经济效果评价可靠性的影响。当然，也可以在一定利润下，即利润为一定数量下进行盈亏平衡分析，其原理与利润等于零是一样，此处就不再叙述。

（一）线性盈亏平衡分析

1. 线性盈亏平衡分析应基于的前提条件：

① 产量等于销售量；② 产量变化，单位可变成本不变，从而总生产成本是产量的线性函数；③ 产量变化，销售单价不变，从而销售收入是销售量的线性函数；④ 只生产单一产品，或者生产多种产品，但可以换算为单一产品计算。

2. 固定成本与可变成本

盈亏平衡分析将成本分为固定成本与变动成本两种。

固定成本是指在一定的产量范围内不随产量的增减变动而变化的成本，如辅助人员的工资、职工福利费、折旧及摊销费等。

变动成本是指随产量的增减变动而成正比例变化的成本，如原材料消耗、辅助材料、燃料、动力等。

3. 销售收入函数、成本函数和利润函数

假设 Q 表示产量，R 表示销售收入，C 表示总成本，F 表示固定成本，V 表示单位产品可变成本，P 表示单位产品价格，Z 表示利润。则有下列函数关系：

（1）销售收入函数：$R = P \times Q$

（2）成本函数：$C = F + V \times Q$

（3）利润函数：$Z = R - C = (P - V) \times Q - F$

4. 盈亏平衡点的求解

盈亏平衡点是盈利与亏损的分解点，在这一点上，收入等于成本。收入再低或成本再高就要亏损了。因此，盈亏平衡点是收入的下限，成本的上限。盈亏平衡点越低，表明项目适应市场变化的能力越强，抗风险能力越大；反之，项目适应市场变化的能力越小，抗风险能力越弱。

在盈亏平衡点处：$Z = 0$ 即 $R = C$，$P \times Q = F + V \times Q$

盈亏平衡点根据表示方式的不同，通常可以分为四种：

(1) 以盈亏平衡产量表示：Q^* 表示的盈亏平衡点企业生产的最小规模，由 $P \times Q = F + V \times Q$，得

$$Q^* = F/P - V \qquad (7\text{-}1)$$

当产量 $Q < Q^*$ 时，就要亏损，如图 7-1 所示。

(2) 以销售收入表示的盈亏平衡点：

$$R^* = P \times Q^* = P \cdot F/P - V$$

$$(7\text{-}2)$$

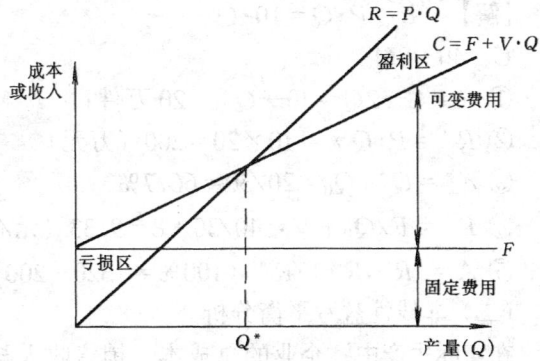

图 7-1　线性盈亏平衡分析

其经济意义是：企业生产产品的销售收入最低要达到 R^*。

(3) 以生产能力利用率表示的盈亏平衡点：

$$a^* = Q^*/Q_0 \times 100\% = F/(P-V) \cdot 1/Q_0 \times 100\% \qquad (7\text{-}3)$$

Q_0 为设计生产能力，一般一个项目建成投产后，需经过一段时间才能达到设计生产能力。在达到设计生产能力之前并不是说项目都是亏损的。生产能力利用率大于 a^* 就可盈利。a^* 越小，表示生产能力利用率很小就可盈利，则该项目的可靠性越大。一般情况下，$a^* < 70\%$ 时，就认为项目已具备相当的抗风险能力。

(4) 以销售价格表示的盈亏平衡点：

由 $PQ = F + V \times Q$ 得

$$P^* = F/Q + V \qquad (7\text{-}4)$$

产品销售价格是由市场上的供求关系确定的。随着竞争的加剧，市场价格有不断下降的趋势。但是当产品价格低于 P^* 即单位产品的可变成本和固定成本之和时，企业就会亏损，长期下去就会破产。因此，在市场竞争中，哪个企业拥有价格上的优势，即价格盈亏平衡点低，哪个企业在竞争中就会立于不败之地。

5. 盈亏平衡分析与经营风险的衡量

盈亏平衡分析给出了项目盈亏的界限。只有在盈利区内项目才可行。但是项目在实施过程中会受到很多不确定性因素的影响，随时都会超过分界线，进入亏损区。因此，生产经营离盈亏平衡点越远，安全性越大，抗风险能力越强。为此，引入经营安全度这一指标，来反映项目抗风险能力的大小。

$$A = |Q - Q^*|/Q^* = |R - R^*|/R^* = |C - C^*|/C^* \qquad (7\text{-}5)$$

式中　　A——经营安全度；

$*$, R^*, C^*——盈亏平衡点产量、销售收入、生产成本。

A 越大，表明企业现在的生产经营状况离盈亏平衡点越远，发生亏损的可能性越小。

6. 盈亏平衡分析的应用

【例 7-1】　设某工厂的设计年产量为 30 万件产品，每件售价 10 元，单位产品可变费用每件 8 元，固定费用为 40 万元，预计年销售收入 320 万元。试用产量、销售收入、生产能力利用率、产品价格表示盈亏平衡点，销售收入为 320 万元时的经营安全度是多少？

【解】　$R = P \cdot Q = 10 \cdot Q$

$C = 40 + 8Q$

① $R = C \rightarrow 2Q = 40 \rightarrow Q^* = 20$ 万件；

② $R^* = P \cdot Q* = 10 \times 20 = 200$ （万元）

③ $a^* = Q^* / Q_0 = 20 / 30 = 66.7\%$

④ $P^* = F / Q_0 + V = 40 / 30 + 8 = 9.33$ （元/件）

⑤ $A = |R - R^*| / R^* \times 100\% = |320 - 200| / 200 \times 100\% = 60\%$

（二）非线性盈亏平衡分析

在实际生产中，企业的总成本、销售收入与产量并不是呈单存线性关系的。其原因是：当生产扩大到某一限度后，正常价格的原料、动力已不能保证所要求的产量，企业必须付出较高的代价才能获得；正常生产班次也不能保证所要求的产量，企业必须加班生产，增大人工费用；此外，设备的超负荷运行也带来磨损增大、寿命缩短和维修费增大。当产量、成本、销售收入之间呈非线性关系时，可能出现多个平衡点。这种由于产品成本构成的可变成本的非线性变化和市场价格的变动，造成生产总成本和销售收入的非线性变化的分析，叫非线性盈亏平衡分析。

【例 7-2】　某拟建企业生产小型机械，其销售净收入函数为：$R = 350Q - 0.01Q^2$ 其成本函数为 $C = 180000 + 150Q + 0.02Q^2$，$Q$ 为企业产量，试算其盈亏平衡点。

【解】　依定义 $C - R = 0$

则 $0.03Q^2 - 200Q + 180000 = 0$

解方程 $Q_1 = 1067$ 台　$Q_2 = 5600$ 台

即该厂产量在 1067 台到 5600 台之间是有盈利的，产量小于 1067 台或大于 5600 台，会发生亏损。

【例 7-3】　已知某产品的生产成本函数和销售收入函数分别为：

$C = 180000 + 100Q + 0.01Q^2$，

$R = 300Q - 0.01Q^2$，求其盈亏平衡产量。

【解】　在盈亏平衡点，由公式 $R = C$，则

$$300Q - 0.01Q^2 = 180000 + 100Q + 0.01Q^2$$

即 $Q^2 - 10000Q + 9000000 = 0$

解方程　$Q_1 = 9000$　$Q_2 = 1000$

因此，当 $Q < 1000$ 或 $Q > 9000$ 时，会发生亏损。盈利的产量范围是 1000～9000

二、多方案的盈亏平衡分析

盈亏平衡分析可以用于单方案件的优劣比较。在某些项目的方案中，成本可能是某一单变量的函数，如成本为年工作时间的函数；如果两个或两个以上的方案，其成本都是同一变量的函数时，便可以找到该变量的某一数值，恰能使对比方案的成本相等（即意味着这些方案在该变量的某一特定值时具有相同的优劣程度）；该变量的这一特定值，就叫做方案的优劣平衡点（无差异点）；这种方案的评价方法就叫做方案的优劣分析法。

若两个方案的成本分别为 C_1 和 C_2，且受到同一变量（公共变量）X 的影响，且每一方案都可以表示为该公共变量的函数时，则有

$$C_1 = f_1(X) \text{ 和 } C_2 = f_2(X)$$

当 $C_1 = C_2$ 时，就有 $f_1(X) = f_2(X)$

由上式所列的两相等函数解出 X 值，即为两对比方案的等成本平衡点。

【例 7-4】 现有一挖土工程，有两个挖土方案：一个是人力挖土，单价为 3.5 元/m^3，另一个是挖土机挖土，单价为 2 元/m^3，但需购置机械费 1 万元，问在什么情况下（土方量为多少时），应采用人力挖土？

【解】 设土方量为 Q，则

人力挖土费用　$C_1 = 3.5Q$

机械挖土费用　$C_2 = 2Q + 10000$

令 $C_1 = C_2$，即 $3.5Q = 2Q + 10000$

解方程　$Q = 10000/3.5 - 2 = 6667$（m^3）

可见当土方量小于 6667m^3 时，应采用人力挖土。

【例 7-5】 某建筑工地需抽出积水保证施工顺利进行，今有甲、乙两个可供选择的方案：

甲方案：新建一条动力线，购置一台 2.8kW 电动机并线运转，其总投资为 1400 元，第四年末的残值为 200 元，每小时的营运（运行）成本为 0.84 元，每年预计的维护费 120 元，贴现率为 10%，因设备完全自动化，不需要专职人工看管。

乙方案：购置一台 5 马力柴油机，其购置费为 550 元，使用寿命为 4 年，残值略而不计，每开动 1 小时的燃料费为 0.42 元，平均每小时的维护费估计为 0.15 元，每小时的人工成本为 0.8 元，贴现率为 10%。

试判断甲、乙两个方案的优劣？

【解】 设两方案每年开动的小时数为 t

则年成本函数为

$$\begin{aligned}
R_{甲} &= 1.400 \times (A/P, 10\%, 4) + 120 + 0.84 \times t - 200(A/F, 10\%, 4) \\
&= 1.400 \times 0.31547 + 120 + 0.84t - 200 \times 0.21547 \\
&= 441.658 + 120 + 0.84t - 43.94 \\
&= 517718 + 0.84t
\end{aligned}$$

$$\begin{aligned}
R_{乙} &= 550 \times (A/P, 10\%, 4) + (0.42 + 0.15 + 0.8)t \\
&= 550 \times 0.31547 + 1.37t \\
&= 173.5085 + 1.37t
\end{aligned}$$

令　$R_{甲} = R_{乙}$　求等成本平衡点 t_0

则　　$517718 + 0.84t_0 = 1735085 + 1.37t_0$

$$\begin{aligned}
t_0 &= (517718 - 1735085) / \\
&\quad (1.37 - 0.84) \\
&= 649.452 \text{（小时）}
\end{aligned}$$

结合图 7-2，可知

当年开动小时数 t 低于 649.452 小时，乙方案优于甲方案。当年开动小时数高于 649.452 小时，甲方案优于乙方案。

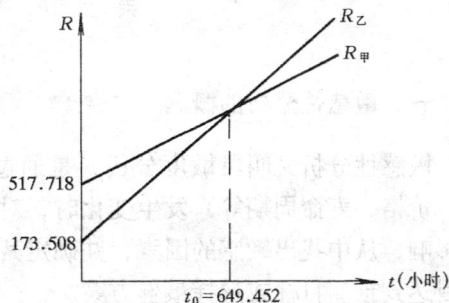

图 7-2　工地抽出积水两方案的盈亏平衡分析

盈亏平衡分析也适用于两个以上（三个、四个等）方案的比较；其解题思路是两两比较，共同分析。也就是要求每两个方案进行求解，分别求出每两个方案的平衡点数量，然后再进行比较，选择其中最经济的方案。

【例 7-6】 拟兴建某项目，机械化程度高时投资大，固定成本高；反之，则可变成本低。现有三个方案可供选择，参数见表 7-1 所列。

方 案 参 数 表 　　　　　　　　　　　　　　　　　　　　　　　　　　　　表 7-1

方　　案	A	B	C	方　　案	A	B	C
产品可变成本（元/件）	100	60	40	产品固定成本（元）	1000	2000	3000

【解】 根据已知条件，设 X 为预计产量，各方案的产量与成本关系方程式为

方案 A 　　$Y^A = 1000 + 100X$

方案 B 　　$Y^B = 2000 + 60X$

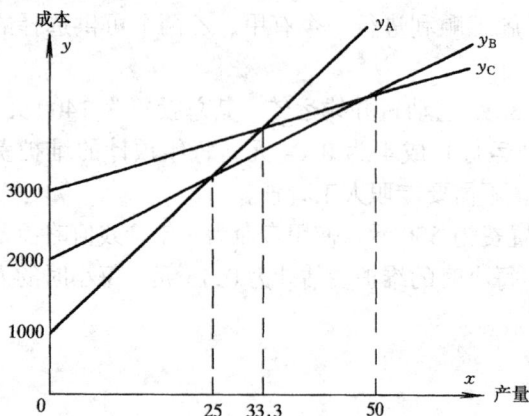

图 7-3　某项目多方案的盈亏平衡分析

方案 C 　　$Y^C = 3000 + 40X$

设方案 A 与方案 B 的成本线在横轴上坐标为 X_{AB}

令　$Y^A - Y^B = 0$　即 $1000 + 100X = 2000 + 60X$

$40X = 100$　所以 $X = 25$

同理　$Y^B - Y^C = 0$

$2000 + 60X = 3000 + 40X$

$20X = 1000$　所以 $X = 50$

$Y^A - Y^C = 0$

$1000 + 100X = 3000 + 40X$

$60X = 2000$ 所以 $X = 33.3$

从图 7-3 可以看出，每种生产方式在不同的产量范围内有不同的效果：

① 当产量小于 25 件时，A 方案成本最低；

② 当产量介于 25～50 件之内，B 方案成本最低；

③ 当产量大于 50 件时，C 方案成本最低。

最后再结合投资和其他条件综合考虑，选择可行方案。

第三节　敏感性分析

一、敏感性分析的概念

敏感性分析又叫灵敏度分析，是通过分析及预测工程项目不确定性因素（投资、成本、价格、寿命周期等）发生变化时，对经济效果评价指标（如净现值、内部收益率等）的影响，从中找出敏感的因素，并确定其影响程度，以便制定相应对策，以降低风险，使项目达到预测目标或选择最佳方案。

所谓的敏感性或敏感度，是指经济效果评价指标值对不确定性因素变化的敏感程度，

亦称为灵敏度，通常用 β 表示：

$$\beta = |\Delta Y_j| / |\Delta X_i| \qquad (7\text{-}6)$$

式中　ΔX_i——第 i 个变量 X_i 变化的百分率；

　　　ΔY_j——第 j 个指标 Y_j 由于变量 X_i 变化引起的变动百分率；

　　　β——灵敏度。

当 β 值较大时，则该不确定性因素，就叫做敏感因素，β 值较小时，则该不确定性因素就叫做不敏感因素。由于敏感分析工作量较大，所以，敏感性分析应侧重于分析主要因素，特别是不利因素的不利变化。

二、敏感性分析的主要目的

（1）确定影响建设项目经济效益的敏感因素。进一步分析与敏感因素有关的预测或估算数据可能产生不确定性的根源，采取有效措施，防患未然。

（2）对各变量因素的敏感度排序。对敏感度大的因素，重点监督、防范，即找出防范风险的重点。

（3）对各种方案的灵敏度分析比较，选者灵敏度最小，即风险最小的方案投资。

（4）对变量因素可能出现的最有利与最不利的变动，分析项目经济效益变动范围，使投资决策者了解项目的风险程度，采取某些控制措施和寻找替代方案，为最后确定有效可行的投资方案提供可靠的依据。

三、敏感性分析的方法、步骤

（一）敏感性分析的方法

敏感性分析的常用方法有：（因素）逐项替换法，最有利—最不利法，图解法等，其中最常用的是逐项替换法。它是将方案中的变动因素，每次替换其中一个，以求得该因素的敏感度的一种方法。计算时，只变动某个因素而令其他因素固定不变，观察其发生变动时对方案经济效果的影响程度，从而确定其是否是敏感因素，然后逐项替换其他因素，计算出其他因素的敏感性，直至得出全部影响因素的敏感性为止。

（二）敏感性分析的步骤

1. 确定敏感性分析指标

衡量项目经济效果的指标较多，敏感性分析的工作量较大，不可能对每种指标都进行分析，一般只能针对一个或几个重要的指标，如：净现值、内部收益率、投资回收期等等进行分析。指标的确定应根据项目的不同特点和要求，选择最能反映项目经济效益综合性评价指标。

2. 选取不确定性因素

影响项目的不确定性因素很多，敏感性分析一般只分析那些对项目经济效益有重大影响，并可能在建设期和生产期内发生变动的因素，如：投资、建设工期、产品销售量、单价、经营成本、基准收益率等等。

3. 确定不确定因素的变化范围或幅度

如 $\pm 5\%$，$\pm 10\%$，$\pm 15\%$，$\pm 20\%$ 等。

4. 计算和分析敏感因素，计算灵敏度 β

一般采用逐项替代法进行计算。考察各不确定性因素每变化±1%后，对评价指标值的影响。

5. 根据计算结果，加以整理分析，找出敏感因素，即其数值有很少变动就能使项目经济效果出现显著改变的因素。

6. 综合分析，采取对策。

根据上述步骤，我们就可以分析每个不确定因素单独变化对项目经济效果的影响程度，这种单因素分析法简单易行，但忽略了各种不确定因素之间实际可能存在的相关性，即一因素变化会引起其他因素之间相应变化。如果需要了解若干不确定因素同时变动对项目经济效果的综合影响，可用多因素敏感性分析。

四、单因素敏感性分析

【例 7-7】　欲投资经营一项目，基本方案参数估算值见表 7-2，试进行敏感性分析。（设 $i_c = 10\%$）

基本方案参数估算值　　　　　　　　　　　　表 7-2

因　素	期初投资 K（万元）	年销售收入 B（万元）	年经营费用 C（万元）	期末残值 L（万元）	寿　命 N（年）
估算值	1500	600	250	200	6

【解】　（1）以价格（销售收入）、投资、经营费用为拟分析的不确定因素。

（2）选择项目的净年值为评价指标。

（3）按题意，则本方案的净年值为

$$NPV = -1500 (A/P, 10\%, 6) + 600 - 250 + 200 (A/F, 10\%, 6)$$
$$= 31.51 （万元）$$

（4）计算和确定敏感因素

①价格的敏感性分析　　设年销售量为常数，当价格增加 10% 时，年销售收入增加 10%，为 660 万元，此时净年值为

$$NAV = -1500 (A/P, 105, 6) + 600 - 250 + 200 (A/F, 10\%, 6)$$
$$= 91.51 （万元）$$

其余计算过程略，其结果列于表 7-3。

价 格 因 素 敏 感 性　　　　　　　　　　表 7-3

价格变化幅度	−20%	−10%	0	+10%	+20%
NAV	−88.49	−28.49	31.51	91.51	151.51

②同理可得项目对投资额和经营费用的敏感程度，见表 7-4、表 7-5。

投 资 因 素 敏 感 性　　　　　　　　　　表 7-4

投资变化幅度	−20%	−10%	0	+10%	+20%
NAV	100.39	65.95	31.51	−2.93	−31.37

年经营费用变化幅度	-20%	-10%	0	+102%	+20%
NAV	81.51	56.51	31.51	6.51	-18.40

年经营费用敏感因素 表 7-5

③作敏感曲线图，如图 7-4 所示。

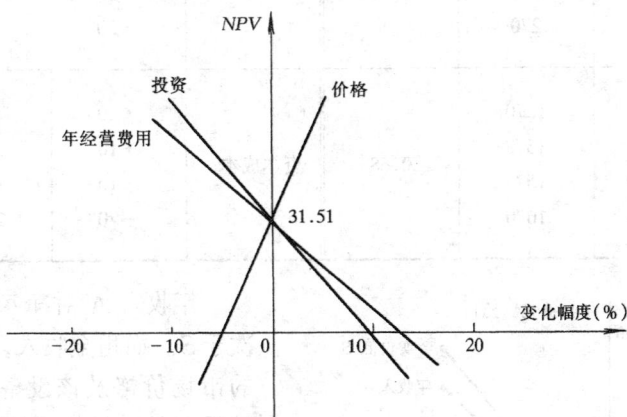

图 7-4 净年值的敏感性分析

（5）分析按相对测定法，可知敏感因素依次为：价格→投资→经营费用，不难算出当价格下降幅度超过 5.25%（其余因素不变）、投资增幅超过 9.14%（其余因素不变）、或年经营费用增幅超过 12.6%（其余因素不变）时，净年值将小于零，方案变得不可行。

【例 7-8】 某项资产出租的方案，最基本的税前分析可得下面的估计：

初始费用 I	50000 元
出租年收入 A	6000 元
年维修费 C	1000 元
投资年限 n	6 年
转卖价值 S	60000 元
资金成本率 i	10%

初始费用和投资年限是固定的，就其他因素对该项目的年净收益进行灵敏度分析。

【解】 年净收益为 EA

$$EA = -I (A/P, i, n) + (A - C) + C (A/F, i, n)$$
$$= -50000 \times 0.2188 + 5000 + 60000 \times 0.1235$$
$$= 1470 （元）$$

表 7-6 中 EA 的计算过程如下：

假设 A 变动 20%，其他因素不变，则此时年收入为 $A (1 + 20\%) = 6000 \times 1.2 = 7200$，代入年净收益计算公式即可求出 $EA = 2670$。其他变量计算过程相同。

根据上述数据，可做出单因素敏感性分析图，如图 7-5 。由图可知，转卖价值 S 变化幅度最大，是最敏感的因素，当转卖价值下降幅度超过 19.8% 时，净年值将为负，该方案可行变为不可行。而转卖价值是对租赁资产未来市场形势的一种估计，投资者自己无法控制该指标。因此，对未来市场形势不宜作太乐观的估计。

表 7-6

变动因素	变动比例(%)	EA(元)	灵敏度	变动因素	变动比例(%)	EA(元)	灵敏度
年收入 A	+20	2670	4.08	转卖价值 S	+20	2952	5.04
	+10	2070			+10	2211	
	−10	870			−10	729	
	−20	270			−20	−12	
年维修费 C	+20	1270	0.68	资本成本 i	+20	499	3.35
	+10	1370			+10	979	
	−10	1570			−10	1963	
	−20	1670			−20	2461	

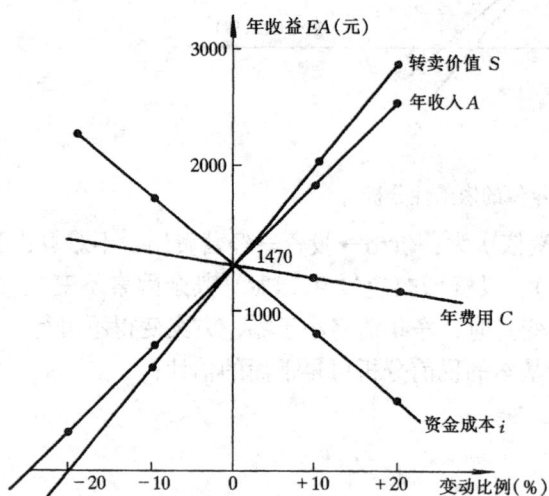

图 7-5　年净收益的敏感性分析

年收入 A 对净年值的影响程度仅次于 S。而租金收入，与该设备所生产的市场价格及该设备租赁市场的供求关系有关，如果用该设备生产的产品市场行情看好，能给承租人带来高的收益，则承租人愿意付较高的租金。同时，年租金水平的高低，还受该设备的实际市场价格制约，租金定得太高，使承租人有租不如买的感受时，设备就无法出租了。因此，年租金收入水平不仅与目前市场状况有关，也与用该设备生产的产品市场状况有关。不过该指标上、下变动 20%，年净收益仍为正，不影响该方案的决策结果。

第三敏感的因素就是资金成本，影响资金成本的因素有：行业平均利润率、通货膨胀率、预期风险等，在通货膨胀率较高的年份，这样的投资不宜做。因为成本为 12% 时，该项目的年净收益只有 499 元，如果资金成本继续增大，年净收益将会由正变负，投资项目就会亏损。

最不敏感的因素是年维修费用。

通过上述分析，该方案的收益水平直接受到相关市场发展的影响和对未来经济形势的正确估计，只有经过深入地市场调查研究，做出合理预测，才能决定该方案是否可行。

五、多因素敏感性分析

单因素敏感性分析的方法简单，但其不足在于忽略了因素之间的相关。实际上，一个因素的变动往往也伴随着其他因素的变动，多因素敏感性分析考虑了这种相关性而能反映多因素变动对项目产生的综合影响，弥补了单因素分析的局限性，更全面地揭示事物的实质。因此，在对一些有特殊要求的项目进行敏感性分析时，除进行单因素敏感性分析外，还应进行多因素敏感性分析。

（一）双因素敏感性分析

单因素分析可得到敏感曲线，若分析两个因素同时变化的敏感性，可得一敏感曲面。

【例 7-9】　对【例 7-7】中基本方案，作关于投资额和价格的双因素敏感性分析。

【解】　设 X 表示投资额变化的百分比，Y 表示价格变化的百分比，则方案的净年值为：

$$NAV = -1500(1+X)(A/P, 10\%, 6) + 600(1+Y) - 250 + 200(A/F, 10\%, 6)$$
$$= 31.51 - 344.4X + 600Y$$

上式为一平面方程，令 $NAV = 0$，则可得该平面与 XOY 平面的交线为：$Y = 0.574X - 0.0525$

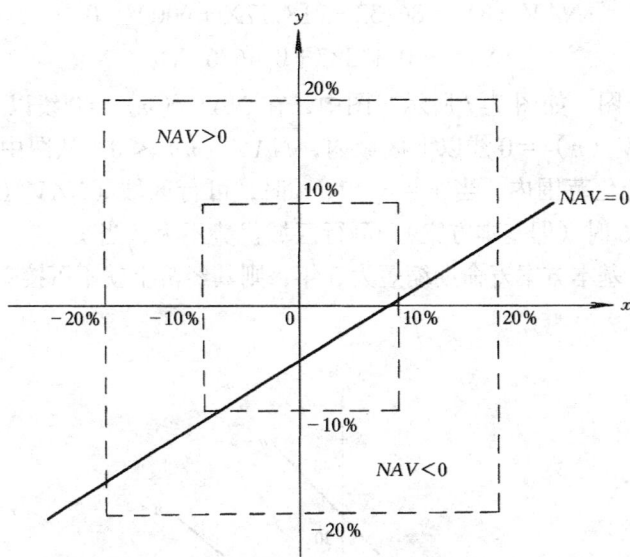

图 7-6　年值两因素敏感性分析

此交线将 XOY 平面分为两个区域，如图 7-6 所示。XOY 平面上任意一点 (X, Y) 代表着投资和价格的一种变化组合，当这个点处在直线的左上方时，$NAV>0$；当这个点在直线的右下方时，$NAV<0$；当这个点恰在直线上时，这个点代表临界变化组合，例 $NAV=0$。本例中，投资和价格的变化幅度为 $\pm 20\%$，在图 7-6 所示方形内，$NAV>0$ 的左上区占优势，说明此时方案仍保持经济上可接受的变化组合占多数，对方案有利。应设法防止处于左下区的变化组合情况出现。

（二）三因素敏感性分析

【例 7-10】　对【例 7-7】中基本方案，作关于投资、价格、寿命三因素同时变化的敏感性分析。

【解】　设 X 和 Y 的意义同【例 7-9】，$NAV(n)$ 表示寿命为 n 年时方案净年值，则

$$VAV(n) = -1500 + (1+X)(A/P, 10\%, n) + 600(1+Y) - 250 + 200(A/F, 10\%, n)$$

依次令 $n = 3$、4、5、6、7、8，得下列临界线

$$NAV (3) = 192.75 - 603.17X + 600Y = 0$$

$$Y_3 = 0.132125 + 1.00528X$$

$$NAV (4) = -80.11 - 473.21X + 600Y = 0$$

$$Y_4 = 0.13352 + 0.078868X$$

$$NAV (5) = -12.94 - 395.69X + 600Y = 0$$

$$Y_5 = 0.02157 + 0.65948X$$

$$NAV (6) = 31.51 - 344.41X + 600Y = 0$$

$$Y_6 = -0.05251 + 0.57402X$$

$$NAV (7) = 62.97 - 308.11X + 600Y = 0$$

$$Y_7 = -0.10495 + 0.51352X$$

$$NAV (8) = 86.32 - 218.17X + 600Y = 0$$

$$Y_8 = -0.14387 + 0.46862X$$

根据以上结果作图，如图 7-7 所示。图中，在 $NAV (n) = 0$ 线以上区域内，$NAV(n) > 0$，而在 $NAV (n) = 0$ 线以下区域内，$NAV (n) < 0$。从图中可以看到，当投资在价格的 ±20% 变化范围内，当 $n = 6$、7、8 时，可行区域（$NAV (n) > 0$ 的区域）占优势，不过，$n = 6$ 时（即基本方案），可行区域优势不大；当 $n = 3$、4、5 时，可行区域处于劣势，比如，基本方案寿命期缩短为 5 年，则其经济上就不可接受。

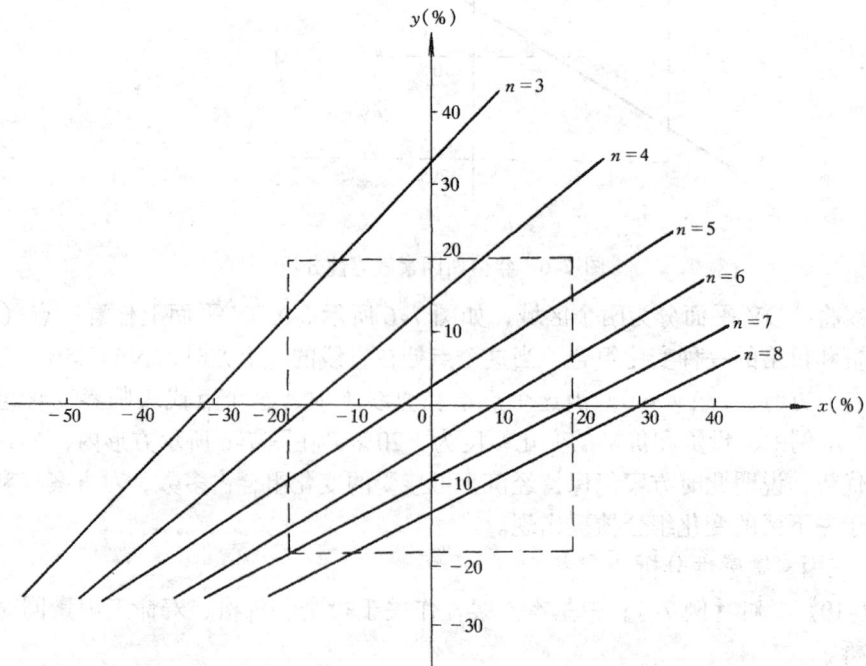

图 7-7　年值多因素敏感性分析图

第四节 概 率 分 析

一、概率分析的基本概念

(一) 概率分析的含义

概率分析又叫风险分析，是根据随机事件出现的概率来研究不确定性因素对项目经济评价指标的影响程度的一种定量分析方法。它通过计算项目经济寿命期内现金流量的期望值和经济效益评价指标的期望值来判断项目的风险程度。一般是计算项目净现值的期望值及净现值大于等于零时的累计概率值，累计概率值越大，项目亏损的概率越小，承担的风险越小。

通过概率分析，可以弄清各种不确定因素变化的可能性，预估项目经济效益的大小及其可能性，从而为项目的风险分析提供可靠的依据。

(二) 期望值计算与决策树的含义

1. 期望值的计算

所谓期望值就是同时考虑项目经济效益指标的取值大小及其值概率的一种度量。其计算公式为

$$E(X) = \sum_{i=1}^{n} X_i P_i$$

式中　X——评价指标；

　　X_i—— 评价指标 X 的第 i 种可能状态的概率 $\sum_{i=1}^{n} P_i = 1$；

　　n——X 的可能状态数。

2. 决策树的含义

概率分析中，各不确定性因素概率的确定是关键，一般情况下，常用决策树来确定一个方案多种状态的收益及其概率。

决策树又叫决策图，其结构如图 7-8 所示，决策树是以方框和圆圈为结点，并由直线连接而成的一种象树枝形状的结构，每条树代表该方案可能的一种状态及其概率大小，方框结点代表决策点，圆圈点代表机会点，在各树枝末端列出该状态的损益值及其概率大小，这样构成的图形叫决策树。因此，决策图是由左向右，由简入繁组成的一个树形网状图。

二、概率分析的步骤与方法

(1) 确定影响项目经济效益的主要不确定因素（如投资、收益、成本等），并假设它们是相互独立的。

(2) 确定这些因素可能的取值及其概率分布，这项工作十分重要，但又非常困难，需借助

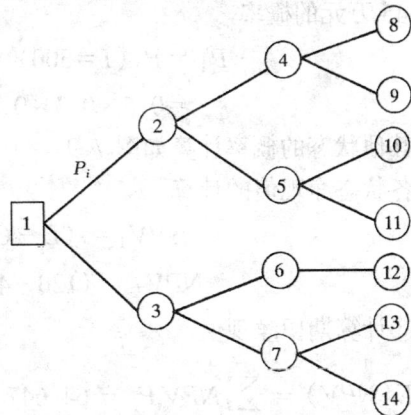

图 7-8　决策树结构图

大量的历史资料和数据及评价人员的丰富经验来确定不确定性因素的合理概率分布，一般情况下，这些概率分布都是离散型的。

（3）利用决策树技术，计算每一状态可能发生的概率及事件发生进行评价指标的值。

（4）计算评价指标的期望值。

（5）计算评价指标可行的累计概率。

【例7-11】 某公用事业公司拟建一个火力发电厂，投资规模视筹资情况而定，如果金融市场有大量游资，可能筹集资金300万元，概率为0.5；若资金市场资金供需均衡，能筹资200万元，概率为0.4；若资金供应紧张，能筹资100万元，概率为0.1。项目建成后的年收入与发电规模有直接的关系，同时还受电力市场供求情况的影响，在市场状况良好时，年收入为投资规模的40%，概率为0.3；市场状况一般时，年收入为投资规模的30%，概率为0.5；市场萧条时，年收入为投资规模的20%，概率为0.2。该发电厂的年运行费用受煤炭供求关系的影响，煤炭供求充足时，年运行费用为投资规模的5%，概率为0.2。煤炭供求平衡时，年运行费为投资规模的10%，概率为0.5；煤炭供应紧张时，年运行费为投资规模的15%，概率0.3。该项目的基准贴现率为10%，项目计算期为10年，期末无残值，试计算该项目的期望净现值及净现值非负的累计概率。

【解】 ①确定不确定因素及其概率分布见表7-7。

不确定因素及其概率分布 表 7-7

不确定因素	机会事件	概率分布	不确定因素	机会事件	概率分布
投资 I	300万元	0.5	年运行费 C	15%I	0.3
	200万元	0.4		10%I	0.5
	100万元	0.1		5%I	0.2
年收入 B	40%I	0.3			
	30%I	0.5			
	20%I	0.2			

②利用决策树技术确定每一状态概率及净现值，如图7-9。

图中，各状态的概率等于各阶段概率之积，如投资为300万元，收入为120万元，费用为45万元的概率

$$P_1 = P(I=300) \times P(B=120) \times P(C=45)$$
$$= 0.5 \times 0.3 \times 0.3 = 4.5\%$$

其他状态的概率计算如图7-9。

各状态净现值的计算

$$NPV_1 = (B-C)(P/A, 10\%, 10) - I$$
$$NPV_1 = (120-45) \times 6.145 - 300 = 160.875$$

③计算期望净现值

$$E(NPV) = \sum_{i=1}^{27} NPV_i P_i = 64.647$$

④计算净现值非负的累计概率

114

$$P(NPV \geqslant 0) \sum_{i=1}^{27} P_i NPV_i \geqslant 0 = 65\%$$

或 $P（NPV \geqslant 0）=1-P（NPV<0）=65\%$

项目可行的概率为 65%，刚过半数多一点，说明项目风险较大。

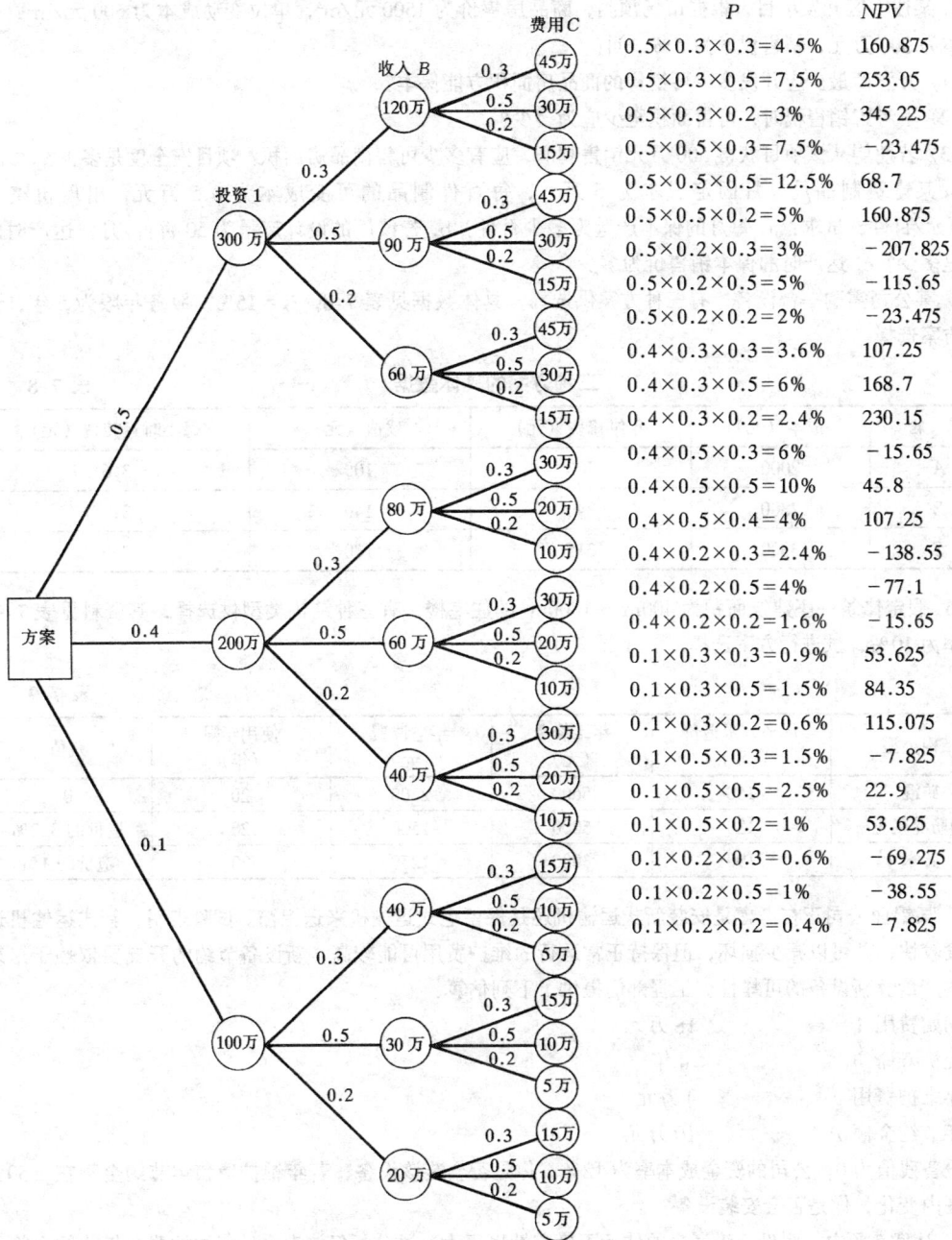

P	NPV
0.5×0.3×0.3=4.5%	160.875
0.5×0.3×0.5=7.5%	253.05
0.5×0.3×0.2=3%	345 225
0.5×0.5×0.3=7.5%	−23.475
0.5×0.5×0.5=12.5%	68.7
0.5×0.5×0.2=5%	160.875
0.5×0.2×0.3=3%	−207.825
0.5×0.2×0.5=5%	−115.65
0.5×0.2×0.2=2%	−23.475
0.4×0.3×0.3=3.6%	107.25
0.4×0.3×0.5=6%	168.7
0.4×0.3×0.2=2.4%	230.15
0.4×0.5×0.3=6%	−15.65
0.4×0.5×0.5=10%	45.8
0.4×0.5×0.4=4%	107.25
0.4×0.2×0.3=2.4%	−138.55
0.4×0.2×0.5=4%	−77.1
0.4×0.2×0.2=1.6%	−15.65
0.1×0.3×0.3=0.9%	53.625
0.1×0.3×0.5=1.5%	84.35
0.1×0.3×0.2=0.6%	115.075
0.1×0.5×0.3=1.5%	−7.825
0.1×0.5×0.5=2.5%	22.9
0.1×0.5×0.2=1%	53.625
0.1×0.2×0.3=0.6%	−69.275
0.1×0.2×0.5=1%	−38.55
0.1×0.2×0.2=0.4%	−7.825

图 7-9　决策树结构图

复习思考题

1. 项目经济评价后,为什么还要进行不确定性分析?

2. 常用的不确定性分析的方法有哪些?其分析的方法步骤有哪些?

3. 某住宅区开发项目,根据市场预测,商品房售价为 1500 元/m²,单位变动成本为 500 元/m²,固定成本为 300 万元,销售税率为 5%,问:

(1) 开发商最少应开发多少可销售的商品房面积才能保本?

(2) 不考虑销售税时,可售面积至少应为多少?

(3) 若期望从该项目获得 500 万元销售利润,应有多少可售商品房面积?项目安全度是多少?

4. 某建筑制品厂,月固定成本为 6 万元,每百件制品的可变成本为 0.5 万元,出厂价格为 0.7 万元/百件,试求:a. 每月的保本产量为多少百件? b. 若该厂的设计产量为 50 百件/月,达产时的利润是多少? c. 达产时的保本销售价为多少?

5. 某公司需购一台设备,有三种方案供选择,具体数据见表 7-8,$i_c = 15\%$,服务年限为 5 年,试进行方案选择。

三种方案的具体数据 表 7-8

方 案	成本(元)	年维修费(元)	残值(元)	每小时运转费(元)
A	2000	200	100	3.6
B	2800	240	140	3.3
C	3300	315	170	2.9

6. 假定修筑一座建筑面积为 400m²~1800m² 的住宅楼,有三种结构类型供选择,其资料见表 7-9,年利率为 10%,试进行方案选择。

表 7-9

结构类型	每平方米造价(元)	年维修费(元)	年空调费(元)	使用年限(年)	残值
砖混	150	5600	2400	20	0
钢筋混凝土	180	5000	1500	20	造价的 3.2%
砖木	190	3000	1250	20	造价的 1%

7. 某铝业公司正在考虑是安装新式运输机还是保留老式运输机来送铝箔。试验表明,新式运输机运送速度较快,并可以减少损坏,但保持正常运行的维护费用可能较高。新设备节约的开支要依赖于未来铝箔的产量及新设备的可靠性。工程部门提供了下列估算:

初始费用 I 18 万元

经济寿命 n 4 年

年维护费用 c 4 万元

年节约金额 A 10 万元

设备残值为 0,公司的资金成本率为 12%,你是否会装该设备;若年维护费和年节约金额在 ±50% 的范围内变化,你是否会安装设备?

8. 对第 7 题中,假设经济寿命的估计不确定性也很大,试分析经济寿命、年维护费、年节约金额三者同时变化时,对该方案年净收益的影响。

9. 某房地产开发项目的现金流量见表 7-10,根据预测和经验判断,开发成本、售租收入(两者相互独立)可能发生的变化及其概率值见表 7-11。取 $i_c = 12\%$,试对此项目进行概率分析,包括求项目净现值的期望值、净现值大于和等于零的概率。

现 金 流 量 表　　　　　　　　　　单位：万元　表 7-10

年份	1	2	3	4	5
售租收入	1600	6400	8800	8800	8200
开发成本	4500	5900	6900	1800	200
其他支出	—	—	—	2500	3000
净现金流量	-2900	500	1900	4500	5000

概 率 表　　　　　　　　　　　　　表 7-11

因素＼变幅	-20%	0	+20%	因素＼变幅	-20%	0	+20%
租售收入	0.3	0.6	0.1	开发成本	0.1	0.4	0.5

第八章 设备更新的技术经济分析

第一节 概 述

设备是现代工业生产的重要物质和技术基础。进行设备更新是发展生产能力，改善产品质量，促进技术进步，提高劳动生产率，提高经济效益的重要手断，其设备更新问题对企业的生存和发展显得非常重要。但如果设备更新策略失误，不但达不到预期的目的，还会增加企业负担，阻碍生产力的发展。为此，必须对设备更新进行科学的技术经济分析论证。

一、设备更新的概念

设备更新从广义上讲包括设备大修、设备更换、设备更新和设备现代化改装。所谓设备大修，是指通过零件更换和修复，全部或大部分恢复设备的原有性能；所谓设备更换，也称原型更新，是指以与原设备性能相同的设备更换旧设备；所谓设备更新，也称新型更新，是指以结构更先进，功能更完善，性能更可靠，生产效率更高，产品质量更好，产品成本更低的新设备代替已磨损不能继续使用或虽仍可继续使用，但在经济上、对环境影响上，继续使用已不合理的旧设备；所谓设备现代化技术改装，是指通过设备现代化技术改造改善原设备的性能，提高生产能力和劳动生产率，降低使用费用等。从狭义上讲，设备更新仅指原型和新型更新。下面从广义角度论述设备更新的技术经济分析。

二、设备更新经济分析的一般程序

设备更新经济分析从本质上看，是一种可供选择的更新方案的选优问题，包括以下程序：

1．确定目标及对象

即更新分析的目标是维持生产现状，还是扩大生产规模，提高产品或施工质量，还是降低成本，改善生产安全性。分析的对象仅是一台设备、还是某个生产装置、一条生产线、一个生产系统等。

2．收集资料

收集设备的原价、重置价格，已使用年限、拟继续使用年限、磨损程度、折旧费、维修使用费用、性能，新设备性能等。

3．确定更新方式

对现有设备可采用的方式不外有：（1）进行一般维修继续使用；（2）大修方案的分析；（3）设备更换（原型或新型更新）方案分析；（4）设备现代化改装方案分析。

4．确定最佳设备更新方案。

第二节　设备磨损、补偿和折旧

在进行设备更新的技术经济分析中，会涉及到设备的磨损、补偿和折旧问题。

一、设备的磨损

随着使用时间的增长，设备的技术状况会逐渐劣化，其价值和使用价值也会随时间逐渐降低，这种现象称为磨损。磨损分有形磨损和无形磨损两种形式。

1.设备的有形磨损及其后果

机器设备在使用（或闲置）过程中所发生的实体的磨损称为有形磨损。有形磨损可分为两类。

（1）第Ⅰ类有形磨损。设备在运转过程中，零件发生摩擦、振动和弹性疲劳等现象致使机器设备的实体发生磨损、变形和损坏。

这种有形磨损，一般可分为三个阶段（如图8-1所示）。①初期磨损阶段：这一阶段主要是相对运动零件表面的微观几何形状（如粗糙不平度）在受力情况下迅速磨损，以及不同形状零件抱和所发生的磨损。这一阶段的磨损速度快，时间短；②正常磨损阶段：磨损速度平稳，磨损量的增长十分缓慢，设备处于最佳技术状态，设备的生产率、产品质量最有保证；③剧烈磨损阶段：零件的正常磨损被破坏，磨损急剧增加，设备的性能迅速降低。如不停止使用和及时进行修理或更新，就会发生事故。因此，在设备进入剧烈磨损阶段以前，就要进行修理或更新。

第Ⅰ类有形磨损可使设备精度降低，劳动生产力下降。当这种有形磨损达到一定程度时，整个机器的功能就会下降，发生故障，导致设备使用费用剧增，甚至难以继续正常工作，失去工作能力，丧失使用价值。

（2）第Ⅱ类有形磨损。设备在闲置过程中，由于自然力的作用致使金属件生锈、腐蚀，橡胶件老化等，也造成设备的有形磨损。设备闲置时间长了，会自然丧失精度和工作能力，失去使用价值。

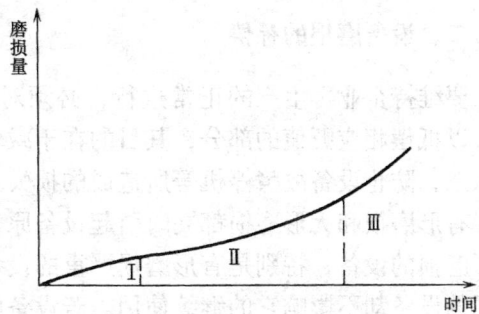

图 8-1　磨损程度与使用时间的关系

第Ⅰ类有形磨损与使用时间和使用强度有关，而第Ⅱ类有形磨损与生产过程的使用无关，甚至在一定程度上还同使用强度成反比，可认为与闲置时间和闲置期间维护状况有关。

2.设备的无形磨损及其后果

机器设备除遭受有形磨损之外，还遭受无形磨损（亦称经济磨损、精神磨损）。所谓无形磨损是指由于科学技术进步而不断出现性能完善，生产效率更高的设备，使原有设备的价值降低，或者生产同样结构的设备的价值不断降低。无形磨损不是由于生产过程中的使用或自然力的作用造成的，它亦可分为两类。

（1）第Ⅰ类无形磨损，是指由于相同结构设备再生产价值的降低而产生的现有设备价值的贬值。这时设备的技术结构和经济性能并未改变，但由于技术进步的影响，再生产这种设备的过程中，生产工艺不断改进，成本不断降低，劳动生产率不断提高，生产同种设备的社会必要劳动消耗降低，从而使原有设备发生贬值。

第Ⅰ类无形磨损虽然使生产领域中的现有设备部分地贬值，但是设备本身的技术特性和功能不受影响，设备的使用价值并未降低，因此，不会直接产生提前更换现有设备的问题。但由于技术进步对生产部门的影响往往大于修理部门，使设备本身价值降低的程度比其修理费用降低的速度为快，从而有可能造成在尚未到达耐用年限之前，设备的修理费用高于设备本身的再生产价值。

（2）第Ⅱ类无形磨损，是指由于不断出现结构更新，性能更完善，效率更高和经济效果更好的设备而使现有设备显得陈旧和落后，因而产生的经济磨损。

第Ⅱ类无形磨损不仅使原设备的价值相对贬低，而且如果继续使用旧设备还会相对地降低生产的经济效果，如：设备效率低，生产中耗用的原料、燃料、工资及辅助材料比新设备高等。这种经济效果的降低，实际上反映了原设备使用价值的局部或全部丧失，这就有可能产生新设备代替现有旧设备的必要性。这种更换设备的经济合理性，取决于现有设备贬值的程度和在生产中继续使用旧设备的经济效果下降的幅度。

设备使用价值的降低和设备的更换，与技术进步的具体形式有关。如：当出现性能更完善、效率更高的新设备，但加工方法没有原则变化时，将使原有设备的使用价值降低。如果这种磨损速度很快，则继续使用旧设备，可能是不经济的。当改变原有生产工艺，采用新的加工或生产系统时，原有设备将失去使用价值。当产品换代时，不能适用于新产品生产的原有设备也将失去使用价值而被淘汰。

二、设备磨损的补偿

要维持企业再生产的正常进行，必须对设备的磨损进行补偿，要支出相应的补偿费用，以抵偿相应贬值的部分，其目的在于减轻设备的物质、技术劣化，保持设备良好的技术状态，防止设备故障停机等所造成的损失。

有形磨损和无形磨损都同时引起设备原始价值的降低，这一点是相同的，不同之处是有形磨损的设备，特别是有形磨损严重的设备，在进行大修理之前常常不能使用，而无形磨损的设备却不影响它的继续使用。若设备已遭到完全有形磨损，而它的无形磨损期尚未到来，这就无须设计新设备，只需对遭到有形磨损的设备进行大修理和更新一台相似的设备就可以了。若无形磨损早于有形磨损期，这时生产中面临的问题是：继续使用原有的设备呢？还是用先进的新设备更换尚未折旧完的旧设备？很明显，最好的方案是有形磨损期与无形磨损期接近，这是一种理想的"无维修设计"，即到设备需要进行大修理时恰好到了更换的时候。但是大多数的设备不可能使这两种磨损期相吻合。这就会出现如何对待已经无形磨损但物理上仍能使用的设备问题。设备磨损的形式不同，补偿磨损的方式也不同。设备的磨损有两种补偿方式，即局部补偿和完全补偿，设备有形磨损的局部补偿是修理，设备无形磨损的局部补偿是现代化技术改装，有形磨损和无形磨损的完全补偿是更新，即淘汰旧设备更换成新的设备。补偿磨损的主要资金来源是原有设备提取的折旧。

三、设备的折旧

1. 折旧的概念

折旧是指由于设备会发生磨损，为使再生产过程不断延续下去，就要将设备因磨损而失去的价值逐渐转移到产品成本中去，并从产品销售收入中回收。这种计入成本回收的设备的转移价值称为折旧费。

因此，从价值角度看，折旧可以看做是设备性能衰退和过时引起的损失转移到产品价值中的等量价值；从会计角度看，折旧可以看做是设备在寿命期内注销的设备成本；从经济分析的角度看：（1）折旧应与设备的有形磨损和无形磨损挂钩。这使采用加速折旧成为合理；（2）因为折旧费的特点是免税和分期获得，故早期快速折旧意味着企业早期税赋减少，设备投资风险损失减少，而且折旧基金在设备更新期到达之前可用于在投资，从而直接影响企业的实际投资效益。因此，对折旧的研究也成为技术经济学研究的重要内容。

通常用折旧率计算折旧费的大小。折旧率是设备年折旧额占设备价值的百分比，合理制定设备的折旧率不仅是正确计算成本的根据，而且是促进设备技术发展、技术进步，有利于设备更新的政策问题。如果折旧率过低，则将人为地扩大利润，夸大积累，会使设备得不到及时更新；反之则会人为地增加成本，影响资金的正常积累，妨碍扩大再生产。

由此可见，合理的折旧制度，正确的折旧率，对提高项目的收益，加速资金周转，增强企业自我改造和发展的能力，促进技术进步等都有着重要的意义。此外，从宏观上看，正确合理的折旧有利于保证国家税收，促进经济发展。

2. 折旧方法的选择

折旧的计算方法可详见前面第二章第三节的内容。

在一般情况下，不同的折旧方法有其所适用的条件。

（1）直线折旧法

①资产效益的降低是时间流逝的函数，而不是使用状况的函数；②利息因素可忽略不计；③在资产使用年限中，修理、维修费用、操作效率均基本不变。

（2）快速折旧法

①修理和维修费是递增的；②收入和操作效率是递减的；③承认固定资产在使用过程中所实现的利息因素；④后期收入难以预计。

由于固定资产到了后期，需要修理的次数通常增多，发生事故的风险增大，因而使用时间减少，收入随之减少；另一方面，由于操作效率通常将降低，导致产品产量减少，质量下降，也会使收入减少；此外，效率降低还会造成燃料、人工成本的升高，乃至原材料使用上的浪费；加上修理和维修费不断增加，以及设备陈旧，竞争乏力，均会使资产的净收入在后期少于前期。因而在大多数情况下，选择快速折旧是合理的。

第三节　设备的经济寿命

设备的寿命，一般有以下几种不同的概念：

实际寿命，或称物理寿命，是指设备从全新状态下开始使用，直到不堪再用而予以报废为止所经历的时间。实际寿命主要取决于设备有形磨损的速度。随着科学技术的进步和发展，制造设备的新技术、新工艺、新材料的采用，设备自然寿命趋于延长。

技术寿命，指设备从投入使用到因无形磨损而被淘汰所经历的时间。技术寿命的长短，主要取决于设备无形磨损的速度。

折旧寿命，指按照国家有关部门规定的设备使用年限计算折旧费的年限。设备折旧寿命介于技术寿命与实际寿命之间，其长短取决于国家的财政政策和折旧政策。

经济寿命，亦称最佳经济使用年限，是指设备从投入使用到因继续使用而不经济所经历的时间。设备经济寿命可根据设备年均总成本 AC（或费用）最低或年均净收益最大来确定。比如，某建筑企业生产需购买一台绞车，显然，这台绞车使用时间愈长，则平均每年分摊的投资费用也就愈小，仅从这点而论，使用时间越长越好；可是从另一方面看，设备的修理保养费用和使用费用（电费、润滑材料费等）随着使用年限的加长而增加。因此，随着使用年限增长而每年分摊的设备投资费用的降低值会被越来越高的修理保养费和使用费所抵消，在这个变化过程中，一定有某一时点，会使年度总成本最低。年度总成本最低时的设备使用寿命即为该设备的经济寿命。经济寿命是由有形磨损和无形磨损共同决定的，在设备更新分析中，它是确定最优设备更新期的主要依据。

一、经济寿命的静态计算方法

静态是指不考虑资金时间价值。设备平均总成本由设备费用与年均运行费用构成。如果设备运行成本呈线性增长，递增值为 λ，这个 λ 值称为低劣化值（见图 8-2）。

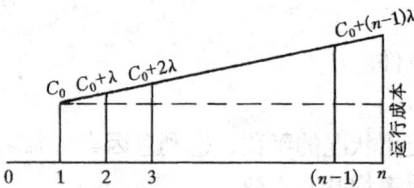

图 8-2　年运行成本变化

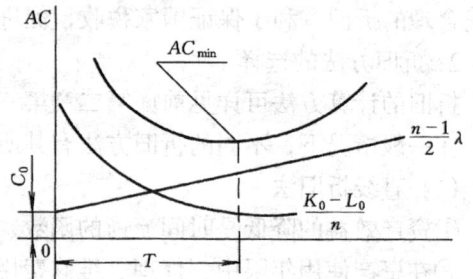

图 8-3　费用与设备使用年限

显然，若设备使用 n 年，则 n 年内运行成本的平均值为：$C_0 + (n-1)/2\lambda$，而设备费用的年均值为：$(K_0 - L_0)/n$。

式中　C_0——运行成本初始值；

　　　K_0——设备原值；

　　　L_0——设备处理时残值。

上述两式表明，设备费用的年均值递减，而年均运行成本线性递增，故二者之和年均总成本（AC）必将如图 8-3 所示，形成一 U 形曲线，有一个（AC_{min}）。

因为 $AC = (K_0 - L_0)/n + C_0 + (n-1)/2\lambda$，可对 n 求导求极小值，则有经济寿命

$$T = \sqrt{\frac{2(K_0 - L_0)}{\lambda}}$$

（8-1）

如果运行成本不呈线性增长，低劣化值各年不同，且无规律可循，则可根据企业的记录或

者对其实际情况进行预测，然后用列表法计算来判断更换的经济寿命。

【例8-1】 某设备的原始价值为10000元，物理寿命为10年，运行成本的初始值为800元，运行成本低劣化值及年末残值见表8-1，求该设备的经济寿命。

【解】 列表计算，过程见表8-1所列。

从第⑥栏中可以看出，年均总费用第7年时最低，其值为3136元，故该设备的经济寿命为7年。

设备经济寿命的计算 单位：元 **表8-1**

年份	运行成本初始值与其低劣化值之和	年末残值	运行成本及其低劣化值的年平均值	年平均设备费用	年平均总费用
①	②	③	$④=\dfrac{\sum ②}{①}$	$⑤=\dfrac{10000-③}{①}$	⑥=④+⑤
1	800+400=1200	7000	1200	3000	4200
2	800+550=1350	5000	1275	2500	3775
3	800+700=1500	3500	1350	2167	3517
4	800+900=1700	2000	1438	2000	3438
5	800+1150=1950	1000	1540	1800	3340
66	800+1450=2250	800	1658	1533	3191
7	800+1800=2600	600	1793	1343	* 3136
8	800+2200=3000	400	1964	1200	3144
9	800+2700=3500	200	2127	1089	3206
10	800+3200=4000	100	2305	990	3295

二、经济寿命的动态计算方法

动态的计算方法要考虑资金的时间价值。先把各年的费用贴现与设备投资求总和，然后将这个总费用看成是年值的现值和，故乘以资金回收系数 $(A/P, i, n)$，即求得年均总费用的时间调整平均值。当费用时间调整平均值最小时，所对应的 n 即为设备经济寿命。

如果设备初始投资为 K_0，使用年限为 N 年，设备第 n 年的残值为 L_n，第 j 年的运行成本为 C_j，其经济寿命为 T：

令 $$AC = \left[K_0 + \sum_{j=1}^{n} \frac{C_j}{(1+i)^j} - \frac{L_n}{(1+i)^n} \right] \cdot \frac{i(1+i)^n}{(1+n)^n-1} \tag{8-2}$$

则 T 是使 AC 为最小值的 n※ $(0 \leqslant n \leqslant N)$

如果设备初始投资为 K_0，使用年限为 N 年，设备第 n 年的残值为 L_n，第 j 年的净收入为 R_j，其经济寿命 T

令 $$AW = \left[\sum_{j=1}^{n} \frac{R_j}{(1+i)^j} + \frac{L_n}{(1+i)^n} - K_0 \right] \cdot \frac{i(1+i)^n}{(1+n)^n-1} \tag{8-3}$$

则 T 是使 AW 为最大值的 n※ $(0 \leqslant n \leqslant N)$

【例8-2】 对【例8-1】中的设备考虑资金时间价值因素，假定折现率 $i_c = 10\%$，重求该设备的经济寿命。

【解】 计算过程及结果参见表8-2。

折现率为10％时设备经济寿命的计算 单位：元 **表 8-2**

年份	运行成本初始值	运行成本劣化值	现值系数	运行成本劣化值现值	运行成本劣化值现值的累计	资金回收系数	运行成本劣化值的年平均值	年平均设备费用	年末残值	偿债基金系数	年平均残值	年平均总费用
	(1)	(2)	(3)	(4)	(5)	(6)	(7)	(8)	(9)	(10)	(11)	(12)
1	800	400	0.9019	363.6	363.6	1.10000	399.96	11000	7000	1.0000	7000	5199.96
2	800	550	0.8264	454.5	818.1	0.57619	471.4	5761.9	5000	0.47619	2380.6	4652.7
3	800	700	0.7513	525.9	1344	0.40211	540.4	4021.1	3500	0.30211	1057.4	4304.14
4	800	900	0.6830	614.7	1958.7	0.31547	614.9	3154.7	2000	0.21547	430.9	4141.7
5	800	1150	0.6209	714	2672.7	0.26780	715.7	2678	1000	0.16380	163.8	4029.9
6	800	1450	0.5645	818.5	3491.2	0.22961	801.6	2291.6	800	0.12961	103.7	3794
7	800	1800	0.5132	923.8	4415	0.20541	906.9	2054.1	600	0.10541	63.2	3697.8
8	800	2200	0.4665	1026.3	5441.3	0.18744	1019.9	1874.4	400	0.08744	34.8	3659.5
9	800	2700	0.4241	1145.1	6586.4	0.17364	1143.7	1736.4	200	0.07364	14.7	3665.4
10	800	3200	0.3855	1233.6	7820	0.16275	1272.7	1627.5	100	0.06275	6.27	3693.9

从表8-2第（12）栏中可以看到：（1）年均总费用最小值为3659.5元，设备使用8年最为经济，与忽略时间因素相比，经济寿命增加了1年；（2）设备使用7年或9年，甚至10年并无多大损失，年均总费最多增加1％。因此，对设备经济寿命计算不必过于精细。

第四节 设备更新及其经济分析

一、设备大修理经济分析

1. 设备大修理经济实质与设备性能劣化

设备从投入使用就开始遭受有形磨损。由于设备的各个零部件的材质与使用条件各不相同，其耐用性是不同的。一台设备在使用一段时间后，有的零件可能已经磨损，需要修复或更换，有的零件还可以工作很长时间。还有一些零件在整个使用期间，实际上并不需要修理或更换，这种零部件磨损的不均衡性决定了设备在使用期内必须进行大修理。

设备大修理是通过调整、修复或更换磨损的零件的办法修复设备的精度，恢复零部件和整机的全部或接近全部的功能。设备大修理能利用保留下来的零部件，从而节约大量原

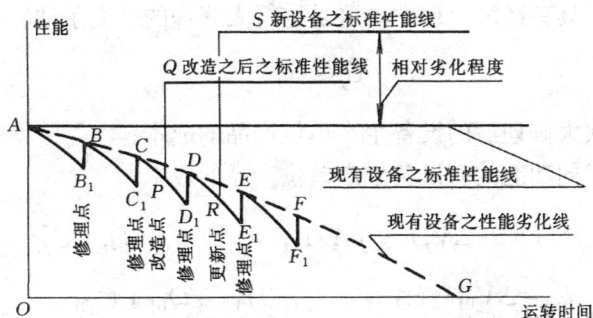

图 8-4　大修理劣化图

材料及加工工时，这一点与更新设备相比具有很大优越性。但是修理次数是有限度的。如图 8-4 所示。

在图 8-4 中，OA 表示设备的标准性能线，事实上设备在使用时其性能是沿 AB_1 路线下降的。如不修理仍继续使用，寿命一定很短。如在 B_1 点进行修理，设备的性能又恢复至 B 点。自 B 点起使用，其性能又继续劣化，当降至 C_1 点时，又进行第二次大修理，其性能可恢复至 C 点。这样经过前几次修理后，设备性能均能恢复到相应程度。但当设备性能下降至 G 点时，就不能再修理了，其物理寿命即宣告终结。我们把图中 A、B、C、D、E、F 各点相连，就形成了一条曲线。从这条曲线可以看出，无止境地修理设备将会产生各种弊病。因此，必须为大修理确定一个合理的经济界限。

2.确定设备大修理经济效果的方法

常用的设备大修决策分析是由两个条件判据构成的。

判据Ⅰ：某次大修理费用不能超过购置同种新设备所需费用，否则该次大修理不具有经济合理性，而应考虑设备更新。这是进行大修理的最低限条件，其具体表达式为

$$R \leqslant P - L \tag{8-4}$$

式中　R——该次大修理的费用；

P——在进行大修理的年份，该种设备的重置费用；

L——旧设备被替换时的残值。

在实际工作中，由于大修理工作组织不当，致使修理成本很高，有时甚至超过新设备的价值，这样的大修理当然是不合理的，我们应当尽量避免。但由于新设备供应不足，用户不能及时得到所需的新设备，往往被迫进行高价的修理。

应当指出，即使满足判据Ⅰ的条件，也并非所有的大修理都是合理的。如果设备在大修理后，生产技术特性与同种新设备没有区别的话，则判据Ⅰ可作为衡量大修理经济性的必要和充分条件。但是，实际情况并非如此，设备经过一次大修后常常缩短了到下一次大修理的间隔期；同时，修理后的设备与新设备相比，设备停歇时间长，易出故障，日常维护和小修理的费用多，与设备使用有关的费用增加。因此，修理的质量对单位产品成本高低有很大影响，只有当使用经过大修理的设备生产的产品成本在任何情况下都不超过相同新设备生产的单位产品成本时，这种大修理在经济上才是合理的。即：

判据Ⅱ：设备经过某次大修理后的单位产品生产成本不能高于同种新设备的单位产品

成本。否则，大修理不具有经济合理性。这是进行大修理的补充条件，其具体表达式为

$$C_j \leqslant C_0 \tag{8-5}$$

式中　C_j——用第 j 次大修理后的设备生产单位产品的成本；

　　　C_0——用具有相同功能的新设备生产单位产品的成本。

$$C_j = (R_j + \Delta V_j) \cdot (A/P, \; i_c, \; T_{01}) / Q_j + C_{gj} \tag{8-6}$$

$$C_0 = \Delta V_{01} \cdot (A/P, \; i_c, \; T_{01}) / Q_{01} + C_{g01} \tag{8-7}$$

式中　R_j——原设备的大修理的费用；

　　ΔV_j——原设备在第 $j+1$ 个大修理周期内价值损耗现值，其值为第 $j-1$，j 个大修理间隔期末的设备余值现值之差；

　　　Q_j——原设备第 $j+1$ 个大修理周期的年均产量；

　　　C_{gj}——原设备第 j 次大修理后生产单位产品的经营成本；

　　　T_j——原设备第 j 次大修理到第 $j+1$ 次大修理的间隔年数；

　ΔV_{01}——新设备第 1 个大修理周期的价值损耗现值；

　　Q_{01}——新设备第 1 个大修理周期的年均产量；

　　C_{g01}——用新设备生产单位产品的经营成本；

　　T_{01}——新设备投入使用到第 1 次大修理的间隔年限。

二、设备更换（原型更新）经济分析

如果设备在其整个试用期内并不过时，也就是在一定时期内还没有更先进、功能更全、性能更优越的设备出现，这时该设备未来的更新替换物，仍然是同一种资产。该设备的最优更新期即为该设备的经济寿命。前面已对经济寿命的计算方法进行了详细讨论，这里不再赘述。

三、设备更新（新型更新）经济分析

在科学技术不断发展的条件下，由于无形磨损的作用，很可能在设备经营成本尚未升高到该用原型设备替代之前，就已经出现工作效率更高和经济效果更好的设备。这时，就要比较再继续使用旧设备和购置新型设备这两种方案中，哪一种方案在经济上更为有利。

在有新型设备出现的情况下，常用的设备更新方法是年值成本法、现值成本法和边际成本法。

1. 年值成本法和现值成本法

【例 8-3】　某设备 A 正在使用，其目前的残值估计为 2000 元。据估计，这部机器还可使用 5 年，每年的使用费为 1200 元，第 5 年年末的残值为零。为机器 A 的更新提出两种方案。方案甲：5 年之后，用机器 B 来代替机器 A。其原始费用估计为 10000 元，寿命估计为 15 年，残值为零，每年使用费 600 元；方案乙：现在就用机器 C 来代替机器 A。机器 C 的原始费用估计为 8000 元，寿命为 15 年，残值为零，每年使用费 900 元。详

细数据列于表 8-3 内。折现率为 10% 。比较方案甲和方案乙，哪个经济效果好？

各方案的基本数据表　　　　　　　　　　单位：元　表 8-3

年末	方案甲		方案乙	
	原始费用	年使用费	原始费用	年使用费
0	机器 A2000		机器 C8000	
1		1200		900
2		1200		900
3		1200		900
4		1200		900
5	机器 B10000	1200		900
6		600		900
7		600		900
8		600		900
9		600		900
10		600		900
11		600		900
12		600		900
13		600		900
14		600		900
15		600		900
16~20		600		900

【解】　　（1）选定研究期为 15 年

方案甲：机器 B 的年值成本为

$AC_B = 10000 （A/P, 10\%, 15） + 600 = 10000 \quad 0.1315 + 600 = 1915$（元）

方案甲在 15 年内发生的费用现值为：

$PC_甲 = 2000 + 1200 （P/A, 10\%, 5） + 1915 （P/A, 10\%, 10） （P/F, 10\%, 5）$

$= 2000 + 1200 \times 3.791 + 1915 \times 6.1446 \times 0.6209$

$= 13856$（元）

方案乙：机器 C 在 15 年内的费用为

$PC_乙 = 8000 + 900 （P/A, 10\%, 15） = 14845$（元）

显然，方案甲优。

（2）选定研究期为 5 年

如果情报不足，往往不得不采用较短的研究期。比如在表 8-3 中采用什么机器来继续机器 A 的工作并不清楚，就只能选定机器 A 还可使用的时期 5 年作为研究期，这时

$AC_A = 2000 （A/P, 10\%, 5） + 1200 = 1728$（元）

而机器 C 按照寿命为 15 年计算的年度费用是

$AC_C = 8000 （A/P, 10\%, 15） + 900 = 1952$（元）

就是说，在前 5 年中采用机器 A 比采用机器 C 每年可以节约 $1952 - 1728 = 224$（元），至于 5 年以后的情况则未加考虑。

一般说来，研究期越长，所得的结果越重要，但是所做的估计也越可能是错误的。因此，研究期的选定必须根据估计和判断。

2．边际成本法

如果今后的情况非常难以预料，可采用逐年比较新旧设备成本的方法，这就是边际成本法。

边际成本法进行更新分析的步骤是：

1．计算旧设备的年度边际成本

$$MC_n = C_n + (L_{n-1} - L_n) + L_{n-1} \cdot i \qquad (8-8)$$

式中　MC_n——第 n 年旧设备的年度边际成本；

　　　C_n——第 n 年旧设备的经营成本以及损失额；

$(L_{n-1} - L_n)$——第 n 年资产折旧费；

　　$L_{n-1} \cdot i$——资产占用资金的成本。

2．计算新设备的年均总成本

$$AC'_n = [P' - L'_n (P/F, i, n)] (A/P, i, n) + \sum C_j (P/F, i, n)$$
$$\times (A/P, i, n) \qquad (8-9)$$

式中　AC'_n——新设备的年均总成本；

　　　P'——新设备购置费；

　　　L'_n——第 n 年新设备残值；

　　　C_j——新设备第 j 年的经营成本。

3．根据计算结果进行比较

当 $MC_n > AC'_n$ 时需更新旧设备；

当 $MC_n < AC'_n$ 时应保留旧设备。

设备更新分析中只考虑今后所发生的现金流量，对以前发生的现金流量和沉没成本，因为它们都属于不可恢复的费用，与更新决策无关，故不需再参与经济计算。

【例 8-4】　某旧设备再继续使用一年的边际成本见表 8-4 所列。现有的新设备价格为 50000 元，寿命为 15 年，年经营成本为 1800 元，残值为 4000 元，折现率 $i_c = 10\%$。试分析是否应对旧设备进行更新。

旧设备的年边际费用计算表　　　　　　　　　　单位：元　表 8-4

新设备产量和质量提高增加收入	1600	旧设备现在出售价格	9600
新设备工资节约	1200	旧设备一年后出售价格	8200
新设备作业费节约	4500	旧设备继续使用的资产占用	
新设备维修费节约	3000	资金成本（$i=10\%$）(2)	960
旧设备年经营费	1200	旧设备资产折旧费（3）	1400
旧设备经营费及损失（1）	11500	旧设备的边际成本（4）=（1）+（2）+（3）	13860

【解】 旧设备的边际成本 MC 为：13860（元）

新设备的年均总费用 AC'_n 为：

$$AC'_n = [50000 - 4000\,(P/F，10\%，15)]\,(A/P，10\%，15) + 1800$$
$$= 8247.6（元）$$

比较新旧设备年成本的计算结果，用新设备更换旧设备，每年可节约开支：13860 − 8247.6 = 5612.4元。因此，应尽快更换旧设备。

【例 8-5】 一台旧设备目前价值为 25000 元，下一年将贬值 10000 元，以后每年贬值 5000 元。由于性能退化，它今年的经营成本为 80000 元，预计今后每年将增加 10000 元。它将在 4 年后报废，那时，它的残值为零。用 160000 元可买一台新的、改进了的机器，这台机器可以令人满意地完成与现有机器相同的工作。这台机器的经济寿命为 7 年，在经济寿命期内，其年经营成本稳定在 60000 元，其期末残值为 15000 元。预计在 7 年内，这种型号机器的设计不会有大的改进。如果折现率为 12%，要不要更新现有设备？如果要更新，应该在什么时候发生？

【解】 新旧设备现金流量如图 8-5 所示。

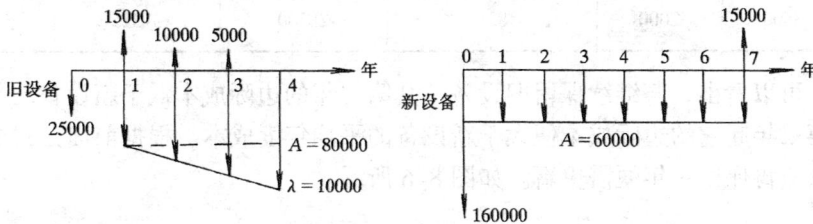

图 8-5　现金流量图

新设备：

经营成本	60000 元
年资产消耗成本 $(P-L)(A/P，12\%，7) + L \cdot i$	
$= (160000 - 15000) \times 0.21912 + 15000 \times 0.12$	33570 元
年平均成本：$60000 + 33570$	93570 元
第一年旧设备：	
经营成本	80000 元
资产消耗成本 $L_{n-1} - L_n + L_{n-1} \cdot i = 25000 - 15000 + 25000 \times 0.12 = 13000$ 元	
边际成本为：$80000 + 13000$	93000 元
第二年旧设备；	
经营成本	90000 元
资产消耗成本 $15000 - 10000 + 15000 \times 0.12$	6800 元
边际成本为；$90000 + 6800$	96800 元

如果认为费用的估计是合理的，应该从现在起一年后对旧设备进行更新。

【例 8-6】 某公司现有一台旧设备，估计尚可再使用 3 年。现在又出现了一种更先进的新设备，新设备购置费 60000 元，估计经济寿命为 12 年，残值约为原值的 1/10，每年经营成本为 13750 元。现有旧设备的实际产值估计为 10000 元，若再继续使用时其每年的经营成本及残值见表 8-5。试确定旧设备的最优更新期，折现率为 15%。

旧设备继续使用时的基本数据表　　　　　单位：元　**表 8-5**

年	残　　值	经营成本	年	残　　值	经营成本
0	10000		2	5500	23500
1	7500	18500	3	3500	28500

【解】　　（1）使用新设备的平均年度成本为

$$AC_{新} = \left[60000 - 60009 P/F, 15\%, 12\right)\right] (A/P, 15\%, 12) + 13750 = 24631（元）$$

（2）若继续保留旧设备时其每年的边际成本如表 8-6 所列。

旧设备的边际成本　　　　　单位：元　**表 8-6**

年度	L_n	$L_{n-1} - L_n$	$L_{n-1} \times 15\%$	C_n	边际成本	与新设备比较
0	10000					
1	7500	2500	1500	18500	22500	<24613
2	5500	2000	1125	23500	26625	>24613
3	3500	2000	825	28500	31325	>24613

由表 8-6 可以看出，若继续保留旧设备，其第一年的边际成本低于新设备的平均年度成本，但从第二年起它的边际成本便大于新设备的平均年度成本。根据前面公式的判别条件，旧设备只应再保留一年便需更新。如图 8-6 所示。

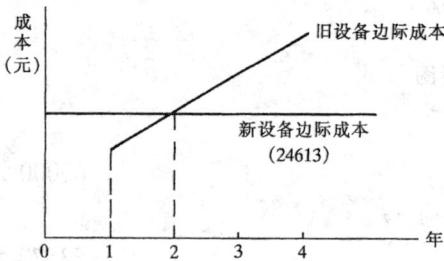

图 8-6　新旧设备边际成本图

四、大修、更新与现代化改装的方案比较

对旧设备既可以借助大修，也可以借助更新，还可以借助现代化改装，使企业完成生产任务，参与市场竞争。

一般说来，现代化改装所需投资少于购置新型设备的费用，所需时间往往比设计制造一台新设备短得多。因此在急于发展生产而又缺乏资金的情况下，进行现代化改装是使现有设备技术进步的有效途径。

是否实施设备现代化改装要与可达到同样目标的其他技术方案进行比较才能决断。一般情况下，与现代化改装并行的方案有：继续使用旧设备；大修理；原形更新；新型更新。决策目标就是从中选择一个总费用最少的方案。

总费用比较法首先分别计算各方案在不同工作年限内的总费用现值并加以比较；然后根据工作所需年数，按照总费用现值最低的原则进行方案选择。

设 TC_1、TC_2、TC_3、TC_4、TC_5 分别为继续使用旧设备、用原型设备更新、用新型设备更新、进行现代化改装和进行大修理等方案 n 年内的总费用；设 P_1、P_2、P_3、P_4、P_5 分别为用旧设备、用原型设备更新、用新型设备更新、进行现代化改装和进行大修理的各种方案所需的投资；设 C_{1j}、C_{2j}、C_{3j}、C_{4j}、C_{5j} 分别为继续使用旧设备、用原型设备更新、用新型设备更新、进行现代化改装、进行大修理等各种方案在第 j 年的经营成本；设 L_1、L_2、L_3、L_4、L_5 分别为旧设备、原型新设备、新型新设备、现代化改装后的设备和大修理后的设备在第 n 年的残值；设 α_1、α_2、α_3、α_4、α_5 分别为继续使用旧设备、用原型设备更新、用新型设备更新、进行现代化改装和进行大修理等各种方案的生产效率系数，可将 α_2 作为基准值取 $\alpha_2=1$，各种方案总费用的计算公式如下

$$1.\ TC_1 = (1/\alpha_1)\left[P_1 + \sum C_{1j}(P/F,\ i_c,\ j) - L_{1n}(P/F,\ i_c,\ n)\right]$$

$$2.\ TC_2 = (1/\alpha_2)\left[P_2 + \sum C_{2j}(P/F,\ i_c,\ j) - L_{2n}(P/F,\ i_c,\ n)\right]$$

$$3.\ TC_3 = (1/\alpha_3)\left[P_3 + \sum C_{3j}(P/F,\ i_c,\ j) - L_{3n}(P/F,\ i_c,\ n)\right] \quad (8\text{-}10)$$

$$4.\ TC_4 = (1/\alpha_4)\left[P_4 + \sum C_{4j}(P/F,\ i_c,\ j) - L_{4n}(P/F,\ i_c,\ n)\right]$$

$$5.\ TC_5 = (1/\alpha_5)\left[P_5 + \sum C_{5j}(P/F,\ i_c,\ j) - L_{5n}(P/F,\ i_c,\ n)\right]$$

式中　i_c——贴现率。

【例 8-7】　假定各种设备方案分项费用原始数据如表 8-7 所列，试选择最优方案。设折现率为 8%，$L_{3j}=L_{4j}=150$ 万元，$L_{1j}=L_{2j}=L_{5j}=0$。

各种设备方案的原始数据　　　　单位：万元　**表 8-7**

序号	设备方案	投资 (P)	α	年经营费用 C_j								
				1	2	3	4	5	6	7	8	9
1	继续使用	0	0.7	250	300	350	400	—	—	—	—	—
2	原型更新	1330	1	25	53	105	160	210	270	340	420	510
3	新型更新	1625	1.3	20	50	100	150	200	210	300	350	400
4	现代化改装	1200	1.25	30	55	110	170	220	300	370	470	570
5	大修理	100	0.98	30	100	175	252	320	400	—	—	—

【解】　计算各方案使用不同年数的费用现值如表 8-8 所示。

各种设备方案的逐年费用现值（$i_c=8\%$）　　单位：万元　**表 8-8**

年份 \ 方案	TC_1	TC_2	TC_3	TC_4	TC_5	TC 最小的方案
1	*330.7	1214.3	1157.4	982.2	742.6	1
2	*697.9	1270.0	1198.3	1019.2	830.1	1
3	1095.0	1362.9	1266.9	1089.8	*973.2	5
4	1515.0	1489.3	1358.3	1189.7	*1160.2	5
5	—	1640.4	1469.3	1309.5	1381.6	4
6	—	1818.1	1601.1	1460.7	1667.0	4
7	—	2023.5	1741.2	1633.5	—	4
8	—	2256.9	1891.6	1836.7	—	4
9	—	2518.0	2050.1	2064.8	—	3

从以上计算结果可知，无论考虑工作几年，原形更新方案相应于其他方案是不利的；如果工作时间为 1～2 年，则应继续使用原设备；如果工作时间为 3～4 年，最佳方案是对原设备进行一次大修理；如果工作时间为 5～6 年，最佳方案为现代化改装；如果工作时

间超过 8 年，则用高效率新的设备替换旧设备为最佳方案。

复习思考题

1. 何谓设备的有形磨损、无形磨损？它们造成的后果有何不同？

2. 设备磨损的补偿方式有哪些？

3. 对同一种设备一般情况下的物理寿命、技术寿命、折旧寿命、经济寿命，按时间的长短给予排队，并简述理由。

4. 某设备原始价值为 8000 元，可使用 5 年，其他数据如表 8-9 所列。试求：（1）不考虑资金的时间价值时设备的经济寿命；（2）若考虑资金的时间价值（$i_c = 10\%$）时，其经济寿命又如何？

单位：元　表 8-9

设备使用寿命	1	2	3	4	5
经营成本初始值	600	600	600	600	600
经营成本劣化值		200	400	600	800
年末残值	5500	4500	3500	2500	100

5. 某厂压缩机的购价为 6000 元，第 1 年的使用费用为 1000 元，以后每年以 300 元定额递增。设备使用一年后残值为 3600 元，以后每年以 400 元定额递减，压缩机的最大使用年限为 8 年，若利率为 10%，试求压缩机的经济寿命。

6. 某机器购价为 25000 元，第 1 年末残值为 15000 元，而后每年以 1500 元定额递减；第 1 年的经营成本为 8000 元，以后每年递增 4000 元，若利率为 10%，试求其经济寿命。

7. 某公司拟更换一台旧设备，新设备可使产量增加，成本节约，更新后第一年收入增加额为 2000 元；直接工资的节约为 9000 元；间接工资的节约为 1300 元；材料损耗减少为 280 元；维修费节约为 400 元，但新设备动力消耗比旧设备多 330 元，假设新设备的预计使用年限为 15 年，使用过程中线性劣化，新设备价值为 76000 元，估计 15 年后残值为 3000 元。旧设备现在出售价格为 2500 元；旧设备一年后出售价格为 2000 元。当年利率 $i_c =$ 发放 10%，试判断用新设备更换旧设备是否经济？

8. 某厂现在经营状况：

销售收入　　　　1000 万元

总成本　　　　　9000 万元　其中：变动成本　5000 万元

固定成本　4000 万元

利润　　　　　　1000 万元

当前因设备生产率低满足不了生产要求，有一新设备可提高产销量 36.5%，变动成本率降低 5%，固定成本增加 50%，问应否更换旧设备？

9. 假定各种设备和按分项费用原始数据如表 8-10 所列，试选择最优方案（$i_c = 8\%$）。

各种设备方案原始数据　　　单位：万元　表 8-10

序号	设备方案	投资 (P)	劳动生产率提高系数	年经营费用（万元/年）								
				1	2	3	4	5	6	7	8	9
1	继续使用	0	0.7	80	100	120	140	160	—	—	—	—
2	原型更新	400	1.0	10	21	35	45	56	68	80	96	110
3	新型更新	500	1.3	8	16	28	40	50	60	70	80	90
4	现代化改装	350	1.25	15	30	45	60	75	90	105	120	135
5	设备大修理	100	0.98	20	45	70	95	120	155	180	205	230
	旧设备在更换年份的残值			40（万元）								

第九章　建设项目可行性研究与经济评价

第一节　可行性研究概述

一、可行性研究的概念

建设项目可行性研究是指在项目决策时，通过对项目有关的工程、技术、经济等各方面进行调查、研究、分析，对各种可能的建设方案和技术方案进行比较论证，并对项目建成后的经济效益进行预测和评价的一种科学分析方法。其任务是考察项目技术上的先进性和适用性，经济上的盈利性和合理性，建设的可能性和可行性。

可行性研究是从项目建设和生产经营的全过程考察分析项目的可行性，其目的是回答项目是否必要建设，是否可能建设和如何进行建设的问题，其结论为投资者的最终决策提供直接的依据。可行性研究从市场需求的预测开始，通过多方案比较，论证项目建设规模、工艺技术方案、厂址选择的合理性，原材料、燃料动力、运输、资金等建设条件的可靠性，对项目的建设方案进行详细规划，最后通过对生产经营成本、销售收入和一系列指标的计算，评价项目在财务上的生存能力和经济合理性，提出项目可行和不可行的结论。

二、可行性研究的发展

可行性研究是现代经济理论和管理科学发展的产物，最早起源于 20 世纪 30 年代，美国在开发田纳西河流域时，就开始对该流域的建设顺序、资金筹措、产品方案、生产规模等问题进行了全面的研究，作为工程项目规划的重要阶段，使项目的建设稳步地发展，从而取得了明显的经济效益。以后这项工作得到不断的充实和发展，并扩大应用到各个建设领域，成为一套科学的研究方法。第二次世界大战后，特别是 20 世纪 60 年代以来，随着科技进步和管理科学的迅速发展，为适应经济发展需要，可行性研究方法不断得到充实、完善，形成了一套系统的科学分析方法，它的应用范围也不断扩大，不仅应用于投资项目的决策分析，新产品的开发，还渗透到工农业生产经营管理、区域发展规划等多方面。1978 年，联合国工业发展组织编写了《工业可行性研究手册》，简称《手册》，用于指导工业投资开发项目可行性研究。1992 年，工发组织在总结了《手册》应用十余年经验的基础上，改写了《手册》第二版。目前，联合国、世界银行、亚洲开发银行等国际组织援助我国的投资项目，都普遍采用了可行性研究方法。

我国建设项目投资决策前的可行性研究工作是在 20 世纪 70 年代末，随着改革开放的方针的提出，在引进国外的先进技术和设备的同时逐步开展起来的，在这之前，我国在投资项目决策前所作的技术经济论证工作，其作用和目的也是为了在投资前对拟建项目的必要性、建设条件、建成后的效果等进行分析论证，以提高投资效益。

1979 年，国家有关部门邀请世界银行专家在我国举办可行性研究讲习班，介绍国外的可行性研究方法，在这之后，各部门相继举办了多次研讨班，开展对可行性研究的学习，组织翻译出版联合国工业发展组织的《手册》和其他出版物。

1981 年 1 月，国务院颁布了《技术引进和设备进口工作暂行条例》，明确规定"所有技术引进和设备进口项目，都要明确编制项目建议书和可行性研究报告"，并规定了可行性研究的内容及附件的目录，这是我国正式规定有关建设项目必须进行可行性研究工作，把编制可行性研究报告作为项目决策依据的开端。接着 1982 年 9 月国家计委又在《关于编制建设前期工作计划》的通知中进一步扩大需要进行可行性研究工作建设项目的范围，包括了所有列入"六五"计划的大中小型项目。并规定所有建设项目的设计任务书都必须在批准的可行性研究的基础上进行编制，作为最终决策和初步设计的依据。

1983 年 2 月国家计委制定和颁发《关于建设项目可行性研究的试行管理办法》。这个试行管理办法共 5 章 22 条，对有关可行性研究工作的各种问题都作了全面的阐述与规定。

1987 年，国家计委发布了《建设项目经济评价方法》、《建设项目经济评价参数》、《中外合资项目经济评价方法》，对可行性研究中的经济评价部分做了更为详细的规定和具体要求，随后又在总结和研究《建设项目经济评价方法与参数》（第一版）的基础上于 1993 年由国家计委、建设部发布《建设项目经济评价方法与参数》（第二版）。至此，我国有关建设项目可行性研究工作的管理已日趋完善，基本上能够满足建设项目决策的需要。一些部门与地方在此基础上，结合各自的特点，制定相应的可行性研究实施细则。目前，不仅大中型项目而且一些有条件的小型项目也都开展了项目的可行性研究。

三、可行性研究的作用

可行性研究的作用主要包括：

（1）作为项目评估的依据。

（2）作为向银行申请贷款的依据。目前世界银行等国际金融组织、国家开发银行、中国建设银行、工商银行、中国投资银行等，都要根据可行性研究报告，对申请贷款的项目进行全面、细致的分析与评估，确认建设项目经济效益好，具有偿还能力，不会承担很大风险时，才给予贷款。

（3）作为与建设项目有关部门商谈合同和协议的依据。一个建设项目，在设备材料、协作件、燃料、供电、供水、运输、通讯等很多方面都需要与有关部门协商，在签订合同或协议时都应以可行性研究为依据。对于技术引进和进口设备项目，国家规定必须在可行性研究报告批准后才能与外商正式签约。

（4）作为项目编制初步设计的基础。可行性研究重在研究，对产品方案、建设规模、厂区位置、生产工艺、主要设备选型、工艺流程等都做了比较和论证，确定了原则，推荐了最佳建设方案。可行性研究和设计任务书批准后，进入项目的投资实施时期，初步设计必须以此为依据，一般不另作重大方案的比较和论证。

（5）作为拟采用新技术、新设备研制计划的依据。建设项目采用新技术、新设备必须慎重，经过可行性研究证明，新技术新设备确实可行时，方可列入拟订研制计划进行研制。

（6）作为建设项目补充地形、地质工作和普通工业性试验的依据。可行性研究需要大量的基础资料，当资料不完整或深度不够，不能满足下一步工作需要时，则应根据可行性研究提出的要求进行地形、地质和工业性试验等补充。

（7）作为修改基本建设远景规划的依据。

（8）作为环保部门审查建设项目对环境影响的依据。我国基本建设环境保护法规定，编制可行性研究报告时，必须对环境影响做出评价。审批可行性研究报告时，同时审批环境保护方案。

四、可行性研究的依据

对一个拟建项目进行可行性研究，必须在国家有关的规划、政策、法规的指导下完成。同时，还要有相应的各种技术资料。可行性研究工作的主要依据有：

（1）国家有关的发展规划、计划文件。包括对该行业的鼓励、特许、限制、禁止等有关规定。

（2）项目主管部门对该项目建设要求请示的批复。

（3）项目建议书及其审批文件。

（4）项目承办单位委托进行可行性研究的合同或协议。

（5）企业的初步选址报告。

（6）拟建地区的环境现状资料。

（7）试验试制报告。在进行可行性研究前，对某些需要经过试验的问题，应由项目承办单位委托有关单位进行实验和测试，并将其结果作为可行性研究的依据。

（8）项目承办单位与有关方面取得的协议，如投资、原料供应、建设用地、运输等方面的初步协议。

（9）国家和地区关于工业建设的法令、法规。如"三废"排放标准、土地法规、劳动保护条例等。

（10）国家有关经济法规、规定。如中外合资企业法、税收、外资、贷款等规定。

（11）国家关于建设方面的标准、规范、定额资料。

（12）市场调查报告。

（13）主要工艺和装置的技术资料。

（14）项目所在地的自然、社会、经济方面的有关资料。

第二节　可行性研究的阶段、主要内容和工作程序

一、可行性研究的阶段

工业性投资项目，从筹备建设到建成投产，直至报废，其发展过程大体可以分为三个时期，即建设准备时期（投资前期）、建设时期（投资时期）、生产时期。图9-1展示了我国基建程序与国外工程建设项目进展周期的对应情况，从中可以看到，在投资前期，按照时间先后，可行性研究可分为机会研究、初步可行性研究、详细可行性研究、评价研究四个阶段。分别介绍如下：

国外建设项目进展周期　　我国基建程序

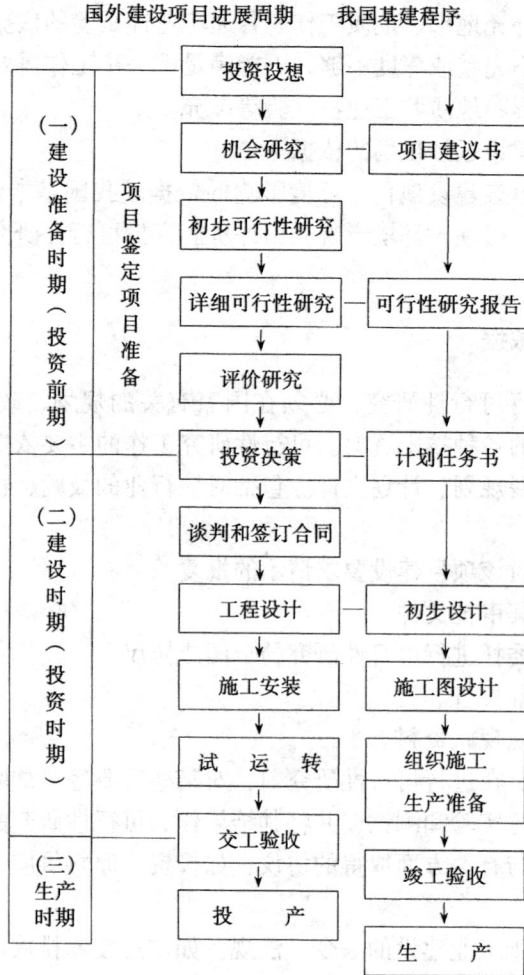

图 9-1　我国基建程序与国外建设项目进展周期的对应

1. 机会研究

机会研究是指在一定的地区和部门，利用自然资源和市场需求调查预测资料，选择寻求最佳的投资机会，对项目投资方向提出设想的工作。在西方发达国家，机会研究是建设项目可行性研究的第一阶段，相当于我国的项目建议书阶段。

在此阶段中研究以下内容：

（1）自然资源条件；

（2）项目在国民经济发展中与现有的地区工业布局的关系；

（3）项目的产品在国内外市场的需求量和发展前景；

（4）项目的建设在发展水平、劳力、资本、自然资源和经济条件方面与我国大致相似的国家和地区中的成功或失败的经验；

（5）项目的产品替代进口产品的可能性；

（6）项目建设与国内外其他工业部门的相互影响关系；

（7）项目建设的范围和内容，规模和发展前景；

（8）项目生产的产品种类和综合利用的途径；

(9) 投资机会的资金条件；

(10) 政府对该类项目发展的有关政策法令；

(11) 项目的经济和财务因素的初步研究。

机会研究又分为一般机会研究和特定项目的机会研究。前者又分三种：地区研究；分部门研究；以资源为基础的研究。后者是要选择确定项目的投资机遇，将项目意向变为概略的投资建议。

机会研究比较粗略，主要依靠笼统的估计而不是依靠详细的分析。该阶段投资估算的精确度为 ±30%，所需费用约占投资总额的 0.2%～1.0%。

如果投资机会研究证明投资项目是可行的，就可以进行下一阶段的研究。

2. 初步可行性研究（预可行性研究、前可行性研究）

初步可行性研究是西方发达国家建设项目可行性研究的第二阶段，是介于机会研究与详细可行性研究之间的一个阶段，它是在机会研究的基础上，进一步对项目建设的可能性与潜在效益进行论证分析。一些比较复杂的建设项目，仅仅依靠机会研究还不能决策取舍，在进行详细可行性研究之前，应进行初步可行性研究，以便对项目设想进行初步的估计。初步可行性研究与可行性研究的内容基本相同，只是详尽程度略有差异，前者较为粗略。

在初步可行性研究阶段需要对以下内容进行粗略的审查：市场和生产能力；材料供应状况；建厂地区和厂址；项目设计；管理费；人力；项目进度；项目财务分析。

在初步可行性研究通过后，即应对项目进行详细可行性研究。初步可行性研究阶段投资估算的精确度可达 ±20%，所需费用约占总投资额的 0.25%～1.5%。

所谓辅助研究是对投资项目的一个或几个重要方面进行的单独研究，用作初步可行性研究和可行性研究的先决条件，或用以支持这两项研究。辅助研究一般有以下几种：

(1) 产品市场研究；

(2) 原材料和其他投入物的研究；

(3) 实验室和中间试验；

(4) 现场地区研究；

(5) 规模的经济性研究；

(6) 设备选择的研究。

与初步可行性研究和可行性研究同时进行的辅助研究，可以确保可行性研究的结果更加稳妥可靠。

3. 可行性研究（详细可行性研究）

可行性研究是建设项目投资决策的基础，是在分析项目在技术上、财务上、经济上的可行性后做出投资与否的关键步骤。

这一阶段对建设投资估算的精确度为 ±10%，所需费用，小型项目约占总投资 1.0%～3.0%，大型复杂的工程约占 0.2%～1.0%。

4. 评价研究（项目评估）

按照国家计委规定，对于大中型和限额以上项目及重要的小型项目，必须经有权审批单位委托有资格的工程咨询单位进行评估论证。未经评估的建设项目，任何单位不准审批，不准组织建设。

项目评估是由投资决策部门组织或授权于建设银行、投资银行、工程咨询公司和有关专家，对建设项目可行性研究报告进行全面的审核和再评价。其主要任务是对项目的可行性研究报告提出评价意见。其内容包括：

（1）全面审核可行性研究报告中反映的各种情况是否确实；

（2）分析可行性报告中各项指标的计算是否正确，包括各种参数、基础数据、定额费率的选择；

（3）从企业、国家和社会等方面综合分析和判断工程项目的经济效益和社会效益；

（4）分析和判断可行性研究的可靠性、真实性和客观性，对项目作出最终投资决策，最后写出项目评估报告。

二、可行性研究的主要内容

可行性研究是项目前期工作中最关键的一个环节。按照国家计委 1983 年颁发的《关于建设项目进行可行性研究的试行管理办法》规定，工业项目的可行性研究，一般要求具备以下主要内容：

1．总论

包括：①项目提出的背景，投资的必要性和经济意义。②研究工作的依据和范围。

2．需求预测和拟建规模

包括：①国内外需求情况的预测。②国内现有工厂生产能力的估计。③销售预测、价格分析、产品竞争能力、进入国际市场的前景。④拟建项目的规模、产品方案和发展方向的技术经济比较和分析。

3．资源、原材料、燃料及公用设施情况

包括：①经过储量委员会正式批准的资源储量、品位、成分以及开采、利用条件的评述。②原料、辅助材料，燃料的种类、数量、来源和供应可能。③所需公共设施的数量、供应方式和供应条件。

4．建厂条件和厂址方案

包括：①建厂的地理位置、气象、水文、地质、地形条件和社会经济现状。②交通、运输及水、电、气的现状和发展趋势。③厂址比较与选择意见。

5．设计方案

包括：①项目的构成范围（指包括的主要单项工程）、技术来源和生产方法、主要技术工艺和设备选型方案的比较，引进技术、设备的来源国别，设备的国内外或与外商合作制造的设想。改扩建项目要说明对原有固定资产的利用情况。②全厂布置方案的初步选择和土建工程量估算。③工业辅助设施和厂内外交通运输方式的比较和初步选择。

6．环境保护

调查环境现状，预测项目对环境的影响，提出环境保护和"三废"治理的初步方案。

7．企业组织、劳动定员和全员培训估算。

8．实施进度的建议。

9．投资估算和资金筹措

包括：①主体工程和协作配套工程所需的投资。②生产流动资金的估算。③资金来源、筹措方式及贷款的偿付方式。

10. 项目的经济评价

包括财务评价和国民经济评价，并应进行静态和动态分析，得出评价结论。

房地产开发、交通运输、农林水利、军品建设、教育等非工业项目可行性研究的内容有其特殊要求。

三、可行性研究的工作程序

项目的可行性研究，一般由项目业主根据工程需要，委托有资格的设计院或咨询公司进行可行性研究，编制可行性研究报告。

1. 委托与签订合同

项目的可行性研究，可以由项目主管部门直接给工程设计单位下达任务进行，也可以由项目业主自行委托有资格的工程设计单位承担。

项目业主和受委托单位签订的合同中一般应包括：进行该项目可行性研究工作的依据，研究的范围和内容，研究工作的进度和质量，研究费用的支付办法，合同双方的责任、协作和关于违约处理的方法等主要内容。

2. 组织人员和制定计划

受委托单位接受委托后，应根据工作内容组织项目小组，并确定项目负责人和各专业负责人。项目组根据任务要求，研究和制定工作计划和安排实施进度。在安排实施进度时，要充分考虑各专业的工作特点和任务交叉情况，协调技术专业与经济专业的关系，为各专业工作留有充分时间，根据研究工作进度和内容要求，如果需要向外分包时，应落实外包单位，办理分包手续。

3. 调查研究与收集资料

项目组在了解清楚委托单位项目建设的意图和要求的基础上，查阅项目建设地区的经济、社会和自然环境等情况的资料。拟定调查研究提纲和计划，由项目负责人组织有关专业人员赴现场进行实地调查和专题抽样调查，收集与整理所得的初步基础资料和技术经济资料。调查的内容包括：市场和原材料、燃料、厂址和环境；生产技术、财务资料及其他。各专题调查可视项目的特点和要求分别拟定调查细目、对象和计划。

4. 方案设计与优选

接受委托的工程设计单位，根据建设项目建议书，结合市场和资源环境的调查，在收集整理了一定的设计基础资料和技术经济基本数据的基础上，提出若干种可供选择的建设方案和技术方案，进行比较和评价，从中选择或推荐最佳建设方案。

技术方案一般应包括：生产方法、工艺流程、主要设备选型、主要消耗定额和技术经济指标、建设标准、环境保护设施、定员等。

项目的建设方案一般应包括：①市场分析、产品供销预测、生产规模、产品方案的选择、产品价格预测。②核算原材料和燃料的需要量、规格；评述资源供应情况和供应条件；预测原材料、燃料的进厂价格。③估算工厂全年总运输量，选择运输方案。④确定外协工作和协作单位。⑤厂址选择及其论证。⑥项目筹资方案，如有贷款，应说明贷款来源、利息、偿还条件。⑦项目的建设工期安排等。

在方案设计与优选中，对重大问题或有争论的问题，要会同委托单位共同讨论确定。

5. 经济分析和评价

按照建设项目经济评价方法的要求，对推荐的建设方案进行详细的财务分析和国民经济分析，计算相应的评价指标，评价项目的财务生存能力和从国家角度看的经济合理性。在经济分析和评价中，需对各种不确定因素进行敏感性分析和风险分析，并提出风险转移规避等防范措施。当项目的经济评价结构不能达到有关要求时，可对建设方案进行调整或重新设计，或对几个可行性建设方案同时进行经济分析，选出技术、经济综合考虑较优者。

6. 编制可行性研究报告

在对建设方案和技术方案进行技术经济论证和评价后，项目负责人组织可行性研究项目组成员，分别编写详尽的可行性研究报告，在报告中可推荐一个或几个项目建设方案，也可提出项目不可行的结论意见和项目改进的建议。

第三节 建设项目的财务评价

一、财务评价的概念、作用及与可行性研究的关系

1. 财务评价的定义

财务评价有时也称为财务分析，是项目可行性研究中经济评价的重要组成部分。它是根据国家现行财税制度和价格体系，分析、计算投资者或项目直接发生的财务效益和费用，编制财务报表，计算评价指标，考察项目的盈利能力、清偿能力以及外汇平衡的财务状况，据以判别项目的财务与商业上的可行性。

2. 财务评价的作用

(1) 确定项目盈利能力的依据。

(2) 项目资金筹措的依据。

(3) 确定非营利项目或微利项目的财政补贴及经济优惠措施或其他弥补亏损措施。

(4) 确定中外合资项目必要性与可行性的依据。

(5) 编制项目国民经济评价的基础。

3. 建设项目财务评价与可行性研究的关系

项目财务评价几乎与可行性研究的前几个环节都有密切的联系，它所需要的所有基础数据都来源于前期的各项调查研究。如投资估算与项目拟建规模有关；成本与资源条件和原材料价格有关；利润是在产品市场预测的基础上估算出来的。因此，项目财务评价是项目可行性研究经济效益评价的重要组成部分和基础，它和国民经济评价共同构成完整的项目经济效益评价。

二、财务评价方法及步骤

下面仅就新建项目财务评价，以工业项目可行性研究为例进行介绍。

财务评价是在产品需求研究和工程技术研究的基础上进行的。财务评价主要是利用有关基础数据，通过基本财务报表，计算财务评价指标和各项财务比率，进行财务分析，作出财务评价。

一般分为以下几个步骤：

1．财务评价前的准备

（1）熟悉拟建项目的基本情况。包括建设目的、意义、要求、建设条件和投资环境，市场预测以及主要技术情况。

（2）收集整理基础数据资料。包括项目投入物和产出物的数量、质量、价格及项目实施进度的安排，资金筹措方案等。

（3）编制辅助报表。为编制基本财务报表提供依据。例如投资估算、折旧和摊销费用估算，总成本和费用估算，产品销售收入和销售税金及附加估算等辅助报表。

（4）编制基本财务报表。

2．进行财务分析

通过基本财务报表计算各项评价指标及财务比率，进行各项财务分析。例如，计算财务内部收益率、资产负债率等指标和比率，进行财务盈利能力分析、清偿能力分析、外汇平衡分析等。

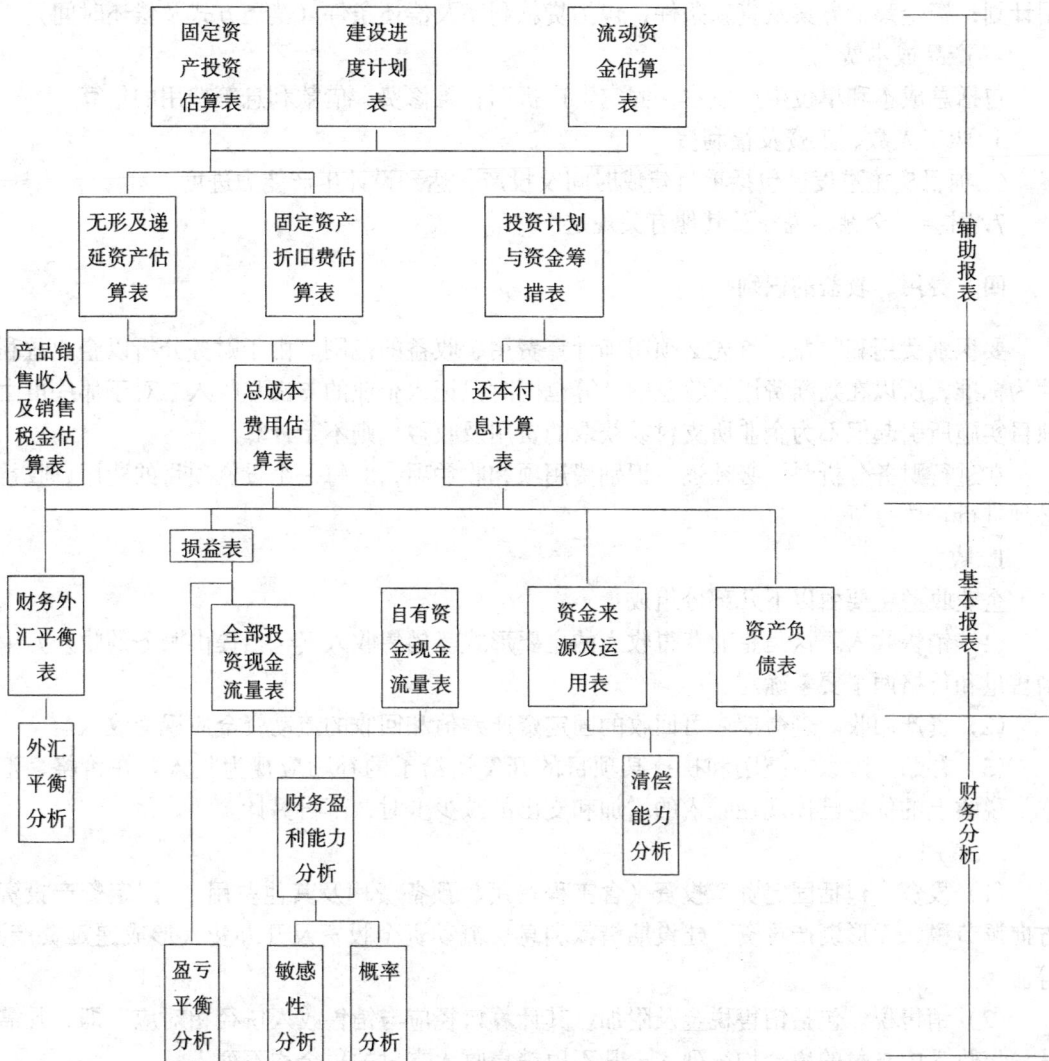

图 9-2 财务分析及计算步骤示意图

3. 进行不确定性分析

例如，盈亏平衡分析、敏感性分析、概率分析等。

财务分析及计算步骤示意图如图 9-2 所示。

三、财务评价所需要的基础数据

1. 生产规模与产品品种方案

生产规模与产品品种方案必须通过市场调查，各种产品的供求情况的分析，以及对未来发展趋势作出的有根据的预测才能确定。

2. 销售收入

计算销售收入时，假设生产出来的产品全部销售，销售量等于生产量。

3. 总投资估算及资金筹措资料

包括固定资产投资估算和流动资金估算；按资金来源的分项构成及总投资的分年度使用计划；资金筹措方案及贷款条件，包括贷款利率及偿还条件（偿还方式及偿还时间）。

4. 产品成本费用

包括总成本和单位生产成本；固定资产折旧；维修费；借款利息等费用的估算。

5. 职工人数、工资及福利费。

6. 项目实施进度。包括项目建成时间及投产、达到设计生产能力进度。

7. 财会、金融、税务及其他有关规定。

四、费用、收益的识别

要识别费用和收益，首先必须明确计算费用、收益的范围。由于财务分析以企业盈利性为标准，所以在判断费用、收益的计算范围时只记入企业的支出和收入。对于那些虽由项目实施所引起但不为企业所支付或获取的费用及收益，则不予计算。

在进行财务分析时，必须逐一识别费用项和收益项，对每一个投资项目的费用、收益必须进行具体分析。

1. 收益

企业收益主要由以下几部分组成：

（1）销售收入。这是企业获得收入的主要形式。销售收入（包括提供服务的收入）由销售量和价格两个要素确定。

（2）资产回收。寿命期末可回收的固定资产残值和回收的流动资金应视为收入。

（3）补贴。国家为鼓励和扶持某项目的开发所给予的补贴应视为收入。在价格、汇率、税收上的优惠已体现在收入的增加和支出的减少上时，不再另计。

2. 费用

（1）投资。包括固定资产投资（含工程费用、预备费用及其他费用）、固定资产投资方向调节税、无形资产投资、建设期借款利息、流动资金投资及开办费（形成递延资产）等。

（2）销售税。包括销售税金及附加。其计算口径应与销售收入口径相对应，即：凡需从销售收入中支付的税金均须列入；凡不由销售收入支付的税金均不列入。

（3）经营成本。经营成本是生产、经营过程中的支出。它和总成本费用的关系如下：

$$经营成本 = 总成本费用 - 折旧和摊销费 - 利息支出$$

经营成本是为进行经济分析从总成本费用中分离出来的一种费用。按照国家财政部门的规定，利息支出可以列入成本费用，在经济效果分析中，则将其单列。折旧是固定资产价值转移到产品中的部分，是成本的组成部分，拟应作为费用，但由于设备和原材料等不同，不是一次随产品出售消失，而是随产品一次次销售而将其补偿基金储存起来，到折旧期满，原投资得到回收。可见，折旧并没有从项目系统中流出，而是保留在系统内。我们已将投资当作支出，如果再将折旧作为支出，就重复计算了费用。在项目寿命期内如果初期投入的固定资产需要更新，其费用应由折旧基金支出，但一般说来更新投资与折旧额并不相等，为准确起见，仍将投资和折旧分开处理。总之，折旧不作为费用。有人按照财务习惯，在现金流量表中将成本列入"流出"项，此时在"流入"项内应补回折旧。

3. 价格和汇率

财务分析中的收益和费用的计算都涉及到价格，使用外汇或产品（服务）出口的项目还涉及汇率问题。财务分析中的价格一律采用成交价格（市场价格或计划价格）。汇率采用实际结算汇率，一般可按国家公布的汇率计算。

五、财务评价的基本报表及辅助报表

按照《建设项目经济评价方法与参数》的规定，基本报表有：

1. 现金流量表

现金流量表反映项目计算期内各年的现金收支（现金流入和现金流出），用以计算各项静态和动态评价指标，进行项目财务盈利能力分析。按投资计算基础的不同，现金流量表分为：

（1）全部投资的现金流量表（参见表 9-8）。该表不分投资资金来源，以全部投资作为计算基础，用以计算全部投资所得税前及所得税后财务内部收益率、财务净现值及投资回收期等评价指标，考察项目全部投资的盈利能力，为各个投资方案（不论其资金来源及利息多少）进行比较建立共同基础。

（2）、自有资金现金流量表（参见表 9-9）。该表从投资者角度出发，以投资者的出资额作为计算基础，把借款本金偿还和利息支付作为现金流出，用以计算自有资金财务内部收益率、财务净现值等评价指标，考察项目自有资金的盈利能力。

2. 损益表（参见表 9-5）

该表反映项目计算期内各年的利润总额、所得税及税后利润的分配情况，用以计算投资利润率、投资利税率和资本金利润率等财务盈利能力指标。

3. 资金来源与运用表（参见表 9-6）

该表反映项目计算期内各年的资金盈余短缺情况，用以选择资金筹措方案，制定适宜的借款及偿还计划。

4. 资产负债表（参见表 9-7）

该表综合反映项目计算期内各年末资产、负债和所有者权益的增减变化及对应关系，以考察项目资产、负债、所有者权益的结构是否合理，用以计算资产负债率、流动比率及速动比率，进行清偿能力分析。

5. 财务外汇平衡表

对于涉及产品出口创汇及替代进口节汇的项目，要进行外汇效果分析，计算财务外汇净现值、换汇成本及节汇成本等指标。

财会分析和评价指标与基本财务报表的对应关系见表 9-1。

财会分析和评价指标与基本财务报表的对应关系 表 9-1

评价内容	基本报表	静态指标	动态指标
盈利能力分析	全部投资现金流量表	全部投资回收期	财务内部收益率 财务净现值 全部投资回收期
	自有资金现金流量表		财务内部收益率 财务净现值
	损益表	投资利润率 投资利税率 资本金利润率	
清偿能力分析	资金来源与运用表	借款偿还期	
	资产负债表	资产负债率	
外汇平衡分析	财务外汇平衡表		
其他分析		价值指标或实物指标	

为编制上述基本报表，需要编制一些辅助性报表，主要有：投资估算表（包括固定资产投资估算、流动资金投资估算、无形资产投资估算及其他投资估算）、投资计划与资金筹措表、折旧与摊销估算表（包括固定资产折旧估算、无形资产及递延资产摊销估算）、债务偿还表、成本费用估算表、销售收入和税金估算表等。

六、案例分析

1．项目概况

新建一个特种建筑材料项目，预计从项目建设开始寿命期 12 年。项目建设期 2 年，投产后经 2 年达到设计能力。…。其可行性研究已完成市场需求预测、生产规模、工艺技术方案、建厂条件和厂址方案、环境保护、工厂组织和劳动定员以及项目实施规划诸方面研究论证和多方案比较。

2．基础数据

（1）项目所需各种投资及投入时间见表 9-2；

（2）投资的资金来源构成见表 9-2；

（3）借款的还款方式为：建设期利息由自有资金支付；长期借款年利率 10%，于第 4 年即项目投产第 2 年开始还本，方式为等额本金法；流动资金贷款年利率 8%，假定连续借用，项目寿命期末还本，每年付息；还本付息计算结果列于表 9-3；

（4）成本费用预测结果列于表 9-4，其中财务费用数据来源于表 9-3；

（5）项目运行中所需现金及预计的存货、应收账款、应付账款列于表 9-7 中；

（6）收入预测结果列于表 9-5。

投资计划及资金筹措表　　　　　　　　　　　　　　　　表 9-2

序号	项目	年份 建设期		投产期		合计
		1	2	3	4	
1	总资产	605	800	200	200	1805
1.1	固定资产投资①	550	700			1250
1.2	固定资产投资方向调节税②	55	70			125
1.3	建设期利息		30			30
1.4	流动资金			200	200	400
2	资金筹措	605	800	200	200	1805
2.1	自有资金	605	200		100	905
2.2	借款					
2.2.1	长期借款③		600			600
2.2.2	流动资金借款			200	100	300
2.3	其他					

注：①固定资产投资额预测值中已包含基本预备费和涨价预备费；②固定资产投资方向调节税按固定资产投资额的10％计；③固定资产投资长期借款当年计半年利息。

借款还本付息表　　　　　　　　　　　　　　　　表 9-3

序号	项目	年份 建设期		投产期		达到设计能力生产期						
		1	2	3	4	5	6	7	8	9	10	11	12
1	借款及还本付息 年初期欠款累计												
1.1	年初长期借款累计			600	600	450	300	150					
	年初流动资金借款累计		200	300	300	300	300	300	300	300	300	300	
1.2	本年长期借款		600										
	本年流动资金借款			200	100								
1.3	本年支付长期借款利息		30	60	60	45	30	15					
	本年流动资金付款利息①			16	24	24	24	24	24	24	24	24	24
1.4	本年长期借款偿还本金				150	150	150	150					
	本年流动资金偿还本金②												300
2	偿还贷款本金的资金来源③												
2.1	利润				30	30	30	30					
2.2	折旧与摊销				120	120	120	120					
2.3	自有资金		30										
2.4	资产回收④												300
2.5	其他												
	合　计												

注：①流动资金借款当年计全年利息；②假定流动资金借款在项目寿命期内连续借用，项目寿命期末归还本金；③本栏待损益表做出后完成，并根据需要进行调整；④假定项目寿命期末流动资产全额回收。

成本费用表　　　　　　　　　　　　　　　　　　　　　　　单位：万元　**表 9-4**

序号	年份 项目	投产期		达到设计能力生产期							
		3	4	5	6	7	8	9	10	11	12
1	直接材料费	320	440	690	690	690	690	690	690	690	690
2	直接人工费	90	130	190	190	190	190	190	190	190	190
3	制造费用	145	150	160	160	160	160	160	160	160	160
4	管理费用	30	45	60	60	60	60	60	60	60	60
5	销售费用	25	40	50	50	50	50	50	50	50	50
6	利息支出	76	84	69	54	39	24	24	24	24	24
7	总成本费用	686	889	1219	1204	1189	1174	1174	1174	1174	1174
	其中：折旧与摊销	130	130	130	130	130	130	130	130	130	130
8	经营成本	480	675	1020	1020	1020	1020	1020	1020	1020	1020

损　益　表　　　　　　　　　　　　　　　　　　　　　　　单位：万元　**表 9-5**

序号	年份 项目	投产期		达到设计能力生产期							
		3	4	5	6	7	8	9	10	11	12
1	产品销售收入	700	1000	1500	1500	1500	1500	1500	1500	1500	1500
2	销售税金及附加①	6	9	12	12	12	12	12	12	12	12
3	总成本费用	686	889	1219	1204	1189	1174	1174	1174	1174	1174
4	利润总额（1－2－3）	8	102	269	284	299	314	314	314	314	314
5	所得税（4×33%）	2.6	33.7	88.8	93.7	98.7	103.6	103.6	103.6	103.6	103.6
6	税后利润（4－5）	5.4	68.3	180.2	190.3	200.3	210.4	210.4	210.4	210.4	210.4
6.1	盈余公积金②	0.8	10.3	27	28.5	30	31.6	31.6	31.6	31.6	31.6
6.2	应付利润	1.6	30	120	130	140	145	145	145	145	145
6.3	未分配利润	3	28	33.2	31.8	30.3	33.8	33.8	33.8	33.8	33.8
7	累计未分配利润	3	31	64.2	96	126.3	160.1	193.9	227.7	261.5	295.3

注：①只包括城市维护建设税及教育费附加；②含盈余公积金和盈余公益金。

资金来源与运用表　　　　　　　　　　　　　　　　　　　　单位：万元　**表 9-6**

序号	年份 项目	建设期		投产期		达到设计能力生产期						
		1	2	3	4	5	6	7	8	9	10	11	12
1	资金来源	605	800	338	432	399	414	429	444	444	444	444	949
1.1	利润总额			8	102	269	284	299	314	314	314	314	314
1.2	折旧及摊销费			130	130	130	130	130	130	130	130	130	130
1.3	长期借款		600										
1.4	流动资金借款			200	100								
1.5	其他短期借款												
1.6	自有资金	605	200		100								
1.7	其他												
1.8	回收固定资产余值												105
1.9	回收流动资金												400①
2	资金运用	605	800	204.2	413.7	358.8	373.7	388.7	248.6	248.6	248.6	248.6	548.6
2.1	固定资产投资②	605	770										
2.2	建设期利息		30										
2.3	流动资金投资			200	200								
2.4	所得税			2.6	33.7	88.8	93.7	98.7	103.6	103.6	103.6	103.6	103.6
2.5	应付利润			1.6	30	120	130	140	145	145	145	145	145
2.6	长期借款还本				150	150	150	150					
2.7	流动资金借款还本												300
2.8	其他短期借款还本												
3	盈余资金	0	0	133.8	18.3	40.2	40.3	40.3	195.4	195.4	195.4	195.4	400.4
4	累计盈余资金	0	0	133.8	152.1	192.3	232.6	272.9	468.3	663.7	859.1	1054.5	1454.9

注：①其中回收的自有资金 100 万元，借款 300 万元；②含投资方向调节税。

资 产 负 债 表　　　　　　　　　　单位：万元　**表 9-7**

序号	项目	建设期		投产期		达到设计能力生产期							
	年份	1	2	3	4	5	6	7	8	9	10	11	12
1	资产	605	1405	1648.8	1777.1	1687.3	1597.9	1507.6	1573.3	1638.7	1704.1	1769.5	1454.9
1.1	流动资产总额			373.8	632.1	672.3	712.6	752.9	948.3	1143.7	1339.1	1534.5	
1.1.1	现金			30	50	50	50	50	50	50	50	50	①
1.1.2	累计盈余资金			133.8	152.1	192.3	232.6	272.9	468.3	663.7	859.1	1054.5	1454.9
1.1.3	应收账款			40	80	80	80	80	80	80	80	80	①
1.1.4	存货			170	350	350	350	350	350	350	350	350	①
1.2	在建工程	605②											
1.3	固定资产净值		1405	1275	1145	1015	885	755	625	495	365	235	③
1.4	无形和递延资产净值												
2	负债和所有者权益	605	1405	1648.8	1777.1	1687.3	1597.6	1507.9	1573.3	1638.7	1704.1	1769.5	1454.9
2.1	流动负债总额			240	380	380	380	380	380	380	380	380	
2.1.1	应付账款			40	80	80	80	80	80	80	80	80	
2.1.2	流动资金借款			200	300	300	300	300	300	300	300	300	
2.1.3	其他短期借款												
2.2	长期借款		600	600	450	300	150						
	负债小计		600	840	830	680	530	380	380	380	380	380	
2.3	所有者权益												
2.3.1	资本金	605	805	805	905	905	905	905	905	905	905	905	905
2.3.2	资本公积金												
2.3.3	累计盈余公积金			0.8	11.1	38.1	66.6	96.6	128.2	159.8	191.4	223	254.6
2.3.4	累计未分配利润			3	31	64.2	96	126.3	160.1	193.9	227.7	261.5	295.3
	资产负债率（%）		42.7	51.0	46.7	40.3	33.2	25.2	24.2	23.2	22.3	21.5	
	流动比率（%）			155.8	166.3	176.9	187.5	198.1	249.6	301.0	352.4	403.8	
	速动比率（%）			84.9	74.2	84.8	95.4	106.0	157.4	208.9	260.3	311.7	

注：①假定项目寿命期末（第 12 年末）停止经营，用于经营运行的现金退出经营，存货全部出清，应收账款全部收回；②含固定资产投资、投资方向调节税和建设期利息；③寿命期末回收的固定资产余值（105 万元）包含在"累计盈余资金"内了。

现金流量表（全部投资）　　　　　　　　单位：万元　表 9-8

序号	项目 \ 年份	建设期		投产期		达到设计能力生产期	
		1	2	3	4	5	6
1	现金流入						
1.1	产品销售收入			700	1000	1500	1500
1.2	回收固定资产余值						
1.3	回收流动资金						
2	现金流出						
2.1	固定资产投资①	605	770				
2.2	流动资金投资			200	200		
2.3	经营成本			480	675	1020	1020
2.4	销售税金及附加			6	9	12	12
2.5	所得税			2.6	33.7	88.8	93.7
3	净现金流量（所得税前）	−605	−770	14	116	468	468
4	净现金流量（所得税后）	−605	−770	11.4	82.3	379.2	374.3
5	累计净现金流量（税后）	−605	−1375	−1363.6	−1281.3	−902.1	−527.8
6	$(P/F, 0.12, t)$	0.8929	0.7972	0.7118	0.6355	0.5674	0.5066
7	净现金流现值（税后）	−540.2	−613.8	8.1	52.3	215.2	189.6
8	累计净现金流现值（税后）	−540.2	−1154	−1145.9	−1093.6	−878.4	−688.8

序号	项目 \ 年份	达到设计能力生产期					
		7	8	9	10	11	12
1	现金流入						
1.1	产品销售收入	1500	1500	1500	1500	1500	1500
1.2	回收固定资产余值						105
1.3	回收流动资金						400
2	现金流出						
2.1	固定资产投资①						
2.2	流动资金投资						
2.3	经营成本	1020	1020	1020	1020	1020	1020
2.4	销售税金及附加	12	12	12	12	12	12
2.5	所得税	98.7	103.6	103.6	103.6	103.6	103.6
3	净现金流量（所得税前）	468	468	468	468	468	973
4	净现金流量（所得税后）	369.3	364.4	364.4	364.4	364.4	869.4
5	累计净现金流量（税后）	−158.5	205.9	570.3	934.7	1299.1	2168.5
6	$(P/F, 0.12, t)$	0.4523	0.4039	0.3606	0.3220	0.2875	0.2567
7	净现金流现值（税后）	167.0	147.2	131.4	117.3	104.8	223.2
8	累计净现金流现值（税后）	−521.8	−374.6	−243.2	−125.9	−21.1	202.1

注：①含投资方向调节税。

148

现金流量表（自有资金） 单位：万元 **表 9-9**

序号	项目 \ 年份	建设期		投产期		达到设计能力生产期	
		1	2	3	4	5	6
1	现金流入						
1.1	产品销售收入			700	1000	1500	1500
1.2	回收固定资产余值						
1.3	回收流动资金						
2	现金流出						
2.1	自有资金投入	605	200		100		
2.2	长期借款 还本 / 付息		30	60	150 / 60	150 / 45	150 / 30
2.3	流动资金借款 还本 / 付息			16	24	24	24
2.4	其他短期借款 还本 / 付息						
2.5	经营成本			480	675	1020	1020
2.6	销售税金及附加			6	9	12	12
2.7	所得税			2.6	33.7	88.8	93.7
3	净现金流量	−605	−230	135.4	−51.7	160.2	170.3
4	累计净现金流量	−605	−835	−669.6	−751.3	−591.1	−420.8
5	$(P/F, 0.12, t)$	0.8929	0.7972	0.7118	0.6355	0.5674	0.5066
6	净现金流量现值	−540.2	−183.4	96.4	−32.9	90.9	86.3
7	累计净现金流量现值	−540.2	−723.6	−627.2	−660.1	−569.2	−482.9

序号	项目 \ 年份	达到设计能力生产期					
		7	8	9	10	11	12
1	现金流入						
1.1	产品销售收入	1500	1500	1500	1500	1500	1500
1.2	回收固定资产余值						105
1.3	回收流动资金						400
2	现金流出						
2.1	自有资金投入						
2.2	长期借款 还本 / 付息	150 / 15					
2.3	流动资金借款 还本 / 付息						300
2.4	其他短期借款 还本 / 付息	24	24	24	24	24	24
2.5	经营成本	1020	1020	1020	1020	1020	1020
2.6	销售税金及附加	12	12	12	12	12	12
2.7	所得税	98.7	103.6	103.6	103.6	103.6	103.6
3	净现金流量	180.3	340.4	340.4	340.4	340.4	545.4
4	累计净现金流量	−240.5	99.9	440.3	780.7	1121.1	1666.5
5	$(P/F, 0.12, t)$	0.4523	0.4039	0.3606	0.3220	0.2875	0.2567
6	净现金流量现值	81.5	137.5	122.7	109.6	97.9	140
7	累计净现金流量现值	−401.4	−263.9	−141.2	−31.6	36.3	206.3

3．财务评价

（1）财务盈利能力分析　在现金流量表 9-8 和表 9-9 中，分别列出了所得税前后的净现金流量，由此可计算所得税前后的各项经济效果指标，并可进行对比。一般来说，以所得税后的指标为主要判断依据。本例中仅计算所得税后的各项指标。

①财务现金流量表（全部投资）见表9-8。根据该表计算的评价指标为：

静态投资回收期　　$T_P = 7.4$ （年）

动态投资回收期　　$T_P' = 11.1$ （年）

净现值　　　　　　　　　$NPV = 202.1$ （万元）

内部收益率　　　　　　　$IRR = 14.8\%$

②财务现金流量表（自有资金）见表9-9。根据该表计算的评价指标为：

净现值　　　　　　　　　$NPV = 206.3$ （万元）

内部收益率　　　　　　　$IRR = 16.3\%$

需要说明的是，表9-9的净现金流量序列正负号变化3次，上述值需经检验。本例经检验，16.3%是内部收益率。

本例中全投资内部收益率（14.8%）大于基准折现率（12%），而基准折现率大于贷款利率。因此，全投资净现值和内部收益率均应分别小于自有资金净现值和内部收益率。上述计算结果符合这一结论。

从总体看，该项目投资效果较好。

（2）清偿能力分析

由资金来源与运用表9-6可以看出，由项目筹措的资金和项目的净收益足可支付各项支出，不需借短期贷款即可保证资金收支相抵有余。表现在表9-6中，各年的累计盈余资金均大于零，可满足项目运行要求。

由借款还本付息表9-3可以看出，项目可筹集足够的资金按与银行商定的还款办法偿还贷款。从资产负债表9-7的资产负债率、流动比率、速动比率三项指标来看，项目的负债比率除个别年份外，均在50%以下，流动比率和速动比率较高；在项目达到设计能力后，三项指标更为好转。从整体看，该项目偿债能力较强。

第四节　建设项目的国民经济评价

一、国民经济评价的概念

1. 国民经济评价定义

国民经济评价是指按照资源合理配置的原则，从国家整体角度考虑项目的效益和费用，用货物影子价格、影子工资、影子汇率和社会折现率等经济参数分析、计算项目对国民经济的净贡献，评价项目的经济合理性。

应当指出一个项目对国民经济的影响是多方面的。其中包括以货币计量的经济效益的增长及国民生产总值的增长。同时还给社会带来多方面的影响，如增加就业机会、提高人民文化教育水平、达到社会公平分配；并对社会生态环境、科学技术、社会意识形态、国家的社会结构、生产力布局、国民经济实力与国际竞争力等方面产生影响。由于对国民经济的范围有不同的理解，因而国民经济评价的内容也有所不同。

对国民经济评价的狭义理解，认为项目的评价应分为多方面的，经济评价应与社会评价分开，经济评价仅仅分析和评价项目对国家经济产生的影响，项目对就业、消费、文化教育、文学艺术、生态环境、科学技术等社会生活的其他方面产生的影响放在社会评价中去分析和评价。

对国民经济评价的广义理解，认为可以将费用和效益的比较方法用于项目影响的各个方面，可以将各种影响的费用和效益都用统一的计量单位、用统一的费用与效益相比较、分析的方法，以确定项目各种影响的总费用和总效益。由联合国工业发展组织和世界银行发表的两种项目经济评价方法，采用这种广义的经济评价概念。但这两种方法还有不少差别。

我国现在采用的《建设项目经济评价方法与参数》基本上采用了狭义的国民经济评价概念，即要求用统一量纲（货币），将项目对国民经济产生的各种影响，用统一的费用、效益分析方法进行分析、比较和评价，考虑到我国的实际情况，采用了比较简化的处理方法。

上述定义规定了国民经济评价是按照资源最优配置的原则和从国家整体角度考虑项目的费用与效益。这就规定了我国的国民经济评价是以资源达到有效利用为目标，即效率目标。不对所产生的效益是用于积累还是消费加以区别。同时这个定义还规定了用货物的影子价格、影子工资、影子汇率和社会折现率等经济参数，计算项目对国民经济的净贡献。

2. 国民经济评价与财务评价的关系

国民经济评价与财务评价是相联系的，它们之间既有共同之处，又有区别，两者的共同之处：①评价的目的相同。两者都是寻求以最小的投入获得最大的产出。②评价的基础相同。两者都是在完成产品需求预测、厂址选择，工艺技术路线和技术方案论证，投资估算和资金筹措的基础上进行的。③基本分析方法和主要指标的计算方法类同。两者都采用现金流量分析方法，通过基本报表计算净现值、内部收益率等指标。

财务评价与国民经济评价的主要区别：①评价角度不同。财务评价是从财务角度考察项目货币收支、盈利状况和借款偿还能力，以确定投资行为的财务可行性。国民经济评价是从国家整体的角度考察项目需要国家付出的代价和对国家的贡献即国民经济效益，确定投资行为的宏观可行性。②效益与费用的含义及划分范围不同。财务评价是根据项目的实际收支确定项目的效益和费用。税金、利息等均计为费用。国民经济评价是着眼于项目对社会提供的有用产品和服务，以及项目所耗费的全社会有用资源，考察项目的效益和费用，故税金，国内借款利息和补贴等属于国民经济范围内的转移支付（资金在经济部门之间的单向转移，并无双向交易，并未创造额外收入或资源耗费），不计为项目的效益和费用。财务评价只计算项目直接发生的效益与费用，国民经济评价对项目引起的间接效益与费用，即外部效果也要进行计算和分析。③费用、效益的计算价格不同。财务评价采用实际的财务价格计算费用与效益，国民经济评价则采用较能反映资源真实价值的影子价格来计量费用与效益。④评价的判据不同。财务评价的主要判据是行业基准收益率或要求达到的收益率、固定资产投资贷款的偿还期。国民经济评价的判据则是社会折现率。

由于以上的区别，财务评价与国民经济评价的结论可能有以下四种情况：①财务评价与国民经济评价结论都表明项目可行，项目应予通过。②财务评价与国民经济评价结论都表明项目不可行，项目应予否定。③财务评价结论表明项目可行，而国民经济评价结论表明项目不可行，项目一般应予否定。④财务评价结论表明项目不可行，国民经济评价结论表明项目是好项目，一般应予推荐。但是，在社会主义市场经济条件下，一个财务上没有生命力的项目是难以生存的。因此，必要时可重新考虑方案进行"再设计"，使其具有财务生存能力。比如，对某些国计民生急需，国民经济效益好，而财务收益欠佳的项目，可在税收上或贷款上给予优惠、放松价格管制等，使其也能具有财务生存能力。

3. 国民经济评价的必要性

由于在现行的财务、税收制度和价格体系下财务评价往往不能说明项目对于整个国民经济的真实贡献。有些项目财务评价的效益很好，盈利性很高，但实际上对国民经济的贡献并不大。比如某些地区上一些小造纸厂、小皮革厂，若从财务评价角度考察，企业盈利性很好，利润很高，税收也很高，似乎对国家的贡献也很大。可是如果站在国家的角度，从全社会的利益考察这些项目的经济效益，就会发现这些项目由于规模小，档次低，资金实力差，根本无力构建污水处理系统，给周围地区的生态平衡、农副业生产和人民群众的身体健康造成了极大危害。从国家的整体利益和长远利益来看，这些项目的兴建是得不偿失的。相反，有些项目，也许财务评价的盈利性并不高，但可能是由于价格、税收等方面的政策原因，项目实际上对国民经济的贡献还是很大的，比如一些原油、电力、水利工程、公路桥梁、文教卫生等项目。国民经济评价正是为了解决财务评价不能正确反映项目对国民经济的真实效益和费用的问题。

二、建设项目的效益与费用的识别

由于有些项目建立后，所带来的经济收益或费用成本，不一定都能作为该项目的经济效益或费用成本，必须经过识别才能加以确定。

1. 建设项目的效益与费用

建设项目的效益是指项目对国民经济所做的贡献，分为直接效益和间接效益。

直接效益是指由项目产出物产生，并在项目范围内计算的经济效益，而间接效益是指由项目引起而在直接效益中未得到反映的那部分效益。

例如，建造一项污水处理设施后，因水质改善而带来的经济效益，是该项目的直接效益；与此同时由于改善湖泊的水质，使湖泊增加了旅游的效用，并为在湖泊周围开展钓鱼、游泳、划船等娱乐度假经营活动带来了经济效益，则就是该项目的间接效益。

建设项目的费用是指国民经济为项目所付出的代价，是预计该项目执行过程中国民经济所花费的增支成本，分为直接费用和间接费用。

直接费用是指由项目使用投入物所产生，并在项目范围内计算的经济费用，而间接费用是指由项目引起而在项目直接费用中未得到反映的那部分费用。

项目的间接效益和间接费用统称为外部效果，是指由于项目实施而带来的在项目以外、未计入项目的效益与费用的、也不是项目建设的本意而产生的效果。外部效果又称为外部性间接效果、溢出效果、二级效益与费用。

计算外部效果时，必须同时满足以下两个条件，即相关性条件与不计价条件。所谓相关性条件，是指由于项目的经济活动而影响与本项目无直接关系的其他生产者和消费者的生产水平或消费质量。所谓不计价条件，是指这种效果未通过交换也不需要补偿。如果只满足了相关性条件，但却是计价的。那么，这时的外部效果已经内部化了，不能重复计算。

外部效果的范围很广，较明显的有生产者之间的外部效果与生产对消费者的外部效果。生产者之间的外部效果，如某生产者的产出受其他生产者的产出的影响。比如养蜂生产者的产出受油菜生产者的影响，显然养蜂生产者的效果，不是油菜生产者的本意，也未予计价，是油菜生产者的外部效果。生产者对生产者及消费者的外部费用如造纸厂的排污、电厂的排烟，使附近地区农作物减产，鱼类生产下降甚至绝收，居民饮水水质下降，空气污染危及健康，这是负的外部效果。

识别企业外部效果的一个重要原则是区别外部效果是技术性的还是钱币性的。如某种外部效果使社会总生产或总消费发生变化的，则是技术性的外部效果，应在项目评价时计作项目的效益或费用。而钱币性的效果是指由于项目的产出或投入，而使产出物和投入物的价格发生变化，从而使与生产或消费相同投入物、产出物的第三者效益发生变化。这种第三者及相关企业效益的变化是钱币性的效果，是反映项目的产出或投入物引起国民经济范围内效益的重新分配，是生产者与消费者之间的转移支付，并未引起社会总生产和总消费的变化，不能计为项目的外部效果，否则会引起重复计算。由于费用效益分析的范围很广，防止重复计算是极为重要的。又如修建一条高速公路，使人流、货流加快，节省了时间，这是修路的直接效益。但与此同时，使通车的地方住房涨价、土地涨价，这都是修路后引起的。但是，社会总效益没有变，这种涨价反映了房产主、地产主与买主之间的利益再分配，是转移支付。

2．在建设项目经济分析中应考虑的外部效果

(1) 环境影响。有些项目会对自然环境和生态产生污染和破坏。主要的环境污染包括：排放污水造成水污染；排放有毒气体和粉尘造成大气污染；噪声污染；放射性污染；临时性的或永久性的交通阻塞、航道阻塞；自然环境的改变对生态造成破坏，等等。项目造成的环境污染和生态破坏是项目的一种间接费用，这种间接外部费用一般较难定量计算，近似的可按同类企业所造成的损失估计，或按恢复环境质量所需的费用估计。有些项目还有环境治理工程，会对环境产生好的影响，评价中也应计算相应的效益。环境影响有时不能定量计算，至少也应当是定性描述。

(2) 技术扩散效果。一个技术先进项目的实施，由于技术人员的流动、技术的扩散和推广，整个社会都将受益。但这类外部效果通常都难于定量计算，一般只作定性说明。

(3) "上、下游"企业相邻效果。项目的"上游"企业是指为该项目提供原材料和半成品的企业，项目的实施可能会刺激这些上游企业得到发展，增加新的生产能力或是使原有生产能力得到更充分的利用。例如兴建汽车厂，会对为汽车厂生产零部件的企业产生刺激，对钢铁生产企业产生刺激。项目的"下游"企业是指使用项目的产出物作为原材料和半成品的企业，项目的产品可能会对下游企业的经济效益产生影响，使其闲置的生产能力得到充分利用，或使其在生产上降低成本。如果在国内已经有了很大的电视机生产能力而显像管生产能力不足时，兴建显像管生产厂会对电视机厂的生产产生刺激。显像管产量增加，价格下降，可以刺激电视机的生产和消费。大多数情况下，项目对"上、下游"企业相邻效果可以在项目投入和产出物的影子价格中得到反映，在项目的直接费用和效益中计算，不应再计算间接效果，例如显像管厂项目的产品如以进口替代计算其影子价格，就不应再计算电视机厂生产受到刺激增加生产和降低成本带来的间接效益。也有些间接影响难

以在影子价格中计算，需要作为项目的外部效果计算。

（4）乘数效果。是指项目的实施使原来闲置资源得到利用，从而产生一系列的连锁反应，刺激某一地区或全国的经济发展。例如兴建汽车厂会带动零部件厂发展，带动各种金属材料和非金属材料生产的发展，进而带动机床生产、能源生产的发展。在对经济落后地区的项目进行国民经济评价时，可能会需要考虑这种乘数效果，特别应注意选择乘数效果大的项目作为扶贫项目。一般情况下，只计算一次相关效果，不连续扩展计算乘数效果。

（5）价格影响。有些项目的产品大量出口，从而导致了我国此类产品出口价格的下降，减少了创汇收益，成为项目的外部费用。如果项目的产品增加了国内市场供应量，导致产品市场价格下降，可以使用户和消费者得到产品降价的好处。但这种好处一般不应计作项目的间接收益，因为产品降价将使原料生产厂的效益减少，也就是说生产厂减少的收益转移给了用户和消费者，从整个国民经济来说，效益并没有增加或减少。这与产品出口所导致的价格变化不同。

3. 无形效果和公共货物

项目直接的或外部的效果中有这样一类效果，它们不在市场上出售，没有市场价格，或者现有市场不能完全确定它们的社会价值。这些效果称为无形效果，即是指用现有的数据或经验方法尚无法适当地用金钱来计量的效果。例如城市的犯罪率、国防、噪声、空气污染、绿化等，它们没有交换这些效果的市场，因而也就没有衡量它们效果的价格。尽管通常情况下这些外部效果会影响财产价格（如出租、出售房屋价格、土地价格），部分地表现了它们的外部费用，但不能完全地反映总的外部费用。近来西方国家有很多文章讨论生命的代价问题，给影响生命安全这种无形效果定价，他们也承认这不符合道义和伦理原则。但现实生活中，这种代价是存在的。公路的修建会增加人身事故，如果人的生命是无价的话，公路就不会修建了。所以公路修建本身说明决策者已经以某种影子价格估价了人的生命，公路修建的效益至少要超过由此而产生的人身事故的损失。

从发展的角度看，无形效果不是绝对不能计量的，随着时间的推移和计量技术的发展，有些目前无法计量的效果将来也会变得可以计量的。

尽管无形效果没有市场价格，但我们可以根据人们的支付意愿和接受意愿来估计这种无形效果。在估计无形效果时，首先可以计算它的实物指标，如噪声指标、空气的含硫量等，然后再设法估计这类实物指标的货币价值（支付意愿和接受意愿）。然而这一步是比较复杂和困难的。

产生无形效果的一个重要原因是存在公共物品。公共物品是同时具有下列两种特性的货物或服务，不同时满足这两个条件的称为私有物品。这两种特性，一是集体供应，即供应一个人的同时，不能排除供应其他人的可能性，既无排他性。二是集体消费，当某个人消费时，不会影响其他人的消费，即无竞争性。

许多物品如铁路和汽车的座位，它们虽是集体供应的，但不是公共物品。因为第二个条件集体消费不满足，一个人占用时就排斥了其他人的享受。

上面所说的多数无形效果都是由公共物品所产生的。例如，社会安全措施、公共照明、交通信号、空气和水的净化、环境绿化、电视与广播等等。

确定支付意愿和接受意愿的方法通常有以下几种：

（1）对顾客进行询问。但通过询问确定支付意愿可靠性较差。

（2）参照公共设施以外的类似物品的市场价格。

（3）用提供服务的成本作为该种服务的社会价值。这种方法往往低估了支付意愿。

（4）在过去政府的决策中，隐含着这些外部效果的定量。因此，可以从政府过去的决策中推导出其隐含的价值。

（5）在实在无法给出适当的影子价格时，可以把那些非货币表示的效果和成本分别列出，计算单位费用的效果，或单位效果的费用，即用费用效果分析法。

三、影子价格

为使社会资源能够合理配置和有效利用，就必须使价格能够真实反映其经济价值，这样才能正确地计算项目的投入和产出，才能正确地进行收益和费用的比较。为此，在项目的国民经济分析中采用一种新的价格体系——影子价格体系。

1. 影子价格的概念

影子价格这个术语是 20 世纪 30 年代末 40 年代初，由荷兰数理经济学家、计量经济学创始人之一瞻恩·丁伯根和前苏联数学家、经济学家、1975 年诺贝尔经济学奖金获得者康特罗维奇分别提出来的。在西方最初称为预测价格或计算价格，前苏联称为最优计划价格。后改称为影子价格，都是从线性规划、资源最优配置中产生的价格。

现在经济评价中使用的影子价格大都是运用"机会成本"的概念求得的，有人将其看做是"实用的"影子价格，所谓机会成本就是指某种资源用于本项目而牺牲用于某一用途的价值，例如，土地的机会成本就是该土地用于本项目之前的经济价值，如果原为农田，即为牺牲农业产量的价值；如果所用土地是荒地，则对国民经济无损失，这种情况下土地的机会成本近于零。运用机会成本概念求得的影子价格，在投资排队时也可以在很大程度上逼近资源的最优分配。

目前，影子价格有多种定义和广泛的含义，我们可以给出简洁的定义：当某种资源处于最佳分配状态时，其边际产出价值，就是这种资源的影子价格。

资产阶级经济学家认为，完全自由竞争会使社会趋向于这种最优状态。因此，市场价格就等于影子价格。显然这是没有根据的，因为自由竞争可能趋于某种平衡，但不一定是最优的，而且，为了达到这种平衡，往往伴随着经济危机与大量社会财富的浪费。我们不能采取这种办法来改变我们的经济，但是我们应当重视那种用巨大财富换来的信息——国际市场价格作为我们确定影子价格的参考。因此，除了那些不合理的垄断因素外，国际市场价格具有上述影子价格的性质，因而可以作为评价价格的基础。

2. 影子价格的确定

我国《建设项目经济评价方法与参数》规定：为了正确估算建设项目对整个国民经济的净效益，在进行国民经济评价时，对于在项目效益和费用中占比重较大，或者国内价格明显不合理的投入物和产出物，应以影子价格代替财务评价中所用的现行价格进行效益和费用的计算。

确定影子价格时，对于投入物和产出物，首先要区分为外贸货物、非外贸货物和特殊投入物三大类别，然后根据投入物和产出物对国民经济的影响分别处理。

（1）影子汇率（SER）　　汇率是指两个国家（包括地区）不同货币之间的比价或交换比率。

影子汇率是反映外汇真实价值的汇率。影子汇率的确定，主要依据一个国家或地区一段时期内进出口的结构和水平、外汇的机会成本及发展趋势、外汇供需状况等因素的变化。一旦上述因素发生较大变化时，影子汇率值需作相应的调整。

我国目前外汇管理体制实行的是以市场供求为基础的有管理的单一的浮动汇率制度，根据以市场价格为基点的原则，我们把经过修正的市场浮动汇率视为影子汇率。

（2）社会折现率　　社会折现率是资金的影子利率，是项目国民经济评价的重要通用参数，在项目经济评价中作为计算经济净现值的折现率，并作为衡量经济内部收益率的基准值。它是项目经济可行性和方案比较的主要判据。

社会折现率表示从国家角度对资金机会成本和资金时间价值估量。采用适当的折现率有利于合理分配建设资金，指导资金投向对国民经济贡献大的项目，调节资金供求关系，促进资金在短期和长期建设项目之间的合理调配。

社会折现率对于经济发达国家一般不低于 10％，甚至可高达 15％。根据我国在一定时期内的投资收益水平、资金机会成本、资金供求状况、合理的投资规模以及项目国民经济评价的实际情况，由国家统一测定发布。国家计委 1987 年首次公布的社会折现率为 10％，1993 年第二次公布的社会折现率为 12％。

（3）外贸货物的影子价格　　外贸货物是指其生产或使用将直接或间接影响国家进出口的货物。外贸货物包括：项目产出物中直接出口、间接出口和替代进口；项目投入物中直接进口、间接进口和挤占原可用于出口的国内产品。

外贸货物影子价格的定价基础是国际市场价格。国际市场价格并非就是完全理想的价格，存在着诸如发达国家有意压低发展中国家初级产品的价格，实行贸易保护主义，限制高新技术向发展中国家转移以维持高技术产品的垄断价格等问题，但在国际市场上起主导作用的还是市场机制，各种商品的价格主要由供需规律所决定，多数情况下不受个别国家和集团的控制，是在市场竞争中形成的，一般比较接近商品的真实价值。因此，按国际市场价格确定外贸货物的影子价格，不仅反映了一个从事国际贸易的国家面临的经济环境和约束条件的真实影响，而且也为正确确定外贸货物与非外贸货物之间的比价关系奠定了基础。

在国民经济评价中，口岸价格应按本国货币计算。口岸价格是到岸价格与离岸价格的统称。所谓到岸价格是指进口货物到达本国口岸的价格，包括国外购货成本（即国外的离境交货价格）及货物运到本国口岸所需要的运输费用和保险费，到岸价格简称（CIF）；所谓离岸价格是指出口货物的离境交货价格，如为海港交货，则指船上交货价格，离岸价格简称（FOB）。故口岸价格的实际计算公式如下：

到岸价格（人民币）＝美元结算的到岸价格×影子汇率

离岸价格（人民币）＝美元结算的离岸价格×影子汇率

项目外贸货物的影子价格按下述公式计算

①产出物（项目产出物的出厂价格）

a. 直接出口产品的影子价格（SP）

$$SP = FOB \times SER - (T_1 + T_{r1}) \tag{9-1}$$

式中　T_1——国内运输费用；

　　T_{r1}——贸易费用。

b. 间接出口产品的影子价格（SP）

$$SP = FOB \times SER - (T_2 + T_{r2}) + (T_3 + T_{r3}) - (T_4 + T_{r4}) \tag{9-2}$$

式中　T_2——原供应厂到口岸的运输费用；

　　T_{r2}——相应贸易费用；

　　T_3——原供应厂到用户的运输费用；

　　T_{r3}——相应贸易费用；

　　T_4——拟建项目到用户的运输费用；

　　T_{r4}——相应贸易费用。

原供应厂和用户难以确定时，可按直接出口考虑。

c. 替代进口产品的影子价格（SP）

$$SP = CIF \times SER + (T_5 + T_{r5}) - (T_4 + T_{r4}) \tag{9-3}$$

式中　T_5——口岸到用户的运输费用；

　　T_{r5}——相应贸易费用。

具体用户难以确定时，可按到岸价格计算。

②投入物（项目投入物的到厂价格）

a. 直接进口产品的影子价格（SP）

$$SP = CIF \times SER + (T_1 + T_{r1}) \tag{9-4}$$

b. 间接进口产品的影子价格（SP）

$$SP = CIF \times SER + (T_5 + T_{r5}) - (T_3 + T_{r3}) + (T_6 + T_{r6}) \tag{9-5}$$

式中　T_6——供应厂到拟建项目的运输费用；

　　T_{r6}——相应贸易费用。

原供应厂和用户难以确定时，可按直接进口考虑。

c. 减少出口产品的影子价格（SP）

$$SP = FOB \times SER - (T_2 + T_{r2}) + (T_6 + T_{r6}) \tag{9-6}$$

供应厂难以确定时，可按离岸价格计算。

（4）非外贸货物的影子价格　　非外贸货物是指生产或使用不影响国家进出口的货物。根据不能外贸的原因，非外贸货物可分为天然非外贸货物和非天然的非外贸货物。

天然非外贸货物是指使用和服务天然地限于国内，包括国内施工和商业以及国内运输和其他国内服务。非天然的非外贸货物是指由于经济原因和政策原因不能外贸的货物。政策原因：由于国家的政策和法令限制不能外贸的货物；经济原因：其国内生产成本加上到口岸的运输、贸易费用后的总费用高于离岸价格，致使出口得不偿失而不能出口，同时，国外商品的到岸价格又高于国内生产同样商品的经济成本，致使该商品也不能从国外进口。在忽略国内运输费用和贸易费用的前提下，由于经济性原因造成的非外贸货物满足以下条件：

离岸价格＜国内生产成本＜到岸价格

非外贸货物的影子价格按下述原则和方法确定：

①产出物

a. 增加供应数量满足国内销售的产品，其影子价格分三种情况确定：国内供求均衡时，按市场价格定价；供不应求的，参照国内市场并考虑价格变化的趋势定价，但不应高于相同质量产品的进口价格；无法判断供求情况的，取上述价格中较低者（目的在于防止高估项目收益）。

b. 不增加国内供求数量，只是替代其他相同或类似企业的产出物，致使被替代企业停产或减产的。质量与被替代产品相同的，应按被替代企业相应的产品可变成本分解定价；提高产品质量的，原则上应按被替代产品的可变成本加提高产品质量而带来的国民经济效益定价，其中，提高产品质量带来的效益，可近似地按国际市场价格与被替代产品的价格之差确定。

c. 产出物按上述原则定价后，再计算为出厂价格。

②投入物

a. 能通过原有企业挖潜（不增加投资）增加供应的，按可变成本分解定价。

b. 在拟建项目计算期内需通过增加投资扩大生产规模来满足拟建项目需要的，按全部成本（包括可变成本和固定成本）分解定价。当难以获得分解成本所需的资料时，可参照国内市场价格定价。

c. 项目计算期内无法通过扩大生产规模增加供应的（减少原用户的供应量），参照国内市场价格，国家统一价格加补贴中较高者定价。

d. 投入物按上述原则定价后，再计算为到厂价格。

(5) 特殊投入物的影子价格

①劳动力的影子工资　在国民经济评价中把劳动力作为一种特殊投入来对待，工资按影子工资计算。所谓影子工资是指建设项目使用劳动力，国家和社会为此付出的代价。影子工资主要包括劳动力的边际产出（劳动力的边际产出指一个建设项目占用的劳动力，在其他使用机会下可能创造的最大效益）。另外还包括劳动力就业转移而引起的社会资源耗费，如为劳动力就业而支付的搬迁费、培训费、城市交通费等。影子工资的计算，由财务评价所用的工资及提取的职工福利基金之和乘以影子工资换算系数求得。为了简便易行，一般可把项目劳动力分为管理和技术人员，熟练工人，非熟练工人三种类别，分别进行调整。

应当注意，在具体确定影子工资时，必须对项目所处的经济环境作深入的调查研究。例如，如果不考虑劳动力转移可能增加的社会耗费，一个由人浮于事的单位转移到项目中来的劳动力，可能丝毫不影响原单位的产出，那么这种人力转移所放弃的边际产出价值为零，即这种转移的机会成本——影子工资为零。倘若项目劳动力来自一个人手短缺的企业，从而使企业另招收一人顶替缺员，生产没有下降，那么，项目招收该企业劳动力对国民经济的影响就表现在新替补的劳动力所放弃的产出上。如果这个替补的劳动力就业前是一名待业青年，则影子工资为零；如果这个替补的劳动力以前有劳动收入，项目招收劳动力的影子工资就是替补劳动力所放弃的劳动收入，可见，要准确确定项目劳动力的影子工资是一件很困难的工作。不过只要进行较好的判断，还是能达到满意效果的。比如项目的影子工资总量不大，不会对项目的评价结论产生实质性影响，那就没有必要对其进行大量调整计算，对于工资总量占总成本比重很小的项目理应如此。所以，在一般情况下，可以将财务成本中的工资及提取的职工福利基金作为影子工资的估计值。对于劳动密集型项目，若其影子工资总量占总成本份额较大，那么对其影子工资进行细致的计算就是必要的。

②土地的影子费用　　土地也是项目的特殊投入物。我国目前取得土地使用权的方式有：行政划拨、协商议价、招标投标、拍卖等。采用不同的方式获得土地使用权，投资项目占用土地的财务费用就可能会有所不同，但是同一地块在一定时期其经济费用，即土地的影子费用应是惟一的。土地的影子费用是指项目占用土地，国家和社会为此所付出的代价。土地的影子费用包括拟建项目占用土地而使国民经济为此放弃的效益——土地机会成本，以及国民经济为项目占用土地而新增加的资源耗费（如拆迁费用、剩余农业劳动力安置费等）。如果项目占用的土地是没有什么用处的荒山野岭，其机会成本可视为零；若项目所占用的是农业土地，其机会成本为原来的农业净收益；如果项目占用城市用地，应以项目以外的其他单位愿意支付的最高财务价格作为土地经济价值的估计值。如果无法获得这种数据，可参照附近或类似地区的土地财务价格确定。

四、国民经济评价的指标及步骤

1. 国民经济评价的指标

国民经济评价包括国民经济盈利能力分析和外汇效果分析，以经济内部收益率为主要评价指标。根据项目特点和实际需要，也可计算经济净现值等指标。产品出口创汇及替代进口节汇的项目，要计算经济外汇净现值、经济换汇成本和经济节汇成本等指标。此外，还可对难以量化的外部效果进行定性分析。

（1）国民经济盈利能力分析

①经济内部收益率（EIRR）　　经济内部收益率是反映项目对国民经济净贡献的相对指标。它是项目在计算期内各年经济净效益流量的现值累计等于零时的折现率。其表达式为

$$\sum_{t=1}^{n} (B - C)_t (1 + EIRR)^{-t} = 0 \qquad (9-7)$$

式中　B——效益流入量；

C——费用流入量；

$(B - C)_t$——第 t 年的净效益流量；

n——计算期。

判别准则：经济内部收益率等于或大于社会折现率表明项目对国民经济的净贡献达到或超过了要求的水平，这时应认为项目是可以考虑接受的。

②经济净现值（ENPV）　　经济净现值是反映项目对国民经济净贡献的绝对指标，它是指用社会折现率将项目计算期内各年的净收益流量折算到建设期初的现值之和。其表达式为：

$$ENPV = \sum_{t=1}^{n} (B - C)_t (1 + i_s)^{-t} \qquad (9-8)$$

式中　i_s——社会折现率。

判别准则：经济净现值等于或大于零表示国家为拟建项目付出代价后，可以得到符合社会折现率的社会盈余，或除得到符合社会折现率的社会盈余外，还可以得到以现值计算的超额社会盈余，这时就认为项目是可以考虑接受的。

（2）外汇效果分析

①经济外汇净现值（$ENPV_F$）　　经济外汇净现值是反映项目实施后对国家外汇收支直接或间接影响的重要指标，用以衡量项目对国家外汇真正的净贡献（创汇）或净消耗（用汇）。经济外汇净现值可通过经济外汇流量表计算求得，其表达式为

$$ENPV_f = \sum_{t=1}^{n}(FI - FO)_t(1 + i_s)^{-t} \tag{9-9}$$

式中　FI——外汇流入量；

　　　FO——外汇流出量；

$(FI - FO)_t$——第 t 年的净外汇流量；

　　　n——计算期。

当中有产品替代进口时，可按净外汇效果计算经济外汇净现值。

②经济换汇成本　　当有产品直接出口时，应计算经济换汇成本。它是用货物影子价格、影子工资和社会折现率计算的为生产出口产品而投入的国内资源现值（以人民币表示）与生产出口产品的经济外汇净现值（通常以美元表示）之比，亦即换取 1 美元外汇所需要的人民币金额，是分析评价项目实施后在国际上的竞争力，进而判断其产品应否出口的指标，其表达式为

$$经济换汇成本 = \frac{\sum_{t=1}^{n}DR_t(1 + i_s)^{-t}}{\sum_{t=1}^{n}(FI' - FO')_t(1 + i_s)^{-t}} \tag{9-10}$$

式中　DR_t——项目在第 t 年为出口产品投入的国内资源（包括投资、原材料、工资、其他投入和贸易费用），元；

　　　FI'——生产出口产品的外汇流入，美元；

　　　FO'——生产出口产品的外汇流出（包括应由出口产品分摊的固定资产投资及经营费用中的外汇流出），美元；

　　　n——计算期。

③经济节汇成本　　当有产品替代进口时，应计算经济节汇成本，它等于项目计算期内生产替代进口产品所投入的国内资源的现值与生产替代进口产品的经济外汇净现值之比，即节约 1 美元外汇所需要的人民币金额。其表达式为

$$经济节汇成本 = \frac{\sum_{t=1}^{n}DR''_t(1 + i_s)^{-t}}{\sum_{t=1}^{n}(FI'' - FO'')_t(1 + i_s)^{-t}} \tag{9-11}$$

式中　DR''_t——项目在第 t 年为生产替代进口产品投入的国内资源（包括投资、原材料、工资、其他投入和贸易费用），元；

　　　FI''——生产替代进口产品所节约的外汇，美元；

　　　FO''——生产替代进口产品的外汇流出（包括应由替代进口产品分摊的固定资产投资及经营费用中的外汇流出），美元；

判别准则：经济换汇成本或经济节汇成本（元/美元）小于或等于影子汇率，表明该项目产品出口或替代进口是有利的。

2. 国民经济评价的基本报表及辅助报表

国民经济评价的基本报表一般包括国民经济效益费用流量表（全部投资）和国民经济效益费用流量表（国内投资）。前者以全部投资作为计算的基础，用以计算全部投资经济内部收益率、经济净现值等评价指标；后者以国内投资作为计算的基础，将国外借款利息和本金的偿付作为费用流出，用以计算国内投资的经济内部收益率、经济净现值等评价指标，作为利用外资项目经济评价和方案比较取舍的依据。为了编制国民经济评价的基本报表，需对投资、销售收入和经营进行调整。

涉及产品出口创汇和替代进口节汇的项目，还应编制经济外汇流量表。为了编制经济外汇流量表，还需编辅助报表（国内资源流量表）（见表 9-10～表 9-16）。

国民经济基本报表 1

国民经济效益费用流量表（全部投资）　　　单位：万元　**表 9-10**

序号	年 份 项 目	建设期		投产期		达到设计能力生产期				合 计
		1	2	3	4	5	6	……	n	
	生产负荷（%）									
1	效益流量									
1.1	产品销售（营业）收入									
1.2	回收固定资产余值									
1.3	回收流动资金									
1.4	项目间接效益									
2	费用流量									
2.1	固定资产投资									
2.2	流动资金									
2.3	经营费用									
2.4	项目间接费用									
3	净效益流量（1−2）									

计算指标：经济内部收益率：

　　　　　　经济净现值（$i_s=$　%）：

注：生产期发生的更新改造投资作为费用流量单独列项或列入固定资产投资项中。

国民经济基本报表 2

国民经济效益费用流量表（国内投资）　　　单位：万元　**表 9-11**

序号	年 份 项 目	建设期		投产期		达到设计能力生产期				合 计
		1	2	3	4	5	6	……	n	
	生产负荷（%）									
1	效益流量									
1.1	产品销售（营业）收入									
1.2	回收固定资产余值									
1.3	回收流动资金									
1.4	项目间接效益									
2	费用流量									
2.1	固定资产投资中国内资金									
2.2	流动资金中国内资金									
2.3	经营费用									
2.4	流至国外的资金									
2.4.1	国外借款本金偿还									

序 号	年 份 项 目	建设期		投产期		达到设计能力生产期				合 计
		1	2	3	4	5	6	……	n	
2.4.2	国外借款利息支付									
2.4.3	其他									
2.5	项目间接费用									
3	净效益流量（1-2）									

计算指标：经济内部收益率：

经济净现值（$i_s=$　%）：

注：生产期发生的更新改造投资作为费用流量单独列项或列入固定资产投资项中。

国民经济基本报表3

经济外汇流量表　　单位：万美元　**表9-12**

序 号	年 份 项 目	建设期		投产期		达到设计能力生产期				合 计
		1	2	3	4	5	6	……	n	
	生产负荷（%）									
1	外汇流入									
1.1	产品销售外汇收入									
1.2	外汇借款									
1.3	其他外汇收入									
2	外汇流出									
2.1	固定资产投资中外汇支出									
2.2	进口原材料									
2.3	进口零部件									
2.4	技术转让费									
2.5	偿付外汇借款本息									
2.6	其他外汇支出									
3	净外汇流量（1-2）									
4	产品替代进口收入									
5	净外汇效果（3+4）									

计算指标：经济外汇净现值（$i_s=$　%）：

经济换汇成本或经济节汇成本：

注：技术转让费是指生产期支付的技术转让费。

国民经济辅助报表1

出口替代进口产品国内资源流量表　　单位：万元　**表9-13**

序 号	年 份 项 目	建设期		投产期		达到设计能力生产期				合 计
		1	2	3	4	5	6	……	n	
	生产负荷（%）									
1	固定资产投资中国内资金									
2	流动资金中国内资金									
3	经营费用中国内费用									
4	其他国内投入									
5	国内资源流量合计 （1+2+3+4）									

国内资源流量现值（$i_s=$　%）：

出口产品中国内投入现值：

162

国民经济辅助报表 2

国民经济评价投资调整计算表　　单位：万元、万美元　**表 9-14**

序号	项　　目	财务评价				国民经济评价				国民经济评价比财务评价增减（±）
		合计	其　中			合计	其　中			
			外币	折合人民币	人民币		外币	折合人民币	人民币	
1	固定资产投资									
1.1	建筑工程									
1.2	设备									
1.2.1	进口设备									
1.2.2	国内设备									
1.3	安装工程									
1.3.1	进口材料									
1.3.2	国内部分材料及费用									
1.4	其他费用									
	其中：（1）土地费用									
	（2）涨价预备费									
2	流动资金									
3	合计									

国民经济辅助报表 3

国民经济评价销售收入调整计算表　　单位：万元　**表 9-15**

序号	产　品　名　称	年销售量				财务评价					国民经济评价						
		单位	内销	替代进口	外销	合计	内销		外销		合计	内销		替代进口		外销		合计
							单价	销售收入	单价	销售收入		单价	销售收入	单价	销售收入	单价	销售收入	
1	投产第一年负荷（×%）																
	·																
	·																
	·																
	小计																
2	投产第二年负荷（×%）																
	·																
	·																
	·																
	小计																
3	正常生产年份（100%）																
	·																
	·																
	·																
	小计																

国民经济辅助报表 4

国民经济评价经营费用调整计算表　　　　单位：万元　**表 9-16**

序号	项　目	单位	年耗量	财务评价		国民经济评价	
				单价	年经营成本	单价（或调整系数）	年经营费用
1	外购原材料						
	•						
	•						
	•						
2	外购燃料和动力						
2.1	煤						
2.2	水						
2.3	电						
2.4	汽						
2.5	重油						
	•						
	•						
	•						
3	工资及福利费						
4	修理费						
5	其他费用						
6	合计						

3. 国民经济评价的具体步骤

国民经济评价可以在财务评价基础上进行，也可以直接进行。

（1）在财务评价基础上进行国民经济评价的步骤

①效益和费用范围的调整：a. 剔除已计入财务效益和费用中的转移支付；b. 识别项目的间接收益和间接费用，对能定量的应进行定量计算，不能定量的，应作定性分析。

②效益和费用数值的调整：

a. 固定资产投资的调整。剔除属于国民经济内部转移支付的引进设备、材料的关税和增值税，并用影子汇率、影子运费和贸易费用对引进设备价值进行调整；对于国内设备价值则用其影子价格、影子运费和贸易费用进行调整。

根据建筑工程消耗的人工、三材、其他大宗材料、电力等，用影子工资、货物和电力的影子价格调整建筑费用，或通过建筑工程影子价格换算系数直接调整建筑费用。

若安装费中的材料费占很大比重，或有进口安装材料，也应按材料的影子价格调整安装费用。

用土地的影子费用代替占用土地的实际费用。

剔除涨价预备费。

调整其他费用。

b. 流动资金的调整。调整由于流动资金估算基础的变动引起的流动资金占用量的变动。

c. 经营费用的调整。可以先用货物的影子价格、影子工资等参数调整费用要素，然后再加总求得经营费用。

d. 销售收入的调整。先确定项目产出物的影子价格，然后重新计算销售收入。

e. 在涉及外汇借款时，用影子汇率计算外汇借款本金与利息的偿付额。

③编制项目的国民经济效益费用流量表（全部投资），并据此计算全部投资经济内部收益率和经济净现值指标。对使用国外贷款项目，还应编制国民经济收益费用流量表（国内投资），并据此计算国内投资经济内部收益率和经济净现值指标。

④对于产出物出口（含部分出口）或替代进口（含部分替代进口）的项目，编制经济外汇流量表和国内资源流量表，计算经济外汇净现值、经济换汇成本和经济节汇成本。

（2）直接做国民经济评价的步骤

①识别和计算项目的直接收益，对那些为国民经济提供产出物的项目，首先应根据产出物的性质确定是否属于外贸货物，再根据定价原则确定产出物的影子价格。按照项目的产出物种类、数量及其逐年的增减情况和产出物的影子价格计算项目的直接效益。对那些为国民经济提供服务的项目，应根据提供服务的数量和用户的受益计算项目的直接效益。

②用货物的影子价格、土地的影子费用、影子工资、影子汇率、社会折现率等参数直接进行项目的投资估算。

③流动资金估算。

④根据生产经营的实物消耗，用货物的影子价格、影子工资、影子汇率等参数计算经营费用。

⑤识别项目的间接效益和间接费用，对能定量的应进行定量计算，对难以定量的，应作定性描述。

⑥编制有关报表，计算相应的评价指标。

复 习 思 考 题

1. 什么是项目国民经济评价？它与财务评价有何不同？

2. 项目的外部效果分为哪几种类型？哪些外部效果需要列入国民经济评价的现金流量表中？

3. 在国民经济评价中进行价格调整的主要原因是什么？外贸物品、非外贸物品和特殊投入物的调价原则分别是什么？

4. 某一出口产品，其影子价格为 1260 元/t，国内现行价格为 980 元/t，求其价格换算系数。

5. 某一进口产品，其国内现行价格为 500 元/t，其价格系数为 2.3，国内运输费及贸易费为 120 元，影子汇率为 6.0，求该进口产品的到岸价格。

6. 某项目 M 的投入物为 G 厂生产的 A 产品，由于项目 M 的建成使原用户 W 由 G 厂供应的投入物减少，一部分要靠进口，已知条件如下：M 距 G 100km，G 距 W 130km，W 距港口 200km；进口到岸价为 300 美元/t，影子汇率 9 元人民币/美元，国内运费 0.05 元/t·km，求项目 M 投入物到厂价的影子价格。

第十章 价值工程

第一节 价值工程的基本原理

一、价值工程的产生和发展

价值工程（Value Engineering），开始叫价值分析（Value Analysis），1947 年前后起源于美国。第二次世界大战期间，由于战争需要，美国军事工业迅速膨胀，市场原材料供应严重不足，给企业生产造成很大困难。美国通用电气公司设计师劳伦斯 D·麦尔斯（Laurence D·Miles）正为这家公司购买一批石棉板，由于货源奇缺，价格飞涨，难以买进。在着急为难之际，他提出一系列问题，如：为什么要买石棉板？它的作用是什么？是否可以用其他东西代替？经分析，购买石棉板的目的在于避免涂料弄脏地板和防止火灾。当时美国消防法规定，"刷产品涂料时要在地板上垫一层不燃烧的石棉板"。于是，麦尔斯便从"代用材料"上动脑筋，在市场上找到一种不燃烧的纸。这种纸货源充足，价格便宜，很有利于企业降低成本。通过试验，这种纸确有石棉板隔脏和防火的功能。经过与消防当局交涉协商，修改了消防法，同意采用这种纸。这样既保证了生产所需，又节省了开支。这件事大大启发了麦尔斯，他在有关主管的支持下，与几个助手一起开展了这方面的研究，总结了一套在保证实现同样功能的前提下，寻找代用材料、降低产品成本的科学分析方法，并以"价值分析"为名发表。麦尔斯的基本观点是：

（1）用户需要的不是产品本身，而是它的功能，而且用户是按照与这些功能相适应的代价来支付货币金额的。

（2）价值分析的核心是功能分析，企业必须认真研究用户对产品功能的要求。企业如何才能设计和生产出物美价廉的产品，这实质上是怎样才能以最低的费用提供用户所需功能的问题。

（3）产品的功能与成本比值低的原因在于人，应把负责功能方面的技术部门与负责成本方面的经济及采购等部门联系起来，有效地提高价值。

麦尔斯后来负责了美国通用电气公司的价值分析活动，并不断改进这套方法，使其应用范围远远超过了原来的采购与代用方面。由于成效显著，引起美国实业界的普遍重视与效仿。50 年代初，美国国防部在舰船局全面推行这套技术并改称其为"价值工程"，这标志着这一技术经济方法的成熟与独立。

价值工程一经产生，便显示出其巨大的生命力。麦尔斯所在的通用电气公司开展价值工程活动 17 年，花费 80 万美元，却带来了 2 亿多美元的节约。1961 年，美国国防部迫于议会对军费开支过于庞大的强烈不满，要求有关企业必须采用价值工程方法降低生产成本，否则不予订货，这一措施取得巨大成效。统计资料表明，1964～1972 年 9 年间，美国国防部由于推广价值工程活动节约了 10 亿美元。美国休斯飞机公司在 1978 年发动 4000 多人参加价值工程活动，为本公司提案 3714 件，节约 1 亿多美元。

30 多年来，西方许多国家都迅速推广了价值工程方法。如日本日立公司在不景气的 1974 年提出价值工程倍增计划，要求把因实施价值工程而带来的节约额由原来的每月 12 亿日元提高到 25 亿日元，并把价值工程扩展到产品设计、制造、采购、运输等方面，实际每月节约额超过 50 亿日元。西方国家普遍成立了价值工程师学会，并在许多大学开设价值工程课程，训练和培养了大批价值工程人员。

二、价值工程的基本概念

麦尔斯的价值工程方法充分考虑了用户的利益。用户为了满足某一方面需要去买相应的产品，同时希望价格尽量低。如何在产品设计和生产中以用户的这一基本要求为指导，生产出物美价廉的产品？麦尔斯为解决这一问题，将产品的共性提取出来，建立了一整套衡量物美价廉的基本概念和基本标准，以及相应的计算方法。学习价值工程应首先理解这些基本概念。为易于表达，以下叙述主要针对产品而言。

1. 功能（Function）

（1）功能的意义　　在价值工程中，功能是指被分析对象所具有的、能够满足某种需求的一属性。对产品来说，功能是指产品的用途和使用价值；对进行某项服务的作业来说，是指它能发挥的作用。功能是价值工程分析对象具有的本质特征，它通过使用或实施而产生。

功能是任何一种产品名称产生的原因，产品若不具备必要的功能就不成其为产品。因此，企业生产产品，实际上是生产它的功能；用户购买产品，实际上是为了购买它的功能。由于功能是通过产品这种有形实体的使用体现的，人们往往注重了产品的有形实体而忽视了功能的研究，这是造成设计不合理、产品功能不足或功能过剩的主要原因。价值工程以"功能"的概念将产品抽象化，追求实现产品必要功能并最大限度降低产品成本的目标，这正是价值工程分析方法的科学性的反映。

（2）功能的分类

①按重要程度的大小，功能可分为基本功能和辅助功能。基本功能是满足基本要求的、代表整个产品必要特征的功能。基本功能的存在是用户购买产品的主要原因。辅助功能是为实现或完善基本功能而需要的功能。辅助功能在产品中的作用十分重要，在改进产品时主要是改进辅助功能。这是因为，就产品设计目的而言，基本功能是主要的，辅助功能是次要的；但就产品的质量而言，则主要是由辅助功能的实现程度决定的。

②按功能的作用不同，功能可分为使用功能和外观功能。使用功能是产品在使用中发挥出的、满足用户使用要求的功能，它使产品具有实用价值。使用功能的实现程度以产品内在的质量、性能指标来表示。外观功能也称为美学功能，是为满足用户对产品外观或贵重性能要求所提供的，它对产品的外观起美化装饰作用，可使用户在使用产品时得到美的享受，引起用户的购买欲望。外观功能的实现程度多表现为外在的质量指标，通常以产品的形状、色泽、重量、包装等形式出现。

③按用户需要与否，功能可分为必要功能和不必要功能。必要功能是产品满足用户需要所必须具备的功能，包括用户直接需要的基本功能和间接需要的各种辅助功能。必要功

能是不能缺少、必须保证的。不必要功能是用户不需要的、或对实现基本功能没有任何作用的功能，它是由于设计者没有掌握用户要求而主观增加的，以及设计不合理形成的。不必要功能包括：a. 无用功能；b. 重复功能；c. 过剩功能。国外有关资料表明，通常认为设计合理的产品中往往含有 30% 的不必要功能，因此，清除不必要功能，是价值工程的重要内容之一。

2. 寿命周期费用（Life Cycle Cost）

价值工程活动主要通过功能分析来寻求降低成本的途径，其立足是用户。用户在购买产品时，除考虑产品的价格外，还要考虑产品使用中的种种问题，如动力消耗、可靠性、维修性等，由此引出了一个费用概念：寿命周期费用（简称成本）。

产品的寿命周期是指自然寿命周期，即产品从设计、制造、销售到使用、使用停止的全过程。对于用户来说，寿命周期费用是指从购买产品开始，到使用满足需要为止所花费的全部费用，即购买价格与使用费用之和。寿命周期费用的计算式为

$$C = C_1 + C_2 + C_3 \tag{10-1}$$

式中　C——寿命周期费用；

　　　C_1——销售成本；

　　　C_2——利税和；

　　　C_3——使用费用。

如果考虑资金的时间价值，使用费用 C_3 应当折算成现值。

在产品的费用中考虑使用费用是从用户立场出发的，产品只有得到用户的认可和欢迎才具有生命力。许多产品的使用费用很高，据统计，不少机床的购置费占寿命周期费用的 20%～30%，而使用、维修费用却占到 70%～80%；一栋楼房的建筑费用仅占寿命周期费用的 40%，而 60% 花在使用过程中；至于那些高耗能产品，其使用费用的比例就更大了。

在产品的费用中考虑利税部分是顾及产品生产者及国家的利益。将寿命周期费用分为销售成本加使用费用（$C_1 + C_3$）和利税（C_2）两部分，降低寿命周期费用就有下面几种途径：

(1)（$C_1 + C_3$）下降，C_2 不变。这意味着在不损害企业及国家利益情况下降低寿命周期费用，同时用户也得到一定好处。

(2) C_2 下降，（$C_1 + C_3$）不变。这意味着是在用降低企业及国家收益情况下降低寿命周期费用，即用户得到的好处是利税的减少部分。

(3)（$C_1 + C_3$）大幅度下降，C_2 有部分提高。这意味着在部分提高企业及国家收益情况下降低寿命周期费用，同时用户也得到一定好处。

这三种途径一般可采用一、三种，而第二种方式只在个别情况下使用。

寿命周期费用分为销售价格（$C_1 + C_2$）和使用费用 C_3 两部分，用于分析费用与功能实现程度的关系。一般地说，销售价格（主要是制造成本部分）随功能实现程度的增大而增加，而使用费用随功能实现程度的增大而减少。这是因为，功能实现程度高的产品，其性能优良质量好，因而制造成本也较高；同时在使用中由于低消耗、易维修，使用费用则较低。销售价格和使用费用与功能实现程度的关系如图 10-1 所示。

从图 10-1 中可以看到，寿命周期费用曲线呈马鞍形，与最低点对应的功能实现程度 F_0 称为最合适功能实现程度，相应的寿命周期成本称为最低寿命周期费用 $C_{\min}$。功能实

现程度越接近 F_0，寿命周期费用越低。实际上，F_0 和 C_{min} 是一种理想状态，价值工程的目的就是使产品的功能实现程度尽量达到 F_0，从而使寿命周期费用达到最小值。

（三）价值（Value）

价值工程中所使用的"价值"与政治经济学中的价值概念不同。政治经济学中的"价值"是指凝结在商品中的人类抽象劳动，其大小是由生产商品的社会平均必要劳动时间决定的。而价值工程中的"价值"接近于人们日常生活中的价值概念，它是评价事物好坏程度的标准，是衡量事物经济效益高低的尺度，是产品的功能与成本的比值，其计算式为

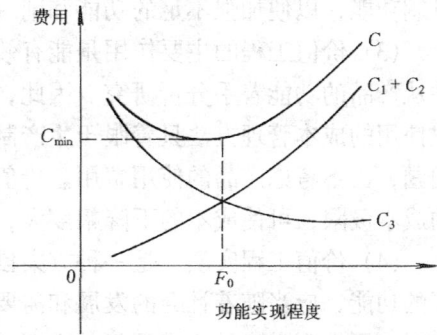

图 10-1　寿命周期费用与功能
实现程度的关系

$$价值 = \frac{功能}{成本}$$

简写为

$$V = \frac{F}{C} \tag{10-2}$$

上式说明，价值与功能成正比关系，成本相同的产品，功能高的则价值高；价值与成本成反比关系，功能相同的产品，成本低的则价值高。如果进一步把功能理解为使用价值或全部产出，把成本理解为劳动消耗或全部投入，不难看出，式（10-2）实际上还是技术经济中相对经济效益的表达式。

从（10-2）式中可以看出，要提高价值，可以采用的形式主要有四种途径，见表 10-1所列。

提高产品价值主要形式　　　　　　　　　　　　　　　　　　　　表 10-1

序　号	基本原理	表达方式	序号	基本原理	表达方式
1	成本不变 提高功能	$\dfrac{F\uparrow}{C} = V\uparrow$	3	功能提高 成本降低	$\dfrac{F\uparrow}{C\downarrow} = V\uparrow$
2	功能不变 降低成本	$\dfrac{F}{C\downarrow} = V\uparrow$	4	功能大增 成本略增	$\dfrac{F\uparrow\uparrow}{C\uparrow} = V\uparrow$

4．价值工程

价值工程可表述为：价值工程是通过对产品或作业的功能分析，力图以最低寿命周期费用，可靠地实现产品必要功能的有组织的集体创造活动。

价值工程的定义反映了下列内容：

（1）价值工程的分析对象可以是一件产品或产品的某个组成部件，可以是一项劳务作业或管理过程，也可以是产品生产的工艺方法。

（2）价值工程的核心是进行功能分析。功能即作用、效用。用户购买产品不是为了获得产品本身，而是为了获得它的功能。因此，对产品进行价值分析，首先不是分析其结构而是分析其功能。比如在分析建筑物基础时，首先是分析其承受上部荷载的功能而不是分析其具体的现有的结构形式，以便根据上部荷载和地基状况创造出最优的结构方案。其次，通过功能分析，搞清楚哪些是基本功能，哪些是辅助功能，哪些是必要功能，哪些是

过剩功能，以便加强不足的功能和削减过剩功能，从而达到降低成本，提高价值的目的。

（3）价值工程的主要作用是能有效降低成本。价值工程追求尽量低的寿命周期费用，并从产品的功能着手分析研究。因此，可从产品的设计上根本改变成本的构成。而过去普遍使用的成本管理方法只着眼于生产制造过程的费用水平的降低，既不考虑产品结构上的问题，也不考虑产品的使用费用。价值工程兼顾了功能和费用两个方面，能突破设计确定的成本极限，可使成本的下降幅度大，经济效果好。

（4）价值工程实质上是一种方案创新与选优的技术经济方法。作为满足社会和人们需要的功能，应当随着社会的发展和需要的提高而不断更新。为此，价值工程活动在改进功能时，要求列举多种改进更新的方案，经过分析对比，选出技术上更先进、经济上更合理的最优方案，这正是技术经济的研究方法。

三、价值工程的应用范围和活动程序

1. 价值工程的应用范围

价值工程的应用范围比较广泛，既可用于以实物为分析对象的产品改进，也可用于以作业为分析对象的技术应用；既可用于微观经济，也可用于宏观经济。可以说，从产品开发、设计、研究、生产，直到经营管理的各个部分；从工具装备的研究改进，到工作方法、作业程序、管理体系的改革，凡是有实现某功能要求和付出代价的地方，都可以应用价值工程的基本原理和方法。而且分析对象可大可小，比较灵活。从大型建筑、航天工程，到小型的民用产品；从复杂的电子通讯设备，到简单的自来水笔，都可以开展价值工程活动。

企事业单位开展价值工程可以发现更好的产品设计，并对它们的制造方法、工艺流程、应用材料等等做出正确的决策，从而在充分利用设备、人力、资金等资源的基础上降低成本，提高质量，增加利润。政府部门开展价值工程，可以使用国家兴建的大型工程项目采用技术上先进、经济上合理的施工程序，促使每元工程成本发挥最大的经济效益。

2. 价值工程的活动程序

价值工程在不断研究和应用的过程中逐渐总结出一套系统的方法。价值工程的分析过程实际上是一个发现问题、研究问题和解决问题的过程。针对价值工程的研究对象，逐步深入地提出一系列问题，通过回答问题来寻找答案。价值工程所要回答的问题有如下七个：

（1）价值分析的对象是什么？
（2）它的作用是什么？
（3）它的成本是多少？
（4）它的价值是多少？
（5）有无其他方案实现同样功能？
（6）新方案的成本是多少？
（7）新方案能满足要求吗？

这七个问题是一条重要线索，如能依次圆满回答，就能较好地解决问题，找到更好的改进方案。

价值工程的实施步骤按一般的决策过程分为分析问题、综合研究和方案评价三个阶

段；按工作开展的具体步骤或环节分为选择对象、收集情报、功能分析、创造新方案、新方案的分析与评价、方案实施和成果总评七个步骤。这七个问题、三个阶段和七个具体步骤的对应关系见表10-2。

价值工程的活动程序对应表

表 10-2

一般决策过程的阶段	实施的具体步骤	回答的问题	一般决策过程的阶段	实施的具体步骤	回答的问题
分析问题	1. 选择对象 2. 选集情报	1. 价值工程的对象是什么？	综合研究	4. 创造新方案	5. 有无其他方案实施同样功能？
	3. 功能分析	2. 它的作用是什么？ 3. 它的成本是多少？ 4. 它的价值是多少？	方案评价	5. 新方案的分析与评价	6. 新方案的成本是多少？ 7. 新方案能满足要求吗？
				6. 方案实施 7. 成本总评	

第二节　价值工程的实施步骤和方法

一、选择对象

价值工程活动的第一步是选择对象。这是因为生产、建设和科研中的技术经济问题很多，范围很广，不可能也不必要都做价值分析，需要明确分析的主攻方向；价值工程活动本身需要一定的劳动消耗，为了讲求价值分析的经济效益，还必须挑选研究对象中最有研究价值的部分作为分析目标。

对象的选择原则可按下列几个方面考虑：

（1）成本高或投资大的产品或项目。成本高指某种产品占本厂成本比例大，只要这种产品成本降低一点，本厂成本就有较大的节约。投资大是指某类建设项目或技术方案投资数额较大，这类项目在保证预定功能的条件下，即使投资节约1%，也是一个大数目，价值工程的经济效益将是十分显著的。

（2）量大面广的产品。这类产品单个而论成本不定大，但由于大量生产，每个产品只要成本降低一点或收益增加一点，积累起来的数量就很大。

（3）质量差、用户意见多的产品。这类产品可能是由于功能差影响使用效果或增加使用成本的缘故。对这类产品进行价值分析，通过加强不足功能，使成本增量小而功能增量大来提高其价值。

（4）结构复杂的产品。结构越复杂，简化和改进的潜力越大，能够取消的过剩功能或辅助功能就越多。

（5）重量或体积大的产品。对这类产品，不仅有可能改进工艺，而且有可能改变用料或作业方法。

（6）关键的构配件。因其对功能影响最大，所以保证其可靠地实现功能，就能提高价值水平。

选择对象的方法有定性和定量两大类分析法。

（一）定性分析法

这种方法主要是根据一些原则或经验来选择对象。就产品而言，在选择价值工程分析对象时可能遇到两个层次的问题；一是在多种产品中选择哪种产品作为分析对象？二是在某种产品的多个零（部）件中选择哪些零（部）件作为分析对象？定性分析法一般解决第一个层次中的对象选择问题，包括以下两个方法：

1．经验分析法

它是根据选择对象的一般原则，凭价值分析人员的经验和知识，结合企业具体情况，选择价值工程对象的一种定性分析法。具体做法是：组织企业中有经验和熟悉情况的人员，以大家认为哪些产品、构配件最需要改善功能，降低成本为题，讨论发表意见。然后综合各方面的意见，作为价值分析的对象。此法简单易行，省时省力，应用较多。但因其只作定性分析，可靠性和准确性差些。

2．市场寿命周期分析法

这是应用产品的市场寿命周期原理来确定价值工程分析对象的方法。产品的市场寿命周期即产品从投入市场直至被淘汰的全过程，它一般分为投入期、发展期、成熟期和衰退期四个阶段，如图10-2所示。

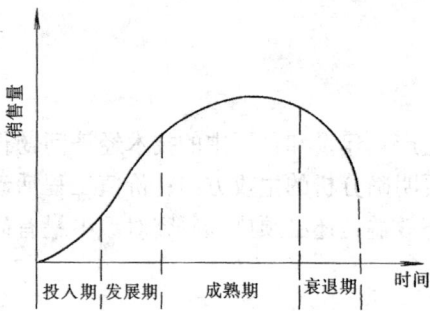

图 10-2　市场寿命周期分析法

对于进入投入期的产品，应重点考虑用户的反映，进行价值工程活动应力求使产品的功能和费用尽可能满足用户的要求；对于进入发展期的产品，价值工程的重点是改进其工艺，完善产品功能，降低成本，努力扩大销量；对于进入成熟期的产品，价值工程活动应重点开发产品的新功能，进行产品的更新换代研制工作，增强产品的竞争力；对于进入衰退期的产品，价值工程应重点研究如何开发新产品，进行产品更新换代。

（二）定量分析法

定量分析法是价值工程活动在选择分析对象时较常用的方法，包括 ABC 分类法、费用比重分析法、技术经济指标法和用户评分法等。

1．ABC 分类法

ABC 分类法是意大利经济学家巴雷特在研究资本主义国家国民财富分配状况时，发现并总结出的一种区分不均匀分布状态的方法，所以又称为巴雷特法。这种不均匀分布状态是：关键的少数与次要的多数。这一规律不仅出现在资本主义国家国民财富的分配中，也出现在许多社会现象中，以及库存物资资金的分配和产品成本构成等经济管理问题中。用 ABC 分类法来分析这类问题，把关键的少数称为 A 类，次要的多数称为 C 类，介于两者之间的部分称为 B 类。ABC 分类可用曲线表现出来，如图10-3所示。分类标准见表10-3所列。

下面结合表10-4的例子说明其步骤。

第一步，列表将零件按成本由大到小排列填入表中；

类 别	总体单位数比例（%）	指标值比例（%）	类 别	总体单位数比例（%）	指标值比例（%）
A	10～20	60～70	C	50～70	20 以下
B	20～30	20～30			

第二步，根据零件累计件数，求占全部零件数量的%；

第三步，根据零件的累计成本，求占全部零件成本的%；

第四步，按分类原则划分 A、B、C 三类。A 类 1～4 号零件 8 件占 16%，成本 152 元占 76%；B 类 5～6 号零件累计 4 件占 8%，成本 14 元占 7%；C 类 38 件占 76%，其成本 34 元，占 17%；

第五步，选择 A 类零件为重点分析对象，B 类可作一般分析对象。

ABC 分类法的优点是抓重点利于集中突

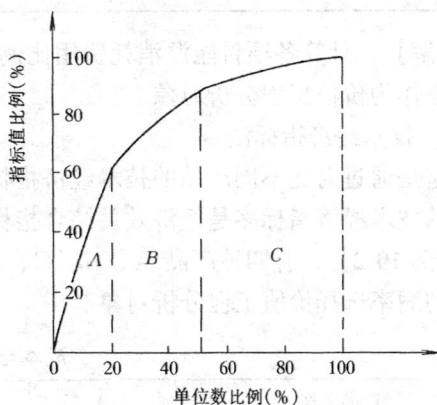

图 10-3 ABC 分类曲线示意图

破；其缺点是，对由于设计不善造成功能次要而成本较高的情况有可能遗漏。所以，这种方法适宜于粗选阶段。

举 例 说 明 表 10-4

编号	件数	累 计 件数	累 计 %	成本	累 计 件数	累 计 %	类 别
1	1	1	2	60	60	30	A
2	2	3	6	40	100	50	
3	2	5	10	30	130	65	
4	3	8	16	22	152	76	
5	3	11	22	8	160	80	B
6	1	12	24	6	166	83	
7	2	14	28	5	171	85.5	C
8	3	17	34	3	174	87	
⋮	⋮	⋮	⋮	⋮	⋮	⋮	
16	4	50	100	1	200	100	

2. 费用比重分析法

当价值工程活动的重点在于降低某种费用时，可以用费用比重分析法来选择分析对象，即统计出各组成部分的费用数额及比例，选择费用比重大的部分作为价值工程分析对象。

【例 10-1】 某企业需通过价值工程降低能源消耗费用，列出了各能源消耗项目的费用见表 10-5 所列，试选出价值工程分析对象。

各能源消耗项目的费用表   表 10-5

项目	生产				管理		生活		其他	合计
	A	B	C	D	E	F	G	H	I	
能源费用（元）	2640	1680	1360	400	480	240	720	320	160	8000
费用比例（%）	33	21	17	5	6	8	9	4	2	100

【解】 计算各项目能源消耗费用比例，其中 A、B、C、G 等项目的费用比例较大，可考虑作为价值工程分析对象。

3. 技术经济指标法

这是通过对比不同产品的技术经济指标数值的大小来确定价值工程分析对象的方法。所用的技术经济指标多是经济效益综合指标，如成本利润率，劳动生产率等。

【例 10-2】 有四种产品 A、B、C、D，其成本与利润数值见表 10-6 所列，试根据成本利润率选择价值工程分析对象。

成本与利润数值数   表 10-6

产品名称	A	B	C	D	合计
成本（万元）	50	30	20	10	110
利润（万元）	11.5	5	6	2.5	25
成本利润率（%）	23	16.7	30	25	22.7

【解】 计算出各种产品的成本利润率（见表 10-6），其中 B 产品的成本利润率最低，应作为价值工程分析对象。

4. 用户评分法

用户评分法是通过比较用户对产品的各项功能指标的重要程度评分，选择出某项功能作为价值工程分析对象。具体作法是：首先把产品的全部性能指标列出来，然后由关心产品质量的用户按百分制评分，用户认为重要的多得分，次要的少得分，最后计算所有评分结果的平均分，并得到各功能重要次序。表 10-7 为企业请用户为某种收录机打分的结果，按功能重要性次序的排列，可选择清晰度和音量为价值工程分析对象。

用户评分结果   表 10-7

用户　　　得分功能	清晰度	灵敏度	音量	可靠性	美观	合计
甲	28	20	28	9	15	100
乙	30	15	25	10	20	100
丙	32	16	24	10	18	100
平均得分	30	17	25.7	9.6	17.7	100
重要性次序	1	4	2	5	3	

二、收集情报

收集情报的目的在于熟悉价值工程分析的对象。一般说来，情报越多，价值提高的可能性也就越大。因为情报资料是价值工程实施过程中进行价值分析、比较、评价和决策的依据和标准。因此在一定意义上可以说价值工程成效的大小取决于情报搜集的质量、数量与适宜的时间。

收集情报的范围原则上是包括产品研制、生产、流通、交换、消费全过程中的信息和数据。情报收集之后还需进行整理，并对其加以分析。需要的情报大致可分为：

（一）用户要求方面的情报

（1）用户使用产品的目的，使用环境和使用条件；

（2）用户对产品性能方面的要求：

1）产品使用功能方面的要求。如建筑物的隔热、通风等；

2）对产品可靠性、安全性、操作性、保养性及寿命的要求。产品过去使用中的故障、事故情况与问题；

3）对产品外观方面的要求。如造型、体积和色调等。

（3）用户对产品价格、交货期限、技术服务等方面的要求。

（二）销售方面的情报

（1）产品销量的历史资料，目前产销情况与市场需求量的预测；

（2）产品竞争的情况。目前有哪些竞争的厂家和竞争的产品，其产量、质量、销售、成本、利润情况。同类企业和同类产品的发展计划，拟增加的投资额。重新布点，扩建改建或合并调整的情况。

（三）科学技术方面的情报

（1）现有产品的研制设计历史和演变；

（2）本企业产品和国内外同类产品的有关技术资料，如图纸、说明书、技术标准、质量情况等等；

（3）有关新结构、新工艺、新材料、新技术、标准化和三废处理方面的科技资料。

（四）制造和供应方面的情报

（1）产品制作方面的情报。如生产批量、生产能力、加工方法、工艺制备、生产节拍、检验方法、废品率、厂内运输方式、包装方法等情况；

（2）原材料及外构件，外构件种类、质量、数量、价格、材料利用率等情况；

（3）供应与协作单位的布局、生产经营情况、技术水平与成本、利润、价格情况；

（4）厂外运输方式及运输经营情况。

（五）成本方面的情报

产品、零部件的定额成本、工时定额、材料消耗定额、各种费用定额，材料、配件、自制半成品、厂内劳务等的厂内计划价格等等。

（六）政府和社会有关部门法规、条例等方面的情报

收集情报是一项很重要且很细致复杂的工作。因此，首先必须有目的有计划地进行；其次必须注意情报的适用性和准确性，如果说所用信息资料不可靠或有错误，会使价值工程活动无效甚至造成损失。一般来说，有两种数据不可用：一种是在生产不正常时期形成的数据；另一种是没有如实反映生产成本的数据。

三、功能分析

功能分析是价值工程活动的核心，是实现价值工程目的的重要手段。它是通过功能定

义、功能整理和功能评价三个步骤，弄清对象的基本功能和辅助功能，区分出其中的不必要功能和过剩功能；同时结合其实现功能的成本，确定其价值的大小。以便为加强不足功能、削弱过剩功能、消除不必要功能，降低成本，提高价值提供依据。

（一）功能定义

功能定义就是用简明准确的语言描述分析对象的作用或效用。功能定义的目的是明确设计意图和依据。这就要求对产品或构配件的作用有一个明确的认识和全面的理解。功能定义表现为一个动词加一个名词的简单语句。例如，分隔空间，承受荷载，隔热，通风等等。

一个产品或零部件往往不止一个功能，对其每一个功能都要分别定义。除了对整个产品的功能定义之外，还要对每一个零部件的功能进行定义。功能定义的详细程度要视分析工作的需要而定。

（二）功能整理

功能整理是在功能分类的基础上绘制出功能系统图。

功能整理一般按下述步骤进行：

第一步，找出功能之间的逻辑关系。这种关系的产生是和产品各构成要素之间的紧密联系分不开的。功能的上下位关系是指在一个功能系统中，某些功能之间存在着目的与手段的关系。处于主导地位的功能为上位功能，或称目的功能；处于从属地位的功能为下位功能，也称手段功能。上下位关系只是相对而言，某个上位功能可能是另一功能的下位功能。在功能分析时，对某个功能提问"达到什么目的?"可找到它的上位功能，再提问："怎样实现?"可以找到它的下位功能。显然，整个功能系统中最上位功能就是基本功能。

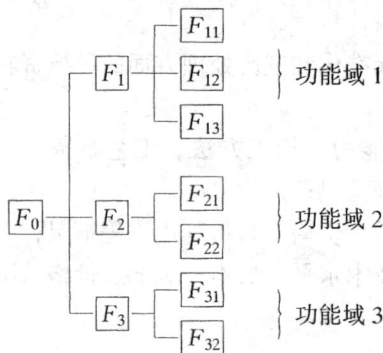

图 10-4 功能系统图

第二步，画功能系统图。功能系统图是表示功能上下位关系和并列关系的一种树状图，其形式如图 10-4 所示。

第三步，进行功能的初步分析。经过功能整理，产品功能设计的构思清晰了，根据功能系统图，可以对功能进行一些本质性的研究，如"为什么需要这个功能"、"功能是否满足用户要求"、"有没有实现该功能的新方法"等，分析哪些功能是必要功能，哪些是不必要功能，初步确定需要改进的功能。

（三）功能评价

功能评价的对象是功能而不是具体的"物"。功能评价的目的是评定某一功能的价值高低，找出低价值的功能或功能区域，以明确需要改进的具体功能范围。具体方法是在已经明确的功能系统图的基础上，测定各个功能的价值系数，根据价值系数的大小来评定功能价值的高低。

价值系数可按 $V = F/C$ 求得。这里，关键是 F 的定量化问题。目前功能评价有两种方法：一种是绝对值法，也称功能成本法，即利用功能的目标成本与目前成本之比求价值系数；另一种是相对值法，也称功能评价系数法，即利用功能重要程度的相对比重与成本比重之比求价值系数。下面分别介绍这两种方法。

1. 功能成本法

这种方法是通过设想方案的各功能成本与目前成本分别进行比较，寻求改进途径。其基本思路是，实现分析对象某一功能可以有几个方案，对应着几个成本，其中最低的成本称为目标成本 C_a，C_a 与相应的目前成本 C_0 之比为该功能的价值系数，C_0 与 C_a 之差为该功能的成本降低的期望值。该法的基本步骤如下：

第一步，确定分析对象的全部零部件的目前成本（表 10-8 第二栏成本）；

第二步，根据功能系统图划分功能区域，并将零件成本转换成功能成本。在实际产品中，常常有下列情况：即实现一个功能要由几个零件来完成，或者一个零件可发挥几种功能。因此，零部件的成本不等于功能成本，必须将零件成本分摊和换算成功能成本。方法是：一个零件有一种功能，则零件的成本就是功能的成本（表 10-8 中零件 A 与对应的 FA_1）；一个零件有两种或更多的功能，就把零件成本按功能的重要程度分摊给各个功能（如表 10-8 中零件 B、E）；上位功能的成本是下位功能成本的合计数；

功能成本分摊表　　　　　　　　　　单位：元　**表 10-8**

零件名称	成　本	功　能　区　域			
		FA_1	FA_2	FA_3	FA_4
A	30	30	—	—	—
B	50	—	20	30	—
C	10	—	—	10	—
D	5	—	—	—	5
E	20	—	5	6	9
合　计		30	25	46	14

各功能的价值系数和降低成本期望值表　　　　　**表 10-9**

功能区域	目前成本	目标成本	价值系数	降低成本期望值
FA_1	30	20	$20/30 = 0.67$	$30 - 20 = 10$
FA_2	25	22	0.88	3
FA_3	46	40	0.87	6
FA_4	14	7	0.50	7

第三步，确定功能的目标成本。常见的确定方法是：

（1）从现有每个功能的初步改进方案中找出最低的成本方案作为功能的目标成本；

（2）通过实际调查，从企业内外已有相同或类似零件的成本中找出实现功能的最低成本，以此作为功能的目标成本；

第四步，计算各功能的价值系数和降低成本期望值。即目标成本除以目前成本得出价值系数，目前成本减目标成本得出降低成本的期望值。见表 10-9 所列。

2. 功能评价系数法

（1）功能系数的计算　功能系数也称功能评价系数或功能重要性系数，它是用人为评分方法得到的、表示某功能重要程度的比例系数。评分的方法很多，如强制确定法、04评分法、倍数确定法、流程比例法、逻辑判断评分法、多比例评分法等，限于篇幅，在此仅介绍最常使用的前三种方法。

①强制确定法（*FD* 法）　强制确定法也称 01 法或 *FD* 法，它是通过各功能（或零部件）两两对比进行的。在评分时，重要的功能得 1 分，次要的功能得 0 分，最后计算总分及各功能的得分比例，其具体步骤为：

第一步，将各评分对象列入评分表，请 5～15 名有经验者参加评分，各人应独立评分，互不商议；

第二步，评分。采用一对一比较法，重要的得 1 分，不重要的则得 0 分，互相对比的两功能各自得分之和应为"0＋1＝1"。如 *A* 与 *B* 相比，*A* 较重要，得 1 分，则 *B* 与 *A* 相比，*B* 只能是 0 分。为避免功能得分总和为 0，自身相比时一律得 1 分；

第三步，计算各功能的得分之和及全部功能得分总和；

第四步，计算功能系数，其计算公式为

$$F = \frac{f}{\Sigma f} \tag{10-3}$$

式中　*F*——功能系数；

f——功能的重要性得分。

在多个评分者参与评分情况下，*f* 应是平均的功能重要性得分。

【例 10-3】　某产品的一个功能域中有五项并列功能，请 10 名专家用强制确定法评分，表 10-10 为其中某人的评分，表 10-11 为 10 名专家各自得分结果，要求计算功能系数。

强制确定法评分表　　　　　　　　　　　　表 10-10

功　　能	*A*	*B*	*C*	*D*	*E*	合计（*f*）
A	1	1	1	1	1	5
B	0	1	0	0	1	2
C	0	1	1	1	1	4
D	0	1	0	1	1	3
E	0	0	0	0	1	1
合　　计						15（Σ*f*）

专家各自得分结果　　　　　　　　　　　　表 10-11

功　能 ＼ 专　家	*a*	*b*	*c*	*d*	*e*	*f*	*g*	*h*	*i*	*j*	合计	平均得分（*f*）
A	5	4	5	4	4	5	5	4	5	4	45	4.5
B	2	5	3	2	5	2	3	5	2	2	31	3.1
C	4	3	4	5	3	4	4	3	4	5	39	3.9
D	3	1	2	3	1	3	2	1	3	3	22	2.2
E	1	2	1	1	2	1	1	2	1	1	13	1.3
合　　计	15	15	15	15	15	15	15	15	15	15	150	15（Σ*f*）

【解】　计算各功能的平均得分 *f*（见表 10-11），各功能系数计算如下：

$$F_A = \frac{4.5}{15} = 0.30 \qquad\qquad F_B = \frac{3.1}{15} = 0.21$$

$$F_C = \frac{3.9}{15} = 0.26 \qquad\qquad F_D = \frac{2.2}{15} = 0.15$$

$$F_E = \frac{1.3}{15} = 0.08$$

②04 评分法　04 评分法的具体步骤与原理和强制确定法相似，也是两两对比，按功能重要性评分。只是在功能一对一评分时，分 0~4 共 5 个重要性评分档次，评分标准为：

非常重要的功能得 4 分，其比较对象则得 0 分；较重要的功能得 3 分，其比较对象得 1 分；同等重要的功能各得 2 分；自身相比不得分。这样评分，互相比较的两个功能各得分之和应为 4 分。表 10-12 是对 6 项功能进行 04 评分的评分表。

③倍数确定法　倍数确定法也称环比法或 $DARE$ 法，其中具体作法是：

第一步，把需评价的功能以任意顺意排列起来；

对 6 项功能的评分表　　　　　　　　　　　　　　　表 10-12

功　能	A	B	C	D	E	F	得分 f	功能系数 F
A	×	4	4	3	3	2	16	0.27
B	0	×	3	2	4	3	12	0.20
C	0	1	×	1	2	2	6	0.10
D	1	2	3	×	3	3	12	0.20
E	1	0	2	2	×	2	6	0.10
F	2	1	2	1	2	×	8	0.13
合　计							60	1.00

第二步，确定暂定重要性系数。从上到下每两个相邻功能互相比较，每项功能的重要性是后项功能重要性的倍数就是它的暂定重要性系数。见表 10-13 中 F_1 的重要性是 F_2 的 1.5 倍，F_2 的重要性是 F_3 的 0.5 倍，等等。

第三步，计算修正重要性系数。先把位于最下面位置的功能的修正重要性系数定为 1，见表 10-13 中 F_5。然后自下而上用暂定重要性系数作为下面一项功能修正重要性系数的倍数，计算出每一功能的修正重要性系数。见表 10-13 中 F_4 的暂定重要性系数为 2，表示 F_4 的修正重要性系数为 F_5 的 2 倍，即 $1 \times 2 = 2$；

修正重要性系数表　　　　　　　　　　　　　　　表 10-13

功　能	暂定重要性系数	修正重要性系数	功能系数	功　能	暂定重要性系数	修正重要性系数	功能系数
F_1	1.5	6	0.29	F_4	2	2	0.10
F_2	0.5	4	0.19	F_5		1	0.04
F_3	4	8	0.38	合　计		21	1.00

第四步，计算功能系数。用倍数确定法得出的功能系数可按下式计算

$$功能系数 = \frac{修正重要性系数}{全部修正重要性系数之和}$$

（2）成本系数的计算　成本系数是评价对象的现实成本占总成本的比例，即

$$C = \frac{C_0}{\Sigma C_0} \tag{10-4}$$

式中　C——成本系数；

　　　C_0——功能的现实成本。

计算成本系数的关键在于计算现实成本。对于非功能性评价形式，评价对象是零部件，成本与零部件一一对应，只要能正确核算出零部件的现实成本，即可得出成本系数。对于功能性评价，问题就比较复杂，因为有时一种功能是通过几个零件实现的，有时一个部件可能实现几种功能，有时几种功能由几个零部件交叉形成。这时，应当对零部件的成本进行合理分配，把零部件的成本转化为功能的成本。分配的方法是：先估计出每个零部件对各功能分担的作用比例，然后按此比例把零部件的成本分配给各个功能。

【例 10-4】　已知4个零部件共同实现同一功能区域内的 6 种功能。其中 A 零件对功能 F_1、F_3、F_6 起作用，比例为 1:1:1；B 零件对 F_2、F_3、F_4、F_6 的作用比例是 1:3:4:2；C 零件对 F_4 和 F_6 的作用比例是 2:1；D 零件对 F_1、F_2、F_5 的作用比例是 5:4:5。又知零件 A、B、C、D 的现实成本分别为 300、500、60、140 元，试计算各功能的现实成本及成本系数。

【解】　计算过程见表 10-14。

各功能现实成本及功能成本表　　　　　单位：元　表 10-14

	现实成本	功　能　成　本					
		F_1	F_2	F_3	F_4	F_5	F_6
A	300	100		100			100
B	500		50	150	200		100
C	60				40		20
D	140	50	40			50	
合　计	1000	150	90	250	240	50	220

成本系数计算如下：

$C_1 = \dfrac{150}{1000} = 0.15 \qquad C_2 = \dfrac{90}{1000} = 0.09$

$C_3 = \dfrac{250}{1000} = 0.25 \qquad C_4 = \dfrac{240}{1000} = 0.24$

$C_5 = \dfrac{50}{1000} = 0.05 \qquad C_6 = \dfrac{220}{1000} = 0.22$

（3）价值系数的计算　价值系数的计算式为价值的定义式（10-2），即 $V = F/C$。在功能系数和成本系数均计算出来后，可直接代入该式求得价值系数。例如当 $F = 0.70$，$C = 0.80$ 时可得

$$V = F/C = 0.875$$

（4）选择价值工程重点改进对象　对价值系数的值经过分析比较，可以选择出价值工程重点改进对象，选择的方法有下面几种：

1）强制确定法　这种方法是根据一对一打分并计算的结果，直接按 V 的大小作出判断，判断准则是：

①当价值系数 $V \approx 1$ 时，即 $F \approx C$，这意味着功能系数与成本系数相当，现实成本接近于目标成本，达到理想状态，这样的功能无须再进行改进。

②当价值系数 $V > 1$ 时，即 $F > C$，这可能是由于使用了先进技术或价值低廉的原材料，用较低的费用实现了较重要的功能，这样的功能当然无须再进行改进。另外也有可能是存在过剩功能，超过了用户要求。或者，由于目标成本定得太高，现实成本比目标成本还要低，这样的功能应当通过价值工程活动进行改进，使功能水平降至合适程度。

③当价值系数 $V < 1$ 时，即 $F < C$，这说明功能系数的大小与成本系数的大小不相当，功能不太重要而成本花费得过多，也就是现实成本太高，有降低成本潜力。这样的功能是价值工程的重点改进对象。

强制确定法直接用价值系数来选择重点改进对象，没有考虑功能系数与成本系数各自的大小，有时会出现偏差。例如，有 A 与 B 两项功能，A 功能的功能系数为 0.7，成本系数为 0.8，说明 A 功能相当重要，成本比重也相当大，其价值系数为 $V_A = 0.7/0.8 = 0.88$；B 功能的功能系数为 0.1，成本系数为 0.115，说明 B 功能不重要，成本比重也很小，但其价值系数为 $V_B = 0.1/0.115 = 0.88$，即 $V_A = V_B$。仅从价值系数上看，在选择价值工程改进对象上二者处于同等地位，但从实际出发，显然改进功能 A 要比改进功能 B 获得的成效大。弥补强制确定这一缺陷的是最合适区域法。

2) 最合适区域法　最合适区域法是由日本东京大学的田中教授于 1973 年在美国价值工程协会举行的国际会议上提出来的，所以又称为"田中法"。这种方法是用数学方法确定一个最合适区域，以此为标准，只对不在该区域内的功能进行改进。最合适区域法如图 10-5 所示，图中的阴影区为最合适区域，它是由 $V = 1$ 的对角线为对称轴的两条双曲线围成的。以 (F, C) 为坐标的点，只要落在最合适区域外，其相应功能就应是价值工程的改进对象。

最合适区域法较好地解决了强制确定法存在的问题。例如图 10-5 中的 P_1 和 P_2 两点，同在射线 OA 上，故斜率相同，即 $F_1/C_1 = F_2/C_2$，说明 P_1 和 P_2 代表的功能 F_1 和 F_2 的价值系数相等。如果按强制确定法来选择价值工程改进对象，这两个功能的地位相同，但按照最合适区域法来选择，可从图 10-5 中看出，P_1 点落在最合适区域内，而 P_2 点落在最合适区域外，应进行改进。这是因为 P_1、P_2 距原点 O 的距离不一样，距离 O 点远的功能系数较大。最合适区域在靠近原点的部分面积大，距离原点越远的部分面积越小。因此可以较好地区别 V 值相同功能的不同重要程度，把 F 与 C 值都较大的功能选择出来。

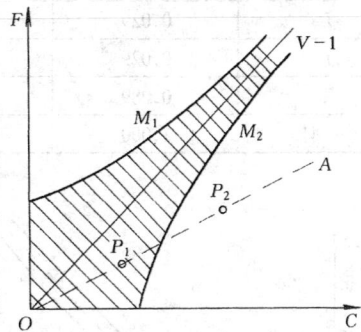

图 10-5　最合适区域的确定

应用最合适区域法的关键是确定双曲线的位置。如果两条曲线距对角线的距离大，最合适区域的面积就大，落在最合适区域外的点就少，价值工程的改进对象自然也就较少；反之，两条曲线距对角线的距离小，价值工程的改进对象就较多。一般来说，可以根据进行价值工程活动人力、时间等条件来确定最合适区域的大小。

两条双曲线的数学方程为：

曲线 M_1: $F^2 - C^2 = 2S$ 或 $F = \sqrt{C^2 + 2S}$;

曲线 M_2: $F^2 - C^2 = -2S$ 或 $F = \sqrt{C^2 - 2S}$。

式中的 S 是人为给定的常数,一般可按式 $S = \dfrac{|C^2 - F^2|}{2}$ 计算出各功能的 S 值后,选取一个适当的数,下面举例说明。

【例 10-5】 某产品共有11个零件,各零件的现实成本与功能重要度得分见表 10-15,试用最合适区域法选择出价值工程改进对象。

各零件的现实成本与功能重要度得分表　　　　　　　　表 10-15

零件	A	B	C	D	E	F	G	H	I	J	K	合计
现实成本(元)	70.50	50.50	26.00	18.50	15.75	13.00	8.75	11.50	7.00	5.75	22.75	250.00
功能得分	6	4	5	2	4	2	1	5	1	1	3	34

【解】 首先计算各零件的 F、C、V 值及相应的 S 值,计算结果见表 10-16。

计 算 结 果　　　　　　　　表 10-16

零 件	F	C	V	$S = [C^2 - F^2]/2$
A	0.176	0.282	0.624	0.024
B	0.118	0.202	0.584	0.013
C	0.147	0.104	1.413	0.005
D	0.059	0.074	0.797	0.001
E	0.118	0.063	1.873	0.005
F	0.059	0.052	1.135	0.0004
G	0.029	0.035	0.829	0.0002
H	0.147	0.046	3.196	0.010
I	0.029	0.028	1.036	0.00003
J	0.029	0.023	1.261	0.0002
K	0.089	0.091	0.978	0.0002
合 计	1.000	1.000		

然后选择合适的 S 值,本例选择处于中上水平的 S 值 0.005。按曲线方程 $F = \sqrt{C^2 + 0.01}$ 和 $F = \sqrt{C^2 - 0.01}$ 给出一组坐标值(表 10-17),在直角坐标系 COF 上描画出两条曲线,得到最合适区域,如图 10-6 所示。

将计算出的各零件的 F 与 C 值作为坐标值,在图 10-6 上标出对应点,只有 A、B、H 三个零件的点落在最合适区域外面。进一步分析表明,其中 H 零件的 V 值大于1,故可只选择 A 和 B 两个零件作为价值工程改进对象。此外,由于 A 点距原点和双曲线的距

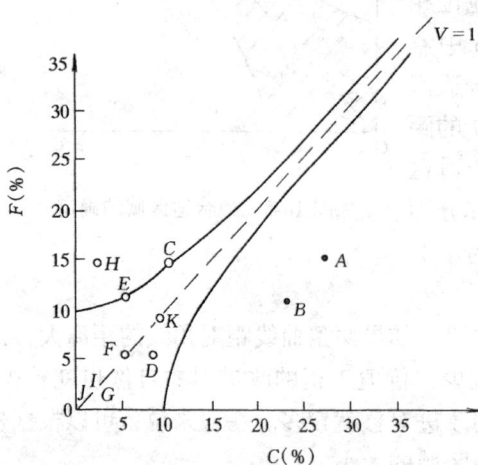

图 10-6　对应点的标出

离均比 B 点的大，可以首先改进 A。

C（%）	0	5	10	15	20	25	30	35
$F = \sqrt{C^2 + 0.01}$	10	11.2	14.1	18.0	22.4	26.9	31.6	36.4
$F = \sqrt{C^2 - 0.01}$			0	11.2	17.3	22.9	28.3	33.5

第三节　方案的创造与评价

在功能评价之后，必须针对改进的目标创造出新的方案，以便提高产品功能，降低成本。同时，为了寻求最佳的代替方案，对于创造出来的新方案，还必须进行评价和选择。

一、方案创造

创造并制定出改进功能实现手段的各种方案，是价值工程活动的创造性特点表现最为充分的一环。这一部分工作要求针对重点改进对象，根据用户对功能的要求，通过创造性思维，找出多种方法，创造几种新的不同方案，用更低的成本可靠地实现必要功能。

（一）方案创造的原则

（1）积极思考、大胆创新。价值工程人员要获得较好的方案，必须善于突破原有设计的限制，摆脱原有的实物的束缚，积极思考、大胆创新。要做到这点，要求参与改进工作的人员应具有一定的知识水平和创新意识。因为知识是创新的基础，创造意识就是发挥创造力的条件，即灵活运用经验和知识的能力。

（2）广泛联想，多提方案。根据功能定义及要求，多提各种设想，捕捉一闪即逝的思想火花，不轻易否定某个设想，而是在某个设想的基础上广泛联想，以便提出方案。方案越多，选取的方案就会更好。

（3）从功能出发，以功能为核心，优先考虑上位功能。选出的价值工程改进对象可能并不在同一功能区域中，在方案创新时，应首先考虑其中的上位功能，这是因为上位功能的作用较大，它的改进能带来更大的经济效益。同时，上位功能的内容一般也比下位功能的内容抽象，这可以使方案创新时的思考少受限制。

（二）方案创新的方法

（1）头脑风景法（Brain Storm，简称 BS 法）。国内也称为千方百计法。这是 1941 年由美国 BBDO 广告公司的奥斯本首创的。它是通过会议形式，针对指定问题畅所欲言地提出解决的方案。要求与会者应是各方面的专业人员，十人左右为宜。该法的目的是使与会者头脑中掀起思考的"风暴"，因此有四条原则：

1）不批评别人的方案和意见，以免影响别人的思路；

2）欢迎自由奔放地思考，不管原方案是什么权威设计的，都要从功能分析入手争取有所突破；

3）方案越多越好；

4）要求在别人的方案基础上进行改进或与之结合，以便互相启发，产生连锁反应，提出更多的设想。

（2）哥顿法（Gordon）。该法是美国人哥顿提出的。这种方法的指导思想是要把研究的对象抽象比，以利于开拓思路。在研究改进方案的会议开始时，主持人并不把要解决的具体问题完全摊开，只要求大家对抽象化的问题提出解决方案，当到适当时机才说明具体问题。例如，研究磨光机的研制开始时只提"用什么办法可以把一种面朝上的东西磨平磨光。再如，在研究屋盖系统的设计时，只提"用什么办法可以将大面积的物体覆盖起来，即保温隔热，又防雨防晒"。大家围绕这样的问题提方案。等到形成若干不同方案和设想之后，再把具体对象说清楚，作进一步探讨。这种方法的优点是不受现有具体事物的约束，富有创新精神。

（3）专挑毛病法。该法是组织有关人员对原方案（产品、零件、功能等）专挑毛病，然后分类整理，提出改进目标。

二、方案评价

为了选择最优方案，还必须对提出的各种可行的改进方案进行评价。方案评价可分两步进行：第一步，概略评价，目的是从许多方案中挑出少数明显较好的方案，排除多数希望不大的方案；第二步，详细评价，在少数较好的方案中选出最佳方案。

方案评价的方法，常用的有如下两类：

1. 优缺点列举法

这种方法是把各方案的优缺点详细列举出来，进行定性和定量的综合分析。保留和发扬优点，对于缺点则努力寻求克服和解决的途径。通过对比，选择出最优方案。这种方法简便易行，但评价比较粗略，缺乏定量依据。所以，优缺点列举法主要适用于概略评价。

2. 定量评分法

这种方法是，既要考虑功能的重要程度，又要考虑各个方案对每一功能的满足程度，最后还要考虑成本费用，进行综合评价。这种方法的具体步骤如下：

第一步，用前面介绍的强制确定法或 04 评分法求出各个功能的重要性得分（Φ）；

第二步，把供选择的方案排列起来，评定各方案对每一功能的满足程度。充分满足的评 10 分，依次递减，此项评分叫满足系数（S）；

第三步，求各方案的总分，它等于各功能重要性得分（Φ）与相应满足系数（S）的乘积之和。总分越高，说明对功能要求的满足程度越高；

第四步，把各方案的总分与各方案的估计成本综合起来，权衡得失，决定取舍。总的目标是取功能满足程度高和成本低的方案。

表 10-18 给出了一个例子，从表中各方案功能和成本综合比较来看，方案 D 功能满足程度较高，成本较低，可作为采纳方案。

各方案功能和成本比较 表 10-18

功　能	F_1	F_2	F_3	F_4	F_5	评价总分	估计成本	选择
功能评分（Φ）	5	4	3	2	1	$\Sigma\Phi\cdot S$	元	
方　案	满足系数 S							
A	10	9	8	6	9	131	280	
B	10	8	4	3	10	110	220	

功　能	F_1	F_2	F_3	F_4	F_5	评价总分	估计成本	选　择
功能评分（Φ）	5	4	3	2	1			
方　案			满足系数 S			$\Sigma\Phi\cdot S$	元	
C	8	7	6	5	9	105	190	
D	9	8	7	6	5	115	200	
E	10	6	4	7	8	108	205	

三、价值工程活动成果总评

选定的改进方案实施之后，要对价值工程活动成果进行评价。总评内容根据具体情况与需要来决定，一般除了社会效果的综合评价之外，可以用如下的定量计算来评价价值工程活动的经济效果。

（一）全年净节约额 =（改进前单位产品成本 - 改进后单位产品成本）× 年产量 - VE 费用；

（二）产品成本降低率 = $\dfrac{\text{改进后单位成本降低额}}{\text{改进前单位成本}} \times 100\%$；

（三）节约倍数 = $\dfrac{\text{全年净节约额}}{VE \text{ 费用}}$

价值工程活动的节约倍数一般在 10～20 倍或更高，如果节约倍数小于 10 倍，对所有确定的价值工程对象应当再作考虑。

通过对价值工程活动的评价，就可为今后进一步开展价值工程活动提供了经验和教训。

第四节　功　能　分　析　案　例

以大模板建筑体系外墙板的价值工程活动为例，说明开展价值工程的程序和方法。

一、选择价值工程活动的对象

采用定性分析法，以"大模板建筑体系中，哪些构件或工艺最需要改善功能，降低成本"为题，组织工程技术人员和管理人员进行分析讨论。结果产生基本一致的意见，即认为外墙板构造复杂、功能特殊、成本比重较大，应作为价值分析的主要目标。

二、收集情报

主要收集图纸资料、工艺技术资料和成本资料。

现有方案的外墙板是钢筋陶粒混凝土墙板；规格为：长×高×厚 = 330cm×290cm×28cm；净面积 7.3m²；重量约 4 吨。

施工工艺的过程为：在构件厂预制板材，专用拖车运往工地，塔式起重机吊装。

其成本为：构件厂出厂价为每块外墙板 300 元，运输费每块 30 元，塔式起重机吊装每块 15 元。

外部围护
- 遮蔽立面
  - 承受水平荷载
  - 承受垂直荷载
- 挡风防雨
  - 隔绝风雨
  - 承受水平荷载
- 采 光
  - 提供采光面积
  - 满足透明度
  - 保证安全
- 通 风
- 隔热保温
- 美 观

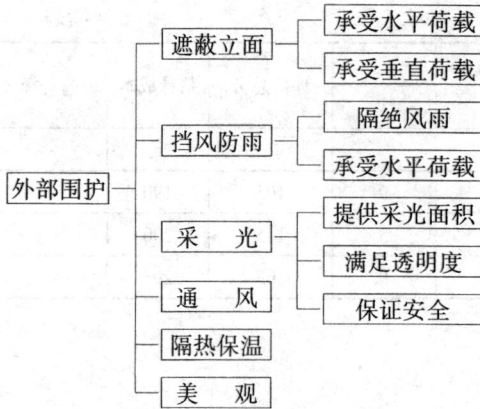

图 10-7 功能系统图

三、功能分析

外墙板的最基本功能是起围护作用，为了保证这一最基本的功能要求它必须具备其他一系列辅助功能或手段功能。其功能系统图如图 10-7 所示。

在此基础上，进行功能评价，以便明确哪些功能区域需要改进。本例采用功能成本法进行功能评价。

假定通过对各功能区域目前成本的分摊和计算以及对目标成本的调查研究，得出表 10-19 的资料数据和分析结果。显然，其中功能区域 F_1 和 F_5（即遮蔽立面和隔热保温）应作为改进的重点对象。

资料数据和分析结果   表 10-19

功 能 区 域	目 前 成 本	目标成本价值	价 值 系 数	降低成本期望值
F_1	150	100	0.67	50
F_2	50	45	0.9	5
F_3	25	24	0.96	1
F_4	20	18	0.9	2
F_5	90	40	0.44	50
F_6	10	9	0.9	1
合 计	345	236	0.68	109

四、创造新方案

在构思新的代替方案时，根据功能评价中揭示出来的改进目标，从构思代替的保温隔热且能满足强度要求的材料入手。结果产生三个代替方案：①现浇混凝土贴钙塑保温板；②加气混凝土拼装整间大板；③玻璃纤维增强水泥复合板。

五、新方案的分析与评价

经过有关人员的共同分析比较，选定膨胀珍珠岩做保暖层的玻璃纤维增强水泥复合板作为优先考虑的代替方案。并拟定产品规格为：

长×高×厚＝630cm×290cm×120cm

重量约 5 吨，净面积 $13.8m^2$。

生产工艺及成本分配估计为：

构件厂预制板材：320 元；

专用拖车运到工地：28 元；

塔吊吊装：15 元。

代替方案与原方案的成本比较，见表 10-20。

六、成果评价

假设经测试，代替方案的力学性能和物理性能以及外观等均能满足功能要求。其经济效果比较显著，每平方米墙体的成本降低率为

$$成本降低率 = \frac{47.26 - 26.31}{47.26} \times 100\% = 44.33\%$$

成 本 比 较

表 10-20

成本项目	原方案（元）		代替方案（元）	
	每块板（净面积 7.3m²）	每 m² 成本	每块板（净面积 13.8m²）	每 m² 成本
板材预制	300	41.10	320	23.19
运 输	30	4.11	28	2.03
吊 装	15	2.05	15	1.09
合 计	345	47.26	363	26.31

复 习 思 考 题

1. 价值工程中"价值"的含义是什么？

2. 什么是价值工程？它具有哪些特点？

3. 价值工程的实施步骤有哪些？

4. 价值工程活动的进行围绕哪 7 个问题？

5. 功能评价有什么作用？具体有哪些评价方法？

6. 某产品由 13 种零件组成，各种零件的个数和每个零件的成本见表 10-20 所列，用 ABC 分类法选择 VE 目标。并画出 ABC 分类图。

表 10-21

零件名称	a	b	c	d	e	f	g	h	i	j	k	l	m
零件个数	1	1	2	2	10	1	1	1	1	1	1	2	1
每个零件成本（元）	30	26	10	9	1	8	6	5	4	3	2	1	1

7. 某产品具有 6 项功能，各功能的重要性进行评分的结果为 A 得分 13，B 得分 10，C 得分 7，D 得分 6，E 得分 4，F 得分 1。试根据上述得分和表 10-21 所列的目前成本求出价值系数，进行功能评价。

表 10-22

功 能	功能评价系数	目前成本（元）	价 值 系 数
A		24	
B		32	
C		48	
D		10	
E		14	
F		2	
合 计		130	

8. 第 7 题所述各功能的目标成本见表 10-23，试求出价值系数和降低成本期望值。

表 10-23

功　能	目 前 成 本	目标成本（元）	价 值 系 数	降低成本期望值
A		22		
B		25		
C		18		
D		10		
E		8		
F		2		
合　计		85		

9. 第 7 题所述产品现在提出四个代替方案，其功能满足程度的评分和估计成本如表 10-24。试用定量评分法选择之。

表 10-24

方　案 ＼ 功　能	A	B	C	D	E	F	估计成本（元）
甲	6	10	9	10	8	2	100
乙	10	8	4	8	6	4	108
丙	8	9	8	10	7	8	126
丁	7	8	6	9	10	4	96

10. 某种型号钢笔的功能重要性得分及现实成本如表 10-25 所列，设目标成本为 1.70 元，$S = 0.005$，用最合适区域法选出价值工程改进对象。

表 10-25

零件名称	笔　尖	内部构件	笔　杆	笔　套	笔套勾
功能得分	7.7	3.2	6.6	5.1	2.4
现实成本（元）	0.5	0.26	0.82	0.28	0.14

附录Ⅰ 复利系数表

n	F/P $(1+i)^n$	P/F $\dfrac{1}{(1+i)^n}$	F/A $\dfrac{(1+i)^n-1}{i}$	A/F $\dfrac{i}{(1+i)^n-1}$	A/P $\dfrac{i(1+i)^n}{(1+i)^n-1}$	P/A $\dfrac{(1+i)^n-1}{i(1+i)^n}$
1	1.005	0.9950	1.000	1.00000	1.00500	0.995
2	1.010	0.9901	2.005	0.49875	0.50375	1.985
3	1.015	0.9851	3.015	0.33167	0.33667	2.970
4	1.020	0.9802	4.030	0.24813	0.25313	3.950
5	1.025	0.9754	5.050	0.19801	0.20301	4.926
6	1.030	0.9705	6.076	0.16460	0.16960	5.896
7	1.036	0.9657	7.106	0.14073	0.14573	6.862
8	1.041	0.9609	8.141	0.12283	0.12783	7.823
9	1.046	0.9561	9.182	0.10891	0.11391	8.779
10	1.051	0.9513	10.228	0.09777	0.10277	9.730
11	1.056	0.9466	11.279	0.08866	0.09366	10.677
12	1.062	0.9419	12.336	0.08107	0.08607	11.619
13	1.067	0.9372	13.397	0.07464	0.07964	12.566
14	1.072	0.9326	14.464	0.06914	0.07414	13.489
15	1.078	0.9279	15.537	0.06436	0.06936	14.417
16	1.083	0.9233	16.614	0.06019	0.06519	15.340
17	1.088	0.9187	17.697	0.05651	0.06151	16.259
18	1.094	0.9141	18.786	0.05323	0.05823	17.173
19	1.099	0.9096	19.880	0.05030	0.05530	18.082
20	1.105	0.9051	20.979	0.04767	0.05267	18.987
21	1.110	0.9006	22.084	0.04528	0.05028	19.888
22	1.116	0.8961	23.194	0.04311	0.04811	20.784
23	1.122	0.8916	24.310	0.04113	0.04613	21.676
24	1.127	0.8872	25.432	0.03932	0.04432	22.563
25	1.133	0.8828	26.559	0.03765	0.04265	23.446
26	1.138	0.8784	27.692	0.03611	0.04111	24.324
27	1.144	0.8740	28.830	0.03469	0.03969	25.198
28	1.150	0.8697	29.975	0.03336	0.03836	26.068
29	1.156	0.8653	31.124	0.03213	0.03713	26.933
30	1.161	0.8610	32.280	0.03098	0.03598	27.794
35	1.191	0.8398	38.145	0.02622	0.03122	32.035
40	1.221	0.8191	44.159	0.02265	0.02765	36.172
45	1.252	0.7990	50.324	0.01987	0.02487	40.207
50	1.283	0.7793	56.645	0.01765	0.02265	44.143
55	1.316	0.7601	63.126	0.01584	0.02084	47.981
60	1.349	0.7414	69.770	0.01433	0.01933	51.726
65	1.383	0.7231	76.582	0.01306	0.01806	55.377
70	1.418	0.7053	83.566	0.01197	0.01697	58.939
75	1.454	0.6879	90.727	0.01102	0.01602	62.414
80	1.490	0.6710	98.068	0.01020	0.01520	65.802
85	1.528	0.6545	105.594	0.00947	0.01447	69.108
90	1.567	0.6383	113.311	0.00883	0.01383	72.331
95	1.606	0.6226	121.222	0.00825	0.01325	75.476
100	1.647	0.06073	129.334	0.00773	0.01273	78.543

表 2

n	F/P $(1+i)^n$	P/F $\dfrac{1}{(1+i)^n}$	F/A $\dfrac{(1+i)^n-1}{i}$	A/F $\dfrac{i}{(1+i)^n-1}$	A/P $\dfrac{i(1+i)^n}{(1+i)^n-1}$	P/A $\dfrac{(1+i)^n-1}{i(1+i)^n}$
1	1.010	0.9901	1.000	1.00000	1.01000	0.990
2	1.020	0.9803	2.010	0.49751	0.50751	1.970
3	1.030	0.9706	3.030	0.33002	0.34002	2.941
4	1.041	0.9610	4.060	0.24628	0.25628	3.902
5	1.051	0.9515	5.101	0.19604	0.20604	4.853
6	1.062	0.9420	6.152	0.16255	0.17255	5.795
7	1.072	0.9327	7.214	0.13863	0.14863	6.728
8	1.083	0.9235	8.286	0.12069	0.13069	7.651
9	1.094	0.9143	9.369	0.10674	0.11674	8.566
10	1.105	0.9053	10.462	0.09558	0.10558	9.471
11	1.116	0.8963	11.567	0.08645	0.09645	10.368
12	1.127	0.8874	12.683	0.07885	0.08885	11.255
13	1.138	0.8787	13.809	0.07241	0.08241	12.134
14	1.149	0.8700	14.947	0.06690	0.07690	13.004
15	1.161	0.8613	16.097	0.06212	0.07212	13.865
16	1.173	0.8528	17.258	0.05794	0.06794	14.718
17	1.184	0.8444	18.430	0.05426	0.06426	15.562
18	1.196	0.8360	19.615	0.05098	0.06098	16.398
19	1.208	0.8277	20.811	0.04805	0.05805	17.226
20	1.220	0.8195	22.019	0.04542	0.05542	18.046
21	1.232	0.8114	23.239	0.04303	0.05303	18.857
22	1.245	0.8034	24.472	0.04086	0.05086	19.660
23	1.257	0.7954	25.716	0.03889	0.04889	20.456
24	1.270	0.7876	26.973	0.03707	0.04707	21.243
25	1.282	0.7798	28.243	0.03541	0.04541	22.023
26	1.295	0.7720	20.526	0.03387	0.04387	22.795
27	1.308	0.7644	30.821	0.03245	0.04245	23.560
28	1.321	0.7568	32.129	0.03112	0.04112	24.316
29	1.335	0.7493	33.450	0.02990	0.03990	25.066
30	1.348	0.7419	34.785	0.02875	0.03875	25.808
35	1.417	0.7059	41.660	0.02400	0.03400	29.409
40	1.489	0.6717	48.886	0.02046	0.03046	32.835
45	1.565	0.6391	56.481	0.01771	0.02771	36.095
50	1.645	0.6080	64.463	0.01551	0.02551	39.196
55	1.729	0.5785	72.852	0.01373	0.02373	42.147
60	1.817	0.5504	81.670	0.01224	0.02224	44.955
65	1.909	0.5237	90.937	0.01100	0.02100	47.627
70	2.007	0.4983	100.676	0.00993	0.01993	50.169
75	2.109	0.4741	110.913	0.00902	0.01902	52.587
80	2.217	0.4511	121.672	0.00822	0.01822	54.888
85	2.330	0.4292	132.979	0.00752	0.01752	57.078
90	2.449	0.4084	144.863	0.00690	0.01690	59.161
95	2.574	0.3886	157.354	0.00636	0.01636	61.143
100	2.705	0.3697	170.481	0.00587	0.01587	63.029

n	F/P $(1+i)^n$	P/F $\dfrac{1}{(1+i)^n}$	F/A $\dfrac{(1+i)^n-1}{i}$	A/F $\dfrac{i}{(1+i)^n-1}$	A/P $\dfrac{i(1+i)^n}{(1+i)^n-1}$	P/A $\dfrac{(1+i)^n-1}{i(1+i)^n}$
1	1.015	0.9852	1.000	1.0000	0.0150	0.985
2	1.030	0.9707	2.015	0.4963	0.5113	1.956
3	1.046	0.9563	3.045	0.3284	0.3434	2.912
4	1.061	0.9422	4.091	0.2444	0.2594	3.854
5	1.077	0.9283	5.152	0.1941	0.2091	4.783
6	1.093	0.9145	6.230	0.1605	0.1755	5.697
7	1.110	0.9010	7.323	0.1366	0.1516	6.598
8	1.126	0.8877	8.433	0.1186	0.1336	7.486
9	1.143	0.8746	9.559	0.1046	0.1196	8.361
10	1.161	0.8617	10.703	0.0934	0.1084	9.222
11	1.178	0.8489	11.863	0.0843	0.0993	10.071
12	1.196	0.8364	13.041	0.0767	0.0917	10.908
13	1.214	0.8240	14.237	0.0702	0.0852	11.732
14	1.222	0.8118	15.450	0.0647	0.0797	12.543
15	1.250	0.7999	16.682	0.0599	0.0749	13.343
16	1.269	0.7880	17.932	0.0558	0.0708	14.131
17	1.288	0.7764	19.201	0.0521	0.0671	14.908
18	1.307	0.7649	20.489	0.0488	0.0638	15.673
19	1.327	0.7536	21.797	0.0459	0.0609	16.426
20	1.347	0.7425	23.124	0.0432	0.0582	17.169
21	1.367	0.7315	24.471	0.0409	0.0559	17.900
22	1.388	0.7207	25.838	0.0387	0.0537	18.621
23	1.408	0.7100	27.225	0.0367	0.0517	19.331
24	1.430	0.6995	28.634	0.0349	0.0499	20.030
25	1.451	0.6892	30.063	0.0333	0.0483	20.720
26	1.473	0.6790	31.514	0.0317	0.0467	21.399
27	1.495	0.6690	32.987	0.0303	0.0453	22.068
28	1.517	0.6591	34.481	0.0290	0.0440	22.727
29	1.540	0.6494	35.999	0.0278	0.0428	23.376
30	1.562	0.6398	37.539	0.0266	0.0416	24.016
35	1.684	0.5939	45.592	0.0219	0.0369	27.076
40	1.814	0.5513	54.268	0.0184	0.0344	29.916
45	1.954	0.5117	63.614	0.0157	0.0307	32.552
50	2.105	0.4750	73.683	0.0136	0.0286	35.000
55	2.268	0.4409	84.529	0.0118	0.0268	37.271
60	2.443	0.4093	96.215	0.0104	0.0254	39.380
65	2.632	0.3799	108.803	0.0092	0.0242	41.338
70	2.836	0.3527	122.364	0.0082	0.0232	43.155
75	3.055	0.3274	136.973	0.0073	0.0223	44.842
80	3.291	0.3039	152.711	0.0065	0.0215	46.470
85	3.545	0.2821	169.665	0.0059	0.0209	47.861
90	3.819	0.2619	187.930	0.0053	0.0203	49.210
95	4.114	0.2431	207.606	0.0048	0.0198	50.462
100	4.432	0.2256	228.803	0.0044	0.0194	51.562

n	F/P $(1+i)^n$	P/F $\dfrac{1}{(1+i)^n}$	F/A $\dfrac{(1+i)^n-1}{i}$	A/F $\dfrac{i}{(1+i)^n-1}$	A/P $\dfrac{i(1+i)^n}{(1+i)^n-1}$	P/A $\dfrac{(1+i)^n-1}{i(1+i)^n}$
1	1.020	0.9804	1.000	1.00000	1.02000	0.980
2	1.040	0.9612	2.020	0.49505	0.51505	1.942
3	1.061	0.9423	3.060	0.32675	0.34675	2.884
4	1.082	0.9238	4.122	0.24262	0.26262	3.808
5	1.104	0.9067	5.204	0.19216	0.21216	4.713
6	1.126	0.8880	6.308	0.15853	0.17853	5.601
7	1.149	0.8706	7.434	0.13451	0.15451	6.472
8	1.172	0.8535	8.583	0.11651	0.13651	7.325
9	1.195	0.8368	9.755	0.10252	0.12252	8.162
10	1.219	0.8203	10.950	0.09133	0.11133	8.983
11	1.243	0.8043	12.169	0.08218	0.10218	9.787
12	1.268	0.7885	13.412	0.07456	0.09456	10.575
13	1.294	0.7730	14.680	0.06812	0.08812	11.348
14	1.319	0.7579	15.974	0.06260	0.08260	12.106
15	1.346	0.7430	17.293	0.05783	0.07783	12.849
16	1.373	0.7284	18.639	0.05365	0.07365	13.578
17	1.400	0.7142	20.012	0.04997	0.06997	14.292
18	1.428	0.7002	21.412	0.04670	0.06670	14.992
19	1.457	0.6864	22.241	0.04378	0.06378	15.678
20	1.486	0.6730	24.297	0.04116	0.06116	16.351
21	1.516	0.6598	25.783	0.03878	0.05878	17.011
22	1.546	0.6468	27.299	0.03663	0.05663	17.658
23	1.577	0.6342	28.845	0.03467	0.05467	18.292
24	1.608	0.6217	30.422	0.03287	0.05287	18.914
25	1.641	0.6095	32.030	0.03122	0.05122	19.523
26	1.673	0.5976	33.671	0.02970	0.04970	20.121
27	1.707	0.5859	35.344	0.02829	0.04829	20.707
28	1.741	0.5744	38.051	0.02699	0.04699	21.281
29	1.776	0.5631	38.792	0.02578	0.04578	21.844
30	1.811	0.5521	40.568	0.02465	0.04465	22.396
35	2.000	0.5000	49.944	0.02000	0.04000	24.999
40	2.208	0.4529	60.402	0.01656	0.03656	27.355
45	2.438	0.4102	71.893	0.01391	0.03391	29.490
50	2.692	0.3715	84.579	0.01182	0.03182	31.424
55	2.972	0.3365	98.587	0.01014	0.03014	33.175
60	3.281	0.3048	114.052	0.00877	0.02877	34.761
70	4.000	0.2500	149.978	0.00667	0.02667	37.499
75	4.416	0.2265	170.792	0.00586	0.02586	38.677
80	4.875	0.2051	193.772	0.00516	0.02516	39.745
85	5.383	0.1858	219.144	0.00456	0.02456	40.711
90	5.943	0.1683	247.157	0.00405	0.02405	41.587
95	6.562	0.1524	278.085	0.00360	0.02360	42.380
100	7.245	0.1380	312.232	0.00320	0.02320	43.098

$$2\frac{1}{2}\%$$

表 5

n	F/P $(1+i)^n$	P/F $\dfrac{1}{(1+i)^n}$	F/A $\dfrac{(1+i)^n-1}{i}$	A/F $\dfrac{i}{(1+i)^n-1}$	A/P $\dfrac{i(1+i)^n}{(1+i)^n-1}$	P/A $\dfrac{(1+i)^n-1}{i(1+i)^n}$
1	1.025	0.9756	1.000	1.00000	1.02500	0.976
2	1.051	0.9518	2.025	0.49383	0.51883	1.927
3	1.077	0.9286	3.076	0.32514	0.35014	2.856
4	1.104	0.9060	4.153	0.24082	0.26582	3.762
5	1.131	0.8839	5.256	0.19025	0.21525	4.646
6	1.160	0.8623	6.388	0.15655	0.18155	5.508
7	1.189	0.8413	7.547	0.13250	0.15750	6.349
8	1.218	0.8207	8.736	0.11447	0.13947	7.170
9	1.249	0.8007	9.955	0.10046	0.12546	7.971
10	1.280	0.7812	11.203	0.08926	0.11426	8.752
11	1.312	0.7621	12.483	0.08011	0.10511	9.514
12	1.345	0.7436	13.796	0.07249	0.09749	10.258
13	1.379	0.7254	15.140	0.06605	0.09105	10.983
14	1.413	0.7077	16.519	0.06054	0.08554	11.691
15	1.440	0.6905	17.932	0.05577	0.08077	12.381
16	1.485	0.6736	19.380	0.05160	0.07660	13.055
17	1.522	0.6572	20.865	0.04793	0.07293	13.712
18	1.560	0.6412	22.386	0.04467	0.06967	14.353
19	1.599	0.6255	23.946	0.04176	0.06676	14.979
20	1.639	0.6103	25.545	0.03915	0.06415	15.500
21	1.680	0.5954	27.183	0.03679	0.06179	16.185
22	1.722	0.5809	28.863	0.03465	0.05965	16.765
23	1.765	0.5667	30.584	0.03270	0.05770	17.332
24	1.809	0.5529	32.349	0.03091	0.05591	17.885
25	1.854	0.5394	34.158	0.02928	0.05428	18.424
26	1.900	0.5262	36.012	0.02777	0.05277	18.951
27	1.948	0.5134	37.912	0.02638	0.05138	19.464
28	1.996	0.5009	39.860	0.02509	0.05009	19.965
29	2.046	0.4887	41.856	0.02389	0.04889	20.454
30	2.098	0.4767	43.903	0.02278	0.04778	20.930
35	2.373	0.4214	54.928	0.01821	0.04321	23.145
40	2.685	0.3724	67.403	0.01484	0.03984	25.103
45	3.038	0.3292	81.516	0.01227	0.03727	26.833
50	3.437	0.2909	97.484	0.01026	0.03526	28.362
55	3.889	0.2571	115.551	0.00865	0.03365	29.714
60	4.400	0.2273	135.992	0.00735	0.03235	30.909
65	4.978	0.2009	159.118	0.00628	0.03128	31.965
70	5.632	0.1776	185.284	0.00540	0.03040	32.898
75	6.372	0.1569	214.888	0.00465	0.02965	33.723
80	7.210	0.1387	248.383	0.00403	0.02903	34.452
85	8.157	0.1226	286.279	0.00349	0.02849	35.096
90	9.229	0.1084	329.154	0.00304	0.02804	35.666
95	10.442	0.0958	377.664	0.00265	0.02765	36.169
100	11.814	0.0846	432.549	0.00231	0.02731	36.614

n	F/P $(1+i)^n$	P/F $\dfrac{1}{(1+i)^n}$	F/A $\dfrac{(1+i)^n-1}{i}$	A/F $\dfrac{i}{(1+i)^n-1}$	A/P $\dfrac{i(1+i)^n}{(1+i)^n-1}$	P/A $\dfrac{(1+i)^n-1}{i(1+i)^n}$
1	1.030	0.9709	1.000	1.00000	1.03000	0.971
2	1.061	0.9426	2.030	0.49261	0.52261	1.913
3	1.093	0.9151	3.091	0.32353	0.35353	2.829
4	1.126	0.8885	4.184	0.23903	0.26903	3.717
5	1.159	0.8626	5.309	0.18835	0.21835	4.580
6	1.194	0.8375	6.468	0.15460	0.18460	5.417
7	1.230	0.8131	7.662	0.13051	0.16051	6.230
8	1.267	0.7894	8.892	0.11246	0.14246	7.020
9	1.305	0.7664	10.159	0.09843	0.12843	7.786
10	1.344	0.7441	11.464	0.08723	0.11723	8.530
11	1.384	0.7224	12.808	0.07808	0.10808	9.253
12	1.426	0.7014	14.192	0.07046	0.10046	9.954
13	1.469	0.6810	15.618	0.06403	0.09403	10.635
14	1.513	0.6611	17.086	0.05853	0.08853	11.296
15	1.558	0.6419	18.599	0.05377	0.08377	11.938
16	1.605	0.6232	20.157	0.04961	0.07961	12.561
17	1.653	0.6050	21.762	0.04595	0.07595	13.166
18	1.702	0.5874	23.414	0.04271	0.07271	13.754
19	1.754	0.5703	25.117	0.03981	0.06981	14.324
20	1.806	0.5537	26.870	0.03722	0.06722	14.877
21	1.860	0.5375	28.676	0.03487	0.06487	15.415
22	1.916	0.5219	30.537	0.03275	0.06275	15.937
23	1.974	0.5067	32.453	0.03081	0.06081	16.444
24	2.033	0.4919	34.426	0.02905	0.05905	16.936
25	2.094	0.4776	36.469	0.02743	0.05743	17.413
26	2.157	0.4637	38.553	0.02594	0.05594	17.877
27	2.221	0.4502	40.710	0.02456	0.05456	18.327
28	2.288	0.4371	42.931	0.02329	0.05329	18.764
29	2.357	0.4243	45.219	0.02211	0.05211	19.188
30	2.427	0.4120	47.575	0.02102	0.05102	19.600
35	2.814	0.3554	60.462	0.01654	0.04654	21.487
40	3.262	0.3066	75.401	0.01326	0.04326	23.115
45	3.782	0.2644	92.720	0.01079	0.04079	24.519
50	4.384	0.2281	112.797	0.00887	0.03887	25.730
55	5.082	0.1968	136.072	0.00735	0.03735	26.774
60	5.892	0.1697	163.053	0.00613	0.03613	27.676
65	6.830	0.1464	194.333	0.00515	0.03515	28.453
70	7.918	0.1263	230.594	0.00434	0.03434	29.123
75	9.179	0.1089	272.631	0.00367	0.03367	29.702
80	10.641	0.0940	321.363	0.00311	0.03311	30.201
85	12.336	0.0811	377.857	0.00265	0.03265	30.631
90	14.300	0.0699	443.349	0.00226	0.03226	31.002
95	16.578	0.0603	519.272	0.00193	0.03193	31.323
100	19.219	0.0520	607.288	0.00165	0.03165	31.599

n	F/P $(1+i)^n$	P/F $\dfrac{1}{(1+i)^n}$	F/A $\dfrac{(1+i)^n-1}{i}$	A/F $\dfrac{i}{(1+i)^n-1}$	A/P $\dfrac{i(1+i)^n}{(1+i)^n-1}$	P/A $\dfrac{(1+i)^n-1}{i(1+i)^n}$
1	1.0350	0.9662	1.000	1.00000	1.03500	0.966
2	1.0712	0.9335	2.035	0.49140	0.52640	1.900
3	1.1087	0.9019	3.106	0.32193	0.35693	2.802
4	1.1475	0.8714	4.215	0.23725	0.27225	3.673
5	1.1877	0.8420	5.362	0.18648	0.22148	4.515
6	1.2293	0.8135	6.550	0.15267	0.18767	5.329
7	1.2723	0.7860	7.779	0.12854	0.16354	6.115
8	1.3168	0.7594	9.052	0.11048	0.14548	6.874
9	1.3629	0.7337	10.368	0.09645	0.13145	7.608
10	1.4106	0.7089	11.731	0.08524	0.12024	8.317
11	1.4600	0.6849	13.142	0.07609	0.11109	9.002
12	1.5111	0.6618	14.602	0.06848	0.10348	9.663
13	1.5640	0.6394	16.113	0.06206	0.09706	10.303
14	1.6187	0.6178	17.677	0.05657	0.09157	10.921
15	1.6753	0.5969	19.296	0.05183	0.08683	11.517
16	1.7340	0.5767	20.971	0.04768	0.08268	12.094
17	1.7947	0.5572	22.705	0.04404	0.07904	12.651
18	1.8575	0.5384	24.500	0.04082	0.07582	13.190
19	1.9225	0.5202	26.357	0.03794	0.07294	13.710
20	1.9898	0.5026	28.280	0.03536	0.07036	14.212
21	2.0594	0.4856	30.269	0.03304	0.06804	14.698
22	2.1315	0.4692	32.329	0.03093	0.06593	15.167
23	2.2061	0.4533	34.460	0.02902	0.06402	15.620
24	2.2833	0.4380	36.667	0.02727	0.06227	16.058
25	2.3632	0.4231	38.950	0.02567	0.06067	16.482
26	2.4460	0.4088	41.313	0.02421	0.05921	16.890
27	2.5316	0.3950	43.759	0.02285	0.05785	17.285
28	2.6202	0.3817	46.291	0.02160	0.05660	17.667
29	2.7119	0.3687	48.911	0.02045	0.05545	18.036
30	2.8068	0.3563	51.623	0.01937	0.05437	18.392
35	3.3336	0.3000	66.674	0.01500	0.05000	20.001
40	3.9593	0.2526	84.550	0.01183	0.04683	21.355
45	4.7024	0.2127	105.782	0.00945	0.04445	22.495
50	5.5849	0.1791	130.998	0.00763	0.04263	23.456
55	6.6331	0.1508	160.947	0.00621	0.04121	24.264
60	7.8781	0.1269	196.517	0.00509	0.04000	24.945
65	9.3567	0.1069	238.763	0.00419	0.03919	25.518
70	11.1128	0.0900	288.938	0.00346	0.03846	26.000
75	13.1986	0.0758	348.530	0.00287	0.03787	26.407
80	15.6757	0.0638	419.307	0.00238	0.03738	26.749
85	18.6179	0.0537	503.367	0.00199	0.03699	27.037
90	22.1122	0.0452	603.205	0.00166	0.03666	27.279
95	26.2623	0.0381	721.781	0.00139	0.03639	27.484
100	31.1914	0.0321	862.612	0.00116	0.3616	27.655

n	F/P $(1+i)^n$	P/F $\dfrac{1}{(1+i)^n}$	F/A $\dfrac{(1+i)^n-1}{i}$	A/F $\dfrac{i}{(1+i)^n-1}$	A/P $\dfrac{i(1+i)^n}{(1+i)^n-1}$	P/A $\dfrac{(1+i)^n-1}{i(1+i)^n}$
1	1.040	0.9615	1.000	1.00000	1.04000	0.962
2	1.082	0.9246	2.040	0.49020	0.53020	1.886
3	1.125	0.8890	3.122	0.32035	0.36035	2.775
4	1.170	0.8548	4.246	0.23549	0.27549	3.630
5	1.217	0.8219	5.416	0.18463	0.22463	4.452
6	1.265	0.7903	6.633	0.15076	0.19076	5.242
7	1.316	0.7599	7.898	0.12661	0.16661	6.002
8	1.369	0.7307	9.214	0.10853	0.14853	6.733
9	1.423	0.7026	10.583	0.09449	0.13449	7.435
10	1.480	0.6756	12.006	0.08329	0.12329	8.111
11	1.539	0.6494	13.486	0.07415	0.11415	8.760
12	1.601	0.6246	15.026	0.06655	0.10655	9.385
13	1.665	0.6006	16.627	0.06014	0.10014	9.986
14	1.732	0.5775	18.292	0.05467	0.09467	10.563
15	1.801	0.5553	20.024	0.04994	0.08994	11.118
16	1.873	0.5339	21.825	0.04582	0.08582	11.652
17	1.948	0.5134	23.698	0.04220	0.08220	12.166
18	2.026	0.4936	25.645	0.03899	0.07899	12.659
19	2.107	0.4746	27.671	0.03614	0.07614	13.134
20	2.191	0.4564	29.778	0.03358	0.07358	13.590
21	2.279	0.4388	31.969	0.03128	0.07128	14.029
22	2.370	0.4220	34.248	0.02920	0.06920	14.451
23	2.465	0.4057	36.618	0.02731	0.06731	14.857
24	2.563	0.3901	39.083	0.02559	0.06559	15.247
25	2.666	0.3751	41.646	0.02401	0.06401	15.622
26	2.772	0.3607	44.312	0.02257	0.06257	15.983
27	2.883	0.3468	47.084	0.02124	0.06124	16.330
28	2.999	0.3335	49.968	0.02001	0.06001	16.663
29	3.119	0.3207	52.966	0.01888	0.05888	16.984
30	3.243	0.3083	56.085	0.01783	0.05783	17.292
35	3.946	0.2534	73.652	0.01358	0.05358	18.665
40	4.801	0.2083	95.026	0.01052	0.05052	19.793
45	5.841	0.1712	121.029	0.00826	0.04826	20.720
50	7.101	0.1407	152.667	0.00655	0.04655	21.482
55	8.646	0.1157	191.159	0.00523	0.04523	22.109
60	10.520	0.0951	237.991	0.00420	0.04420	22.623
65	12.799	0.0781	294.968	0.00339	0.04339	23.047
70	15.572	0.0642	364.290	0.00275	0.04275	23.395
75	18.945	0.0528	448.631	0.00223	0.04223	23.680
80	23.050	0.0434	551.245	0.00181	0.04181	23.915
85	28.044	0.0357	676.090	0.00148	0.04148	24.109
90	34.119	0.0293	827.983	0.00121	0.04121	24.267
95	41.511	0.0241	1012.785	0.00099	0.04099	24.398
100	50.505	0.0198	1237.624	0.00081	0.04081	24.505

n	F/P $(1+i)^n$	P/F $\dfrac{1}{(1+i)^n}$	F/A $\dfrac{(1+i)^n-1}{i}$	A/F $\dfrac{i}{(1+i)^n-1}$	A/P $\dfrac{i(1+i)^n}{(1+i)^n-1}$	P/A $\dfrac{(1+i)^n-1}{i(1+i)^n}$
1	1.050	0.9524	1.000	1.00000	1.05000	0.952
2	1.103	0.9070	2.050	0.48780	0.53780	1.859
3	1.158	0.8638	3.153	0.31721	0.36721	2.723
4	1.216	0.8227	4.310	0.23201	0.28201	3.546
5	1.276	0.7835	5.526	0.18097	0.23097	4.329
6	1.340	0.7462	6.802	0.14702	0.19702	5.076
7	1.407	0.7107	8.142	0.12282	0.17282	5.786
8	1.447	0.6768	9.549	0.10472	0.15472	6.463
9	1.551	0.6446	11.027	0.09069	0.14069	7.108
10	1.629	0.6139	12.578	0.07950	0.12950	7.722
11	1.710	0.5847	14.207	0.07039	0.12039	0.806
12	1.796	0.5568	15.917	0.06283	0.11283	8.863
13	1.886	0.5303	17.713	0.05646	0.10646	9.394
14	1.980	0.5051	19.599	0.05102	0.10102	9.899
15	2.079	0.4810	21.579	0.04634	0.09634	10.380
16	2.183	0.4581	23.657	0.04227	0.09227	10.838
17	2.292	0.4363	25.840	0.03870	0.08870	11.274
18	2.407	0.4155	28.132	0.03555	0.08555	11.690
19	2.527	0.3957	30.539	0.03275	0.08275	12.085
20	2.653	0.3769	33.066	0.03024	0.08024	12.462
21	2.786	0.3589	35.719	0.02800	0.07800	12.821
22	2.925	0.3418	38.505	0.02597	0.07597	13.163
23	3.072	0.3256	41.430	0.02414	0.07414	13.489
24	3.225	0.3101	44.502	0.02247	0.07247	13.799
25	3.386	0.2953	47.727	0.02095	0.07095	14.094
26	3.556	0.2812	51.113	0.01956	0.06956	14.375
27	3.733	0.2678	54.669	0.01829	0.06829	14.643
28	3.920	0.2551	58.403	0.01712	0.06712	14.898
29	4.116	0.2429	62.323	0.01605	0.06605	15.141
30	4.322	0.2314	66.439	0.01505	0.06505	15.372
35	5.516	0.1813	90.320	0.01107	0.06107	16.374
40	7.040	0.1420	120.800	0.00828	0.05828	17.159
45	8.985	0.1113	159.700	0.00626	0.05626	17.774
50	11.467	0.0872	209.348	0.00478	0.05478	18.256
55	14.636	0.0683	272.713	0.00367	0.05367	18.633
60	18.679	0.0535	353.584	0.00283	0.05283	18.929
65	23.840	0.0419	456.798	0.00219	0.05219	19.161
70	30.426	0.0329	588.529	0.00170	0.05170	19.343
75	38.833	0.0258	756.654	0.00132	0.05132	19.485
80	49.561	0.0202	971.229	0.00103	0.05103	19.596
85	63.254	0.0158	1245.087	0.00080	0.05080	19.684
90	80.730	0.0124	1594.607	0.00063	0.05063	19.752
95	103.035	0.0097	2040.694	0.00049	0.05049	19.806
100	131.501	0.0076	2610.025	0.00038	0.05038	19.848

n	F/P $(1+i)^n$	P/F $\dfrac{1}{(1+i)^n}$	F/A $\dfrac{(1+i)^n-1}{i}$	A/F $\dfrac{i}{(1+i)^n-1}$	A/P $\dfrac{i(1+i)^n}{(1+i)^n-1}$	P/A $\dfrac{(1+i)^n-1}{i(1+i)^n}$
1	1.060	0.9434	1.000	1.00000	1.06000	0.943
2	1.124	0.8900	2.060	0.48544	0.54544	1.833
3	1.191	0.8396	3.184	0.31411	0.37411	2.673
4	1.262	0.7921	4.375	0.22859	0.28859	3.465
5	1.338	0.7473	5.637	0.17740	0.23740	4.212
6	1.419	0.7050	6.975	0.14336	0.20336	4.917
7	1.504	0.6651	8.394	0.11914	0.17914	5.582
8	1.594	0.6274	9.897	0.10104	0.16104	6.210
9	1.689	0.5919	11.491	0.08702	0.14702	6.802
10	1.791	0.5584	13.181	0.07587	0.13587	7.360
11	1.898	0.5268	14.972	0.06679	0.12679	7.887
12	2.012	0.4790	16.870	0.05928	0.11928	8.384
13	2.133	0.4688	18.882	0.05296	0.11296	8.853
14	2.261	0.4423	21.015	0.04758	0.10758	9.295
15	2.397	0.4173	23.276	0.04296	0.10296	9.712
16	2.540	0.3936	25.673	0.03895	0.09895	10.106
17	2.693	0.3714	28.213	0.03544	0.09544	10.477
18	2.854	0.3503	30.906	0.03236	0.09236	10.828
19	3.026	0.3305	33.760	0.02962	0.08962	11.158
20	3.207	0.3118	36.786	0.02718	0.08718	11.470
21	3.400	0.2942	39.993	0.02500	0.08500	11.764
22	3.604	0.2775	43.392	0.02305	0.08305	12.042
23	3.820	0.2618	46.996	0.02128	0.08128	12.303
24	4.049	0.2470	50.816	0.01968	0.07968	12.550
25	4.292	0.2330	54.865	0.01823	0.07823	12.783
26	4.549	0.2198	59.156	0.01690	0.07690	13.003
27	4.822	0.2074	63.706	0.01570	0.07570	13.211
28	5.112	0.1956	68.528	0.01459	0.07459	13.406
29	5.418	0.1846	73.640	0.01358	0.07358	13.591
30	5.743	0.1741	79.058	0.01265	0.07265	13.765
35	7.686	0.1301	111.435	0.00897	0.06897	14.498
40	10.286	0.0972	154.762	0.00646	0.06646	15.046
45	13.765	0.0727	212.744	0.00470	0.06470	15.456
50	18.420	0.0543	290.336	0.00344	0.06344	15.762
55	24.650	0.0406	394.172	0.00254	0.06254	15.991
60	32.988	0.0303	533.128	0.00188	0.06188	16.161
65	44.145	0.0227	719.083	0.00139	0.06139	16.289
70	59.076	0.0169	967.932	0.00103	0.06103	16.385
75	79.057	0.0126	1300.949	0.00077	0.06077	16.456
80	105.796	0.0095	1746.600	0.00057	0.06057	16.509
85	141.597	0.0071	2342.982	0.00043	0.06043	16.549
90	189.456	0.0053	3141.075	0.00032	0.06032	16.579
95	253.546	0.0039	4209.104	0.00024	0.06024	16.601
100	339.302	0.0029	5638.368	0.00018	0.06018	16.618

n	F/P $(1+i)^n$	P/F $\dfrac{1}{(1+i)^n}$	F/A $\dfrac{(1+i)^n-1}{i}$	A/F $\dfrac{i}{(1+i)^n-1}$	A/P $\dfrac{i(1+i)^n}{(1+i)^n-1}$	P/A $\dfrac{(1+i)^n-1}{i(1+i)^n}$
1	1.070	0.9346	1.000	1.0000	1.0700	0.935
2	1.145	0.8734	2.070	0.4831	0.5531	1.808
3	1.225	0.8163	3.215	0.3111	0.3811	2.624
4	1.311	0.7629	4.440	0.2252	0.2952	3.387
5	1.403	0.7130	5.751	0.1739	0.2439	4.100
6	1.501	0.6663	7.153	0.1398	0.2098	4.767
7	1.606	0.6227	8.654	0.1156	0.1856	5.389
8	1.718	0.5820	10.260	0.0975	0.1675	5.971
9	1.838	0.5439	11.978	0.0835	0.1535	6.515
10	1.967	0.5083	13.816	0.0724	0.1424	7.024
11	2.105	0.4751	15.784	0.0634	0.1334	7.499
12	2.252	0.4440	17.888	0.0559	0.1259	7.943
13	2.410	0.4150	20.141	0.0497	0.1197	8.358
14	2.579	0.3878	22.550	0.0443	0.1143	8.745
15	2.759	0.3624	25.129	0.0398	0.1098	9.108
16	2.952	0.3387	27.888	0.0359	0.1059	9.447
17	3.159	0.3166	30.840	0.0324	0.1024	9.763
18	3.380	0.2959	33.999	0.0294	0.0994	10.059
19	3.617	0.2765	37.379	0.0268	0.0968	10.336
20	3.870	0.2765	37.379	0.0266	0.0944	10.336
21	4.141	0.2415	44.865	0.0223	0.0923	10.836
22	4.430	0.2257	49.006	0.0204	0.0904	11.061
23	4.741	0.2109	53.436	0.0187	0.0887	11.272
24	5.072	0.1971	58.177	0.0172	0.0872	11.469
25	5.427	0.1842	63.249	0.0158	0.0858	11.654
26	5.807	0.1722	68.676	0.0146	0.0846	11.826
27	6.214	0.1609	74.484	0.0134	0.0834	11.987
28	6.649	0.1504	80.698	0.0124	0.0824	12.137
29	7.114	0.1406	87.347	0.0114	0.0814	12.278
30	7.612	0.1314	94.461	0.0106	0.0806	12.409
35	10.677	0.0937	138.237	0.0072	0.0772	12.948
40	14.974	0.0668	199.635	0.0050	0.0750	13.332
45	21.007	0.0476	285.749	0.0035	0.0735	13.606
50	29.457	0.0339	406.529	0.0025	0.0725	13.801
55	41.315	0.0242	575.929	0.0017	0.0717	13.940
60	57.946	0.0173	813.520	0.0012	0.0712	14.039
65	81.273	0.0123	1146.755	0.0009	0.0709	14.110
70	113.989	0.0088	1614.134	0.0006	0.0706	14.160
75	159.876	0.0063	2269.657	0.0004	0.0704	14.196
80	224.234	0.0045	3189.063	0.0003	0.0703	14.222
85	314.500	0.0032	4478.576	0.0002	0.0702	14.240
90	441.103	0.0023	6287.185	0.0002	0.0702	14.253
95	618.670	0.0016	8823.854	0.0001	0.0701	14.263
100	867.716	0.0012	12381.662	0.0001	0.0701	14.269

n	F/P $(1+i)^n$	P/F $\dfrac{1}{(1+i)^n}$	F/A $\dfrac{(1+i)^n-1}{i}$	A/F $\dfrac{i}{(1+i)^n-1}$	A/P $\dfrac{i(1+i)^n}{(1+i)^n-1}$	P/A $\dfrac{(1+i)^n-1}{i(1+i)^n}$
1	1.080	0.9259	1.000	1.00000	1.08000	0.926
2	1.166	0.8573	2.080	0.48077	0.56077	1.783
3	1.260	0.7938	3.246	0.30803	0.38803	2.577
4	1.360	0.7350	4.506	0.22192	0.30192	3.312
5	1.469	0.6806	5.867	0.17046	0.25046	3.993
6	1.587	0.6302	7.336	0.13632	0.21632	4.623
7	1.714	0.5835	8.932	0.11207	0.19207	5.206
8	1.851	0.5403	10.637	0.09401	0.17401	5.747
9	1.999	0.5002	12.488	0.08008	0.16008	6.247
10	2.159	0.4632	14.487	0.06903	0.14903	6.710
11	2.332	0.4289	16.645	0.06008	0.14008	7.139
12	2.518	0.3971	18.977	0.05270	0.13270	7.536
13	2.720	0.3677	21.495	0.04652	0.12652	7.904
14	2.937	0.3405	24.215	0.04130	0.12130	8.244
15	3.172	0.3152	27.152	0.03683	0.11683	8.559
16	3.426	0.2919	30.324	0.03298	0.11298	8.851
17	3.700	0.2703	33.750	0.02963	0.10963	9.122
18	3.996	0.2502	37.450	0.02670	0.10670	9.372
19	4.316	0.2317	41.446	0.02413	0.10413	9.604
20	4.661	0.2145	45.762	0.02185	0.10185	9.818
21	5.034	0.1987	50.423	0.01983	0.09983	10.017
22	5.437	0.1839	55.457	0.01803	0.09803	10.201
23	5.871	0.1703	60.893	0.01642	0.09642	10.371
24	6.341	0.1577	66.765	0.01498	0.09498	10.529
25	6.848	0.1460	73.106	0.01368	0.09368	10.675
26	7.396	0.1352	79.954	0.01251	0.09251	10.810
27	7.988	0.1252	87.351	0.01145	0.09145	10.935
28	8.627	0.1159	95.339	0.01049	0.09049	11.051
29	9.317	0.1073	103.966	0.00962	0.08962	11.158
30	10.063	0.0994	113.283	0.00883	0.08883	11.258
35	14.785	0.0676	172.317	0.00580	0.08580	11.655
40	21.725	0.0460	259.057	0.00386	0.08386	11.925
45	31.920	0.0313	386.506	0.00259	0.08259	12.108
50	46.902	0.0213	573.770	0.00174	0.08174	12.233
55	68.914	0.0145	848.923	0.00118	0.08118	12.319
60	101.257	0.0099	1253.213	0.00080	0.08080	12.377
65	148.780	0.0067	1847.248	0.00054	0.08054	12.416
70	218.606	0.0046	2720.080	0.00037	0.08037	12.443
75	321.205	0.0031	4002.557	0.00025	0.08025	12.461
80	471.355	0.0021	5886.935	0.00017	0.08017	12.474
85	693.456	0.0014	8655.706	0.00012	0.08012	12.482
90	1018.915	0.0010	12723.939	0.00008	0.08008	12.488
95	1497.121	0.0007	18701.507	0.00005	0.08005	12.492
100	2199.761	0.0005	27484.516	0.00004	0.08004	12.494

n	F/P $(1+i)^n$	P/F $\dfrac{1}{(1+i)^n}$	F/A $\dfrac{(1+i)^n-1}{i}$	A/F $\dfrac{i}{(1+i)^n-1}$	A/P $\dfrac{i(1+i)^n}{(1+i)^n-1}$	P/A $\dfrac{(1+i)^n-1}{i(1+i)^n}$
1	1.100	0.9091	1.000	1.00000	1.10000	0.909
2	1.210	0.8264	2.100	0.47619	0.57619	1.736
3	1.331	0.7513	3.310	0.30211	0.40211	2.487
4	1.464	0.6830	4.641	0.21547	0.31547	3.170
5	1.611	0.6209	6.105	0.16380	0.26380	3.791
6	1.772	0.5645	7.716	0.12961	0.22961	4.355
7	1.949	0.5132	9.487	0.10541	0.20541	4.868
8	2.144	0.4665	11.436	0.08744	0.18744	5.335
9	2.358	0.4241	13.579	0.07364	0.17364	5.759
10	2.594	0.3855	15.937	0.06275	0.16275	6.144
11	2.853	0.3505	18.531	0.05396	0.15396	6.495
12	3.138	0.3186	21.384	0.04676	0.14676	6.814
13	3.452	0.2897	24.523	0.04078	0.14078	7.103
14	3.797	0.2633	27.975	0.03575	0.13575	7.367
15	4.177	0.2394	31.772	0.03147	0.13147	7.606
16	4.595	0.2176	35.950	0.02782	0.12782	7.824
17	5.054	0.1978	40.545	0.02466	0.12466	8.022
18	5.560	0.1799	45.599	0.02193	0.12193	8.201
19	6.116	0.1635	51.159	0.01955	0.11955	8.365
20	6.727	0.1486	57.275	0.01746	0.11746	8.514
21	7.400	0.1351	64.002	0.01562	0.11562	8.649
22	8.140	0.1228	71.403	0.01401	0.11401	8.772
23	8.954	0.1117	79.543	0.01257	0.11257	8.883
24	9.850	0.1015	88.497	0.01130	0.11130	8.985
25	10.835	0.0923	98.347	0.01017	0.11017	9.077
26	11.918	0.0839	109.182	0.00916	0.10916	9.161
27	13.110	0.0763	121.100	0.00826	0.10826	9.237
28	14.421	0.0693	134.210	0.00745	0.10745	9.307
29	15.863	0.0630	148.631	0.00673	0.10673	9.370
30	17.449	0.0573	164.494	0.00608	0.10608	9.427
35	28.102	0.0356	271.024	0.00369	0.10369	9.644
40	45.259	0.0221	442.593	0.00226	0.10226	9.779
45	72.890	0.0137	718.905	0.00139	0.10139	9.863
50	117.391	0.0085	1163.909	0.00086	0.10086	9.915
55	189.059	0.0053	1880.591	0.00053	0.10053	9.947
60	304.482	0.0033	3034.816	0.00033	0.10033	9.967
65	490.371	0.0020	4893.707	0.00020	0.10020	9.980
70	789.747	0.0013	7887.470	0.00013	0.10013	9.987
75	1271.895	0.0008	12708.954	0.00008	0.10008	9.992
80	2048.400	0.0005	20474.002	0.00005	0.10005	9.995
85	3298.969	0.0003	32979.690	0.00003	0.10003	9.997
90	5313.023	0.0002	53120.226	0.00002	0.10002	9.998
95	8556.676	0.0001	85556.760	0.00001	0.10001	9.999

n	F/P $(1+i)^n$	P/F $\dfrac{1}{(1+i)^n}$	F/A $\dfrac{(1+i)^n-1}{i}$	A/F $\dfrac{i}{(1+i)^n-1}$	A/P $\dfrac{i(1+i)^n}{(1+i)^n-1}$	P/A $\dfrac{(1+i)^n-1}{i(1+i)^n}$
1	1.120	0.8929	1.000	1.00000	1.12000	0.893
2	1.254	0.7972	2.120	0.47170	0.59170	1.690
3	1.405	0.7118	3.374	0.29635	0.41635	2.402
4	1.574	0.6355	4.779	0.20923	0.32923	3.037
5	1.762	0.5674	6.353	0.15741	0.27741	3.605
6	1.974	0.5066	8.115	0.12323	0.24323	4.111
7	2.211	0.4523	10.089	0.09912	0.21912	4.564
8	2.476	0.4039	12.300	0.08130	0.20130	4.968
9	2.773	0.3606	14.776	0.06768	0.18768	5.328
10	3.106	0.3220	17.549	0.05698	0.17698	5.650
11	3.479	0.2875	20.655	0.04842	0.16842	5.938
12	3.896	0.2567	24.133	0.04144	0.16144	6.194
13	4.363	0.2292	28.029	0.03568	0.15568	6.424
14	4.887	0.2046	32.393	0.03087	0.15087	6.628
15	5.474	0.1827	37.280	0.02682	0.14682	6.811
16	6.130	0.1631	42.753	0.02339	0.14339	6.974
17	6.866	0.1456	48.884	0.02046	0.14046	7.120
18	7.690	0.1300	55.750	0.01794	0.13794	7.250
19	8.613	0.1161	63.440	0.01576	0.13576	7.366
20	9.646	0.1037	72.052	0.01388	0.13388	7.469
21	10.804	0.0926	81.699	0.01224	0.13224	7.562
22	12.000	0.0826	92.503	0.01081	0.13081	7.645
23	13.552	0.0738	104.603	0.00956	0.12956	7.718
24	15.179	0.0659	118.155	0.00846	0.12846	7.784
25	17.000	0.0588	133.334	0.00750	0.12750	7.843
26	19.040	0.0525	150.334	0.00665	0.12665	7.896
27	21.325	0.0469	169.374	0.00590	0.12590	7.943
28	23.884	0.0419	190.699	0.00524	0.12524	7.984
29	26.750	0.0374	214.583	0.00466	0.12466	8.022
30	29.960	0.0334	241.333	0.00414	0.12414	8.055
35	52.800	0.0189	431.663	0.00232	0.12232	8.176
40	93.051	0.0107	767.091	0.00310	0.12130	8.244
45	163.988	0.0061	1358.230	0.00074	0.12074	8.283
50	289.002	0.0035	2400.018	0.00042	0.12042	8.304
55	509.321	0.0020	4236.005	0.00024	0.12024	8.317
60	897.597	0.0011	7471.641	0.00013	0.12013	8.324
65	1581.872	0.0006	13173.937	0.00008	0.12008	8.328
70	2787.800	0.0004	23223.332	0.00004	0.12004	8.330
75	4913.056	0.0002	40933.799	0.00002	0.12002	8.332
80	8658.483	0.0001	72145.692	0.00001	0.12001	8.332

n	F/P $(1+i)^n$	P/F $\dfrac{1}{(1+i)^n}$	F/A $\dfrac{(1+i)^n-1}{i}$	A/F $\dfrac{i}{(1+i)^n-1}$	A/P $\dfrac{i(1+i)^n}{(1+i)^n-1}$	P/A $\dfrac{(1+i)^n-1}{i(1+i)^n}$
1	1.150	0.8696	1.000	1.00000	1.15000	0.870
2	1.322	0.7561	2.150	0.46512	0.61512	1.626
3	1.521	0.6575	3.472	0.28798	0.43798	2.283
4	1.749	0.5718	4.993	0.20027	0.35027	2.855
5	2.011	0.4972	6.742	0.14832	0.29832	3.352
6	2.313	0.4323	8.754	0.11424	0.26424	3.784
7	2.660	0.3759	11.067	0.09036	0.24036	4.160
8	3.059	0.3269	13.727	0.07285	0.22285	4.487
9	3.518	0.2843	16.786	0.05957	0.20957	4.772
10	4.046	0.2472	20.304	0.04925	0.19925	5.019
11	4.652	0.2149	24.349	0.04107	0.19107	5.234
12	5.350	0.1869	29.002	0.03448	0.18448	5.421
13	6.153	0.1625	34.352	0.02911	0.17911	5.583
14	7.076	0.1413	40.505	0.02469	0.17469	5.724
15	8.137	0.1229	47.580	0.02102	0.17102	5.847
16	9.358	0.1069	55.717	0.01795	0.16795	5.954
17	10.761	0.0929	65.075	0.01537	0.16537	6.047
18	12.375	0.0808	75.836	0.01319	0.16319	6.128
19	14.232	0.0703	88.212	0.01134	0.16134	6.198
20	16.367	0.0611	102.444	0.00976	0.15976	6.259
21	18.822	0.0531	118.810	0.00842	0.15842	6.312
22	21.645	0.0462	137.632	0.00727	0.15727	6.359
23	24.891	0.0402	159.276	0.00628	0.15628	6.399
24	28.625	0.0349	184.168	0.00543	0.15543	6.434
25	32.919	0.0304	212.793	0.00470	0.15470	6.464
26	37.857	0.0264	245.712	0.00407	0.15407	6.491
27	43.535	0.0230	283.569	0.00353	0.15353	6.514
28	50.066	0.0200	327.104	0.00306	0.15306	6.534
29	57.575	0.0174	377.170	0.00265	0.15265	6.551
30	66.212	0.0151	434.745	0.00230	0.15230	6.566
35	133.176	0.0075	881.170	0.00113	0.15113	6.617
40	267.864	0.0037	1779.090	0.00056	0.15056	6.642
45	538.769	0.0019	3585.128	0.00028	0.15028	6.654
50	1083.657	0.0009	7217.716	0.00014	0.15014	6.661
55	2179.622	0.0005	14524.148	0.00007	0.15007	6.664
60	4383.999	0.0002	29219.992	0.00003	0.15003	6.665
65	8817.787	0.0001	58778.583	0.00002	0.15002	6.666

n	F/P $(1+i)^n$	P/F $\dfrac{1}{(1+i)^n}$	F/A $\dfrac{(1+i)^n-1}{i}$	A/F $\dfrac{i}{(1+i)^n-1}$	A/P $\dfrac{i(1+i)^n}{(1+i)^n-1}$	P/A $\dfrac{(1+i)^n-1}{i(1+i)^n}$
1	1.200	0.8333	1.000	1.00000	1.20000	0.833
2	1.440	0.6944	2.200	0.45455	0.65455	1.528
3	1.728	0.5787	3.640	0.27473	0.47473	2.106
4	2.074	0.4823	5.368	0.18629	0.38629	2.589
5	2.488	0.4019	7.422	0.13438	0.33488	2.991
6	2.986	0.3349	9.930	0.10071	0.30071	3.326
7	3.583	0.2791	12.916	0.07742	0.27742	3.605
8	4.300	0.2326	16.499	0.06061	0.26061	3.837
9	5.160	0.1938	20.799	0.04808	0.24808	4.031
10	6.192	0.1615	25.959	0.03852	0.23852	4.192
11	7.430	0.1346	32.150	0.03310	0.23110	4.327
12	8.916	0.1122	39.581	0.02528	0.22526	4.439
13	10.699	0.0935	48.497	0.02062	0.22062	4.533
14	12.839	0.0779	59.196	0.01689	0.21689	4.611
15	15.407	0.0649	72.035	0.01388	0.21388	4.675
16	18.488	0.0541	87.442	0.01144	0.21144	4.730
17	22.186	0.0451	105.931	0.00944	0.20944	4.775
18	26.623	0.0376	128.117	0.00781	0.20781	4.812
19	31.948	0.0313	154.740	0.00646	0.20646	4.843
20	38.338	0.0261	186.688	0.00538	0.20536	4.870
21	46.005	0.0217	225.026	0.00444	0.20444	4.891
22	55.206	0.0181	271.031	0.00369	0.20369	4.909
23	66.247	0.0151	326.237	0.00307	0.20307	4.925
24	79.497	0.0126	392.484	0.00255	0.20255	4.937
25	95.396	0.0105	471.981	0.00212	0.20212	4.948
26	114.475	0.0087	567.377	0.00176	0.20176	4.956
27	137.371	0.0073	681.853	0.00147	0.20147	4.964
28	164.845	0.0061	819.223	0.00122	0.20122	4.970
29	197.814	0.0051	984.068	0.00102	0.20102	4.975
30	237.376	0.0042	1181.882	0.00085	0.20085	4.979
35	590.668	0.0017	2948.341	0.00034	0.20034	4.992
40	1469.772	0.0007	7343.858	0.00014	0.20014	4.997
45	3657.262	0.0003	18281.310	0.00005	0.20005	4.999
50	9100.438	0.0001	45497.191	0.00002	0.20002	4.999

n	F/P $(1+i)^n$	P/F $\dfrac{1}{(1+i)^n}$	F/A $\dfrac{(1+i)^n-1}{i}$	A/F $\dfrac{i}{(1+i)^n-1}$	A/P $\dfrac{i(1+i)^n}{(1+i)^n-1}$	P/A $\dfrac{(1+i)^n-1}{i(1+i)^n}$
1	1.250	0.8000	1.000	1.00000	1.25000	0.800
2	1.562	0.6400	2.250	0.44444	0.69444	1.440
3	1.953	0.5120	3.812	0.26230	0.51230	1.952
4	2.441	0.4096	5.766	0.17344	0.42344	2.362
5	3.052	0.3277	8.207	0.12185	0.37185	2.689
6	3.815	0.2621	11.259	0.08882	0.33882	2.951
7	4.768	0.2097	15.073	0.06634	0.31634	3.161
8	5.960	0.1678	19.842	0.05040	0.30040	3.329
9	7.451	0.1342	25.802	0.03876	0.28876	3.463
10	9.313	0.1074	33.253	0.03007	0.28007	3.571
11	11.642	0.0859	42.566	0.02349	0.27349	3.656
12	14.552	0.0687	54.208	0.01845	0.26845	3.725
13	18.190	0.0550	68.760	0.01454	0.26454	3.780
14	22.737	0.0440	86.949	0.01150	0.26150	3.824
15	28.422	0.0352	109.687	0.00912	0.25912	3.859
16	35.527	0.0281	138.109	0.00724	0.25724	3.887
17	44.409	0.0225	173.636	0.00576	0.25576	3.910
18	55.511	0.0180	218.045	0.00459	0.25459	3.928
19	69.389	0.0144	273.556	0.00366	0.25366	3.942
20	86.736	0.0115	342.945	0.00292	0.25292	3.954
21	108.420	0.0092	429.681	0.00233	0.25233	3.963
22	135.525	0.0074	538.101	0.00186	0.25186	3.970
23	169.407	0.0059	673.626	0.00148	0.25148	3.976
24	211.758	0.0047	843.033	0.00119	0.25119	3.981
25	264.698	0.0038	1054.791	0.00095	0.25095	3.985
26	330.872	0.0030	1319.489	0.00076	0.25076	3.988
27	413.590	0.0024	1650.361	0.00061	0.25061	3.990
28	516.988	0.0019	2063.952	0.00048	0.25048	3.992
29	646.235	0.0015	2580.939	0.00039	0.25039	3.994
30	807.794	0.0012	3227.174	0.00031	0.25031	3.995
35	2465.190	0.0004	9856.761	0.00010	0.25010	3.998
40	7523.164	0.0001	30088.655	0.00003	0.25003	3.999

n	F/P $(1+i)^n$	P/F $\dfrac{1}{(1+i)^n}$	F/A $\dfrac{(1+i)^n-1}{i}$	A/F $\dfrac{i}{(1+i)^n-1}$	A/P $\dfrac{i(1+i)^n}{(1+i)^n-1}$	P/A $\dfrac{(1+i)^n-1}{i(1+i)^n}$
1	1.300	0.7692	1.000	1.00000	1.30000	0.769
2	1.690	0.5917	2.300	0.43478	0.73478	1.361
3	2.197	0.4552	3.990	0.25063	0.55063	1.816
4	2.856	0.3501	6.187	0.16163	0.46163	2.166
5	3.713	0.2693	9.043	0.11058	0.41058	2.436
6	4.827	0.2072	12.756	0.07839	0.37839	2.643
7	6.275	0.1594	17.583	0.05687	0.35687	2.802

n	F/P $(1+i)^n$	P/F $\dfrac{1}{(1+i)^n}$	F/A $\dfrac{(1+i)^n-1}{i}$	A/F $\dfrac{i}{(1+i)^n-1}$	A/P $\dfrac{i(1+i)^n}{(1+i)^n-1}$	P/A $\dfrac{(1+i)^n-1}{i(1+i)^n}$
8	8.157	0.1226	23.858	0.04192	0.34192	2.925
9	10.604	0.0943	32.015	0.03124	0.33124	3.019
10	13.786	0.0725	42.619	0.02346	0.32346	3.092
11	17.922	0.0558	56.405	0.01773	0.31773	3.147
12	23.298	0.0429	74.327	0.01345	0.31345	3.190
13	30.288	0.0330	97.625	0.01024	0.31024	3.223
14	39.374	0.0254	127.913	0.00782	0.30782	3.249
15	51.186	0.0195	167.286	0.00598	0.30598	3.268
16	66.542	0.0150	218.472	0.00458	0.30458	3.283
17	86.504	0.0116	285.014	0.00351	0.30351	3.295
18	112.455	0.0089	371.518	0.00269	0.30269	3.304
19	146.192	0.0068	483.973	0.00207	0.30207	3.311
20	190.050	0.0053	630.165	0.00159	0.30159	3.316
21	247.065	0.0040	820.215	0.00122	0.30122	3.320
22	321.184	0.0031	1067.280	0.00094	0.30094	3.323
23	417.539	0.0024	1388.464	0.00072	0.30072	3.325
24	542.801	0.0018	1806.003	0.00055	0.30055	3.327
25	705.641	0.0014	2348.803	0.00043	0.30043	3.329
26	917.333	0.0011	3054.444	0.00033	0.30033	3.330
27	1192.533	0.0008	3971.778	0.00025	0.30025	3.331
28	1550.293	0.0006	5164.311	0.00019	0.30019	3.331
29	2015.381	0.0005	6714.604	0.00015	0.30015	3.332
30	2619.996	0.0004	8729.985	0.00011	0.30011	3.332
35	9727.860	0.0001	32422.868	0.00003	0.30003	3.333

40% 表 19

n	F/P $(1+i)^n$	P/F $\dfrac{1}{(1+i)^n}$	F/A $\dfrac{(1+i)^n-1}{i}$	A/F $\dfrac{i}{(1+i)^n-1}$	A/P $\dfrac{i(1+i)^n}{(1+i)^n-1}$	P/A $\dfrac{(1+i)^n-1}{i(1+i)^n}$
1	1.400	0.7143	1.000	1.00000	1.40000	0.714
2	1.960	0.5102	2.400	0.41667	0.81667	1.224
3	2.744	0.3644	4.360	0.22936	0.62936	1.589
4	3.842	0.2603	7.104	0.14077	0.54077	1.849
5	5.378	0.1859	10.946	0.09136	0.49136	2.035
6	7.530	0.1328	16.324	0.06126	0.46126	2.168
7	10.541	0.0949	23.353	0.04192	0.44192	2.263
8	14.758	0.0678	34.395	0.02907	0.42907	2.331
9	20.661	0.0484	49.153	0.02034	0.42034	2.379
10	28.925	0.0346	69.814	0.01432	0.41432	2.414
11	40.496	0.0247	98.739	0.01013	0.41013	2.438
12	56.694	0.0176	139.235	0.00718	0.40718	2.456
13	79.371	0.0126	195.929	0.00510	0.40510	2.469
14	111.120	0.0090	275.300	0.00363	0.40363	2.478
15	155.568	0.0064	386.420	0.00259	0.40259	2.484

n	F/P $(1+i)^n$	P/F $\dfrac{1}{(1+i)^n}$	F/A $\dfrac{(1+i)^n-1}{i}$	A/F $\dfrac{i}{(1+i)^n-1}$	A/P $\dfrac{i(1+i)^n}{(1+i)^n-1}$	P/A $\dfrac{(1+i)^n-1}{i(1+i)^n}$
16	217.795	0.0046	541.988	0.00185	0.40185	2.489
17	304.913	0.0033	759.784	0.00132	0.40132	2.492
18	426.879	0.0023	1064.697	0.00094	0.40094	2.494
19	597.630	0.0017	1491.576	0.00067	0.40067	2.496
20	836.683	0.0012	2089.206	0.00048	0.40048	2.497
21	1171.356	0.0009	2925.889	0.00034	0.40034	2.498
22	1639.898	0.0006	4097.245	0.00024	0.40024	2.498
23	2295.857	0.0004	5737.142	0.00017	0.40017	2.499
24	3214.200	0.0003	8032.999	0.00012	0.40012	2.499
25	4499.880	0.0002	11247.199	0.00009	0.40009	2.499
26	6299.831	0.0002	15747.079	0.00006	0.40006	2.500
27	8819.764	0.0001	22046.910	0.00005	0.40005	2.500

50%　　　　表 20

n	F/P $(1+i)^n$	P/F $\dfrac{1}{(1+i)^n}$	F/A $\dfrac{(1+i)^n-1}{i}$	A/F $\dfrac{i}{(1+i)^n-1}$	A/P $\dfrac{i(1+i)^n}{(1+i)^n-1}$	P/A $\dfrac{(1+i)^n-1}{i(1+i)^n}$
1	1.500	0.6667	1.000	1.00000	1.50000	0.667
2	2.250	0.4444	2.500	0.40000	0.90000	1.111
3	3.375	0.2963	4.750	0.21053	0.71053	1.407
4	5.062	0.1975	8.125	0.12308	0.62308	1.605
5	7.594	0.1317	13.188	0.07583	0.57583	1.737
6	11.391	0.0878	20.781	0.04812	0.54812	1.824
7	17.086	0.0585	32.172	0.03108	0.53108	1.883
8	25.629	0.0390	49.258	0.02030	0.52030	1.922
9	38.443	0.0260	74.887	0.01335	0.51335	1.948
10	57.665	0.0173	113.330	0.00882	0.50882	1.965
11	86.498	0.0116	170.995	0.00585	0.50585	1.977
12	129.746	0.0077	257.493	0.00388	0.50388	1.985
13	194.620	0.0051	387.239	0.00258	0.50258	1.990
14	291.929	0.0034	581.859	0.00172	0.50172	1.993
15	437.894	0.0023	873.788	0.00114	0.50114	1.995
16	656.841	0.0015	1311.682	0.00076	0.50076	1.997
17	985.261	0.0010	1968.523	0.00051	0.50051	1.998
18	1477.892	0.0007	2853.784	0.00034	0.50034	1.999
19	2216.838	0.0005	4431.676	0.00023	0.50023	1.999
20	3325.257	0.0003	6648.513	0.00015	0.50015	1.999
21	4987.885	0.0002	9973.770	0.00010	0.50010	2.000
22	7481.828	0.0001	14961.655	0.00007	0.50007	2.000

附录Ⅱ 复利定差系数表

$$(A/G, i\%, n) = \left[\frac{1}{i} - \frac{n}{(1+i)^n - 1}\right] \qquad \text{表 1}$$

n	利 率 (i)										
	2%	4%	6%	8%	10%	15%	20%	25%	30%	40%	50%
1	0.00	0.00	0.00	0.00	0.00	0.00	0.00	0.00	0.00	0.00	0.00
2	0.50	0.49	0.49	0.48	0.48	0.47	0.45	0.44	0.43	0.42	0.40
3	0.99	0.97	0.96	0.95	0.94	0.91	0.88	0.85	0.83	0.78	0.74
4	1.48	1.45	1.43	1.40	1.38	1.33	1.27	1.22	1.18	1.09	1.02
5	1.96	1.92	1.88	1.85	1.81	1.72	1.64	1.56	1.49	1.36	1.24
6	2.44	2.39	2.33	2.28	2.22	2.10	1.98	1.87	1.77	1.58	1.42
7	2.92	2.84	2.77	2.69	2.62	2.45	2.29	2.14	2.01	1.77	1.56
8	3.40	3.29	3.20	3.10	3.00	2.78	2.58	2.39	2.22	1.92	1.68
9	3.87	3.74	3.61	3.49	3.37	3.09	2.84	2.60	2.40	2.04	1.76
10	4.34	4.18	4.02	3.87	3.73	3.38	3.07	2.80	2.55	2.14	1.82
11	4.80	4.61	4.42	4.24	4.06	3.65	3.29	2.97	2.68	2.22	1.87
12	5.26	5.03	4.81	4.60	4.39	3.91	3.48	3.11	2.80	2.28	1.91
13	5.72	5.45	5.19	4.94	4.70	4.14	3.66	3.24	2.89	2.33	1.93
14	6.18	5.87	5.56	5.27	5.00	4.36	3.82	3.36	2.97	2.37	1.95
15	6.63	6.27	5.93	5.59	5.28	4.56	3.96	3.45	3.03	2.40	1.97
16	7.08	6.67	6.28	5.90	5.55	4.75	4.09	3.54	3.09	2.43	1.98
17	7.53	7.07	6.62	6.20	5.81	4.93	4.20	3.61	3.13	2.44	1.98
18	7.97	7.45	6.96	6.49	6.05	5.08	4.30	3.67	3.17	2.46	1.99
19	8.41	7.83	7.29	6.77	6.29	5.23	4.39	3.72	3.20	2.47	1.99
20	8.84	8.21	7.61	7.04	6.51	5.37	4.46	3.77	3.23	2.48	1.99
21	9.28	8.58	7.92	7.29	6.72	5.49	4.53	3.80	3.25	2.48	2.00
22	9.71	8.94	8.22	7.54	6.92	5.60	4.59	3.84	3.26	2.49	2.00
23	10.13	9.30	8.51	7.78	7.11	5.70	4.65	3.86	3.28	2.49	
24	10.55	9.65	8.80	8.01	7.29	5.80	4.69	3.89	3.29	2.49	
25	10.97	9.99	9.07	8.23	7.46	5.88	4.74	3.91	3.30	2.49	
26	11.39	10.33	9.34	8.44	7.62	5.96	4.77	3.92	3.30	2.50	
27	11.80	10.66	9.60	8.64	7.77	6.03	4.80	3.93	3.31	2.50	
28	12.21	10.99	9.86	8.83	7.91	6.10	4.83	3.95	3.32		
29	12.62	11.31	10.10	9.01	8.05	6.15	4.85	3.96	3.32		
30	13.02	11.63	10.34	9.19	8.18	6.21	4.87	3.96	3.32		
35	15.00	13.12	11.43	9.96	8.71	6.40	4.94	3.99	3.33		
40	16.89	14.48	12.36	10.57	9.10	6.52	4.97	4.00			
45	18.70	15.70	13.14	11.04	9.37	6.58	4.99				
50	20.44	16.81	13.80	11.41	9.57	6.62	4.99				

$$(P/G, \ i\%, \ n)$$

表 2

n	2%	4%	6%	8%	10%	15%	20%	25%	30%	40%	50%
1	0.00	0.00	0.00	0.00	0.00	0.00	0.00	0.00	0.00	0.00	0.00
2	0.96	0.92	0.89	0.86	0.83	0.76	0.69	0.64	0.59	0.51	0.44
3	2.85	2.70	2.57	2.45	2.33	2.07	1.85	1.66	1.50	1.24	1.04
4	5.62	5.27	4.95	4.65	4.38	3.79	3.30	2.89	2.55	2.02	1.63
5	9.24	8.55	7.93	7.37	6.86	5.78	4.91	4.20	3.63	2.76	2.16
6	13.68	12.51	11.46	10.52	9.68	7.94	6.58	5.51	4.67	3.43	2.60
7	18.90	17.07	15.45	14.02	12.76	10.19	8.26	6.77	5.62	4.00	2.95
8	24.88	22.18	19.84	17.81	16.03	12.48	9.88	7.95	6.48	4.47	3.22
9	31.57	27.80	24.58	21.81	19.42	14.76	11.43	9.02	7.23	4.86	3.43
10	38.96	33.88	29.60	25.98	22.89	16.98	12.89	9.99	7.89	5.17	3.58
11	47.00	40.38	34.87	30.27	26.40	19.13	14.23	10.86	8.45	5.42	3.70
12	55.67	47.25	40.34	34.63	29.90	21.19	15.47	11.60	8.92	5.61	3.78
13	64.95	54.45	45.96	39.05	33.38	23.14	16.59	12.26	9.31	5.76	3.85
14	74.80	61.96	51.71	43.47	36.80	24.97	17.60	12.83	9.64	5.88	3.89
15	85.20	67.74	57.55	47.89	40.15	26.69	18.51	13.33	9.92	5.97	3.92
16	96.13	77.74	63.46	52.26	43.42	28.30	19.32	13.75	10.14	6.04	3.95
17	107.56	85.96	69.40	56.59	46.58	29.78	20.04	14.11	10.33	6.09	3.96
18	119.46	94.35	75.36	60.84	49.64	31.16	20.68	14.42	10.48	6.13	3.97
19	131.81	102.89	51.31	65.01	52.58	32.42	21.24	14.67	10.60	6.16	3.98
20	144.60	111.56	87.23	69.09	55.41	33.58	21.74	14.89	10.70	6.18	3.99
21	157.80	120.34	93.11	73.06	58.11	34.65	22.17	15.08	10.78	6.20	3.99
22	171.38	129.20	98.94	76.93	60.69	35.62	22.56	15.23	10.85	6.21	3.99
23	185.33	138.13	104.70	80.67	63.15	36.50	22.89	15.36	10.90	6.22	4.00
24	199.63	147.10	110.38	84.30	65.48	37.30	23.18	15.47	10.94	6.23	4.00
25	214.26	156.10	115.97	87.80	67.70	38.03	23.43	15.56	10.98	6.24	4.00
26	229.20	165.12	121.47	91.18	69.79	38.69	23.65	15.64	11.01	6.24	4.00
27	244.43	174.14	126.86	94.44	71.78	39.29	23.84	15.70	11.03	6.24	4.00
28	259.94	183.14	132.14	97.57	73.65	39.83	24.00	15.75	11.04	6.24	4.00
29	275.71	192.12	137.31	100.57	75.42	40.32	24.14	15.80	11.06	6.25	4.00
30	291.72	201.06	142.36	103.46	77.08	40.75	24.26	15.83	11.07	6.25	4.00
35	374.88	244.88	165.74	116.09	83.99	42.36	24.66	15.94	11.10	6.25	4.00
40	461.99	286.53	185.96	126.04	88.95	43.28	24.85	15.98	11.11	6.25	4.00
45	551.57	325.40	203.11	133.73	92.45	43.51	24.93	15.99	11.11	6.25	4.00
50	642.36	361.16	217.46	139.59	94.89	44.10	24.97	16.00	11.11	6.25	4.00

参 考 文 献

1. 任玉庞主编. 技术经济学. 重庆：重庆大学出版社，1998
2. 肖玉新主编. 投资项目可行性研究理论与实务. 北京：冶金工业出版社，1996
3. 吕匡纯，龙镇辉 著. 技术经济分析和项目评估的要求与应用. 广州：中山大学出版社，1997
4. 王毅成，林祥根 主编. 市场预测与决策. 武汉：武汉工业大学出版社，1999
5. 冯忠铨主编. 经济预测与决策. 北京：中国财政经济出版社，1995
6. 黄杏蓉主编. 技术经济学. 北京：中国劳动出版社，1994
7. 贾春霖编著. 技术经济学. 湖南：中南工业大学出版社，1992
8. 武育秦主编. 建筑工程经济与管理. 武汉：武汉工业大学出版社，1997
9. 王应明编著. 技术经济学. 北京：中国经济出版社，1999
10. 刘长滨主编. 建筑工程技术经济学. 北京：建筑工业出版社，1992
11. 刘晓君主编. 建筑技术经济学. 北京：中国建筑工业出版社，1998
12. 傅家骥，童允桓主编. 工业技术经济学. 北京：清华大学出版社，1994
13. 赵国杰编著. 技术经济学. 天津：天津大学出版社，1996